Buchners Kolleg
Wirtschaft & Recht

Band 1
für die Oberstufe des Gymnasiums
Jahrgangsstufe 11

bearbeitet von

Gotthard Bauer
Max Bauer
Gerhard Pfeil
Stephan Podes

C.C. Buchners Verlag · Bamberg

Buchners Kolleg Wirtschaft & Recht

Band 1
für die Oberstufe des Gymnasiums
Jahrgangsstufe 11

bearbeitet von

Gotthard Bauer (Kapitel 6 und 7)
Max Bauer (Kapitel 3 und 8)
Gerhard Pfeil (Kapitel 2 und 5)
Stephan Podes (Kapitel 1 und 4)

Redaktion: Andreas Gerster

Dieses Werk folgt der reformierten Rechtschreibung und Zeichensetzung. Ausnahmen bilden Texte, bei denen künstlerische und lizenzrechtliche Gründe einer Änderung entgegenstehen.

2. Auflage [54321] 2013 2012 2011 2010 2009
Die letzte Zahl bedeutet das Jahr dieses Druckes.
Alle Drucke dieser Auflage sind, weil untereinander unverändert, nebeneinander benutzbar.

© C.C. Buchners Verlag, Bamberg 2009

www.ccbuchner.de

Layout, Grafik und Satz: tiff.any GmbH, Berlin
Druck- und Bindearbeiten: Stürtz GmbH, Würzburg

ISBN 978-3-7661-**7211**-2

Zur Arbeit mit Buchners Kolleg Wirtschaft & Recht

Jedes **Großkapitel** beginnt mit einer **Auftaktseite**. Diese ist collageartig gestaltet und führt mit Hilfe ausgewählter Bilder, Karikaturen und Fälle in zentrale Fragestellungen des Kapitels ein. Die Auftaktseite setzt beim Alltagsverständnis der Schülerinnen und Schüler an und bietet die Möglichkeit zu einer ersten Annäherung an die Fragestellungen des Kapitels.

Jedes Unterkapitel beginnt mit einem **Unterrichtseinstieg** **E** (kurze Texte, Karikaturen, Grafiken, ...), der in Verbindung mit einer **Aufgabenstellung** (Randspalte) das Interesse der Schülerinnen und Schüler für die Thematik des Unterkapitels wecken soll.

Anschließend folgt der **Darstellungsteil**, in dem die verbindlichen Lehrplaninhalte in übersichtlicher Form vermittelt werden. *Wiederholungen* und *fakultative Inhalte* sind in den Überschriften als solche gekennzeichnet. In der Randspalte finden sich illustrierende Bilder, Begriffserklärungen oder wichtige Paragraphen.

Der vom Darstellungsteil durch das Layout klar getrennte **Arbeitsteil** *(Kompetent in Wirtschaft & Recht)* gibt viele Anregungen für eine vertiefende Auseinandersetzung mit den Inhalten des Kapitels. Anhand ausgewählter Quellen sollen die Schülerinnen und Schüler das erworbene Wissen anwenden und erweitern. Die Materialien **M** ermöglichen in Verbindung mit einem **differenzierten Aufgabenapparat** die analytische Erschließung der Lehrplaninhalte, schaffen problemorientierte Verknüpfungen zur Alltagswelt und Verbindungen zu anderen Fächern. Hierbei wurde besonders der **neuen Aufgabenkultur** in den Abiturprüfungen Rechnung getragen.

Die Rubrik **Methode** enthält bewusst nur die für die Arbeit im Fach Wirtschaft und Recht wichtigen Arbeitsmethoden und soll die Schülerinnen und Schüler für fachspezifische Fragestellungen und Arbeitstechniken sensibilisieren.

In loser Folge ist die Rubrik **Abitraining** **A** enthalten. Anhand von Abituraufgaben erhalten die Schülerinnen und Schüler die Möglichkeit, ihr Wissen zu überprüfen und sich gezielt auf das Zentralabitur im Fach Wirtschaft und Recht vorzubereiten.

Zusammenfassungen **Z** stellen in kompakter Form nochmals die zentralen Inhalte und Begriffe eines Großkapitels dar und ermöglichen so eine gezielte Wiederholung und Systematisierung des Grundwissens.

Ein umfangreicher **Serviceteil** mit Glossar, Recherchetipps und einem ausführlichen Register dient dem Auffinden zentraler Begriffe, schafft thematische Querverbindungen und erleichtert das Arbeiten mit dem Buch.

Inhalt

Bildnachweis

Actionpress / diebildstelle / Isopix SPRL, Hamburg – S. 134

Waltraud u. Dieter-W. Allhoff, Rhetorik und Kommunikation, Regensburg 1996, S. 14 f. – S. 104

Alte Pinakothek, München – S. 127

Archiv für Kunst und Geschichte, Berlin – S. 77

Artur Architekturbilder GmbH, Essen – S. 23

Werner Bachmeier, Ebersberg – S. 55

Bertelsmann Stiftung, Bürgerprogramm Soziale Marktwirtschaft, Gütersloh 2008, S. 9 – S. 8

BilderBox GmbH / Erwin Wodicka, Thening – S. 134

Blume Bild, Celle-Osterloh – S. 79

Peter Bofinger, Grundzüge der Volkswirtschaftslehre, 2. Aufl., München 2007, S. 288 – S. 22

CartoonStock, Somerset – S. 56, 65, 67

CCC – Cartoon-Caricature-Contor, Pfaffenhofen – S. 7, 29, 46, 55, 77 (2), 136, 137, 149, 183

Der Spiegel, Hamburg – S. 15

dpa Picture-Alliance, Frankfurt – S. 71, 77, 92, 197

dpa-infografik GmbH, Hamburg – S. 11, 27, 31, 37, 38, 43 (2), 48, 50, 78, 92, 95 (4)

Jochen Eckel, Berlin – S. 98

Robert Emmerich – S. 121

Financial Times Deutschland – S. 52 (2)

Fotoagentur Caro / Gabriele Baertels, Berlin – S. 178

Fotoagentur Caro / Rupert Oberhäuser, Berlin – S. 154

Fotoagentur Forum / Peter Meyer, Bremen – S. 7

Fotoarchiv Argus, Hamburg – S. 150

Greser & Lenz, Frankfurt – S. 102

Hafen Hamburg Marketing, Hamburg – S. 39

Friedrich Haun, Borken – S. 134

ifo Institut für Wirtschaftsforschung e.V., München – S. 75, 83, 121

Images.de digital photo GmbH, Berlin – S. 41

Keystone Pressedienst, Hamburg – S. 7, 55, 201

Barbara Kruger – S. 96

Mauritius images GmbH/ Baumann, Mittenwald – S. 206

Mauritius images GmbH/ Peter Enzinger, Mittenwald – S. 153

Mauritius images GmbH/ imagebroker, Mittenwald – S. 187

Mauritius images GmbH / V. Kilian, Mittenwald – S. 7

Mauritius images GmbH/ Photononstop, Mittenwald – S. 206

Mauritius images GmbH/ Ypps, Mittenwald – S. 7, 212

Musée Carnavalet, Paris – S. 137

Photopool GmbH / Peter Schatz, Hersbruck – S. 176

Photothek.net GbR / Liesa Johannssen, Radevormwald – S. 134

photothek.net, Radevormwald – S. 7

Presse- und Informationsamt der Bundesregierung, Berlin – S. 114

Preußischer Kulturbesitz, Berlin – S. 32, 108, 141

Rational AG, Landsberg – S. 66

Rittter Sport, Waldenbuch – S. 59

Marion Schmiedling / Alexander Obst, Berliner Flughäfen – S. 24

Erich Schmidt Verlag, Berlin – S. 36, 139, 184

Statistisches Bundesamt, Wiesbaden – S. 90

Sven Simon, Mülheim/Ruhr – S. 57

Ivan Steiger, München – S. 119

Stills-Online Bildagentur, Hamburg – S. 55

Jochen Tack, Essen – S. 134, 163

Teamwork – text+foto GbR /Duwentaester, Hamburg – S. 55

The Associated Press GmbH, Frankfurt – S. 168

Hans Traxler, Frankfurt – S. 147

Ullstein-Bild, Berlin – S. 107 (2), 109, 115

Marc-Steffen Unger, Berlin – S. 27

United Feature Syndicate, Inc. – S. 33

Vario images GmbH & Co. KG / Hörnlein, Bonn – S. 42

Verlagsarchiv – S. 16, 51, 73, 127, 167, 174, 182, 184, 187, 191 (2), 192, 195, 211

Version Foto, Berlin – S. 192

VISUM Photo GmbH / M. Fragasso, Hamburg – S. 94

VISUM Photo GmbH / Stefan Sobotta, Hamburg – S. 55

VISUM Photo GmbH / Jörg Müller, Hamburg – S. 209

VISUM Photo GmbH, Hamburg – S. 77

Jupp Wolter, Haus der Geschichte, Bonn – S. 140

Freimut Wössner, Berlin – S. 85

www.apollis.de – S. 71

www.auto-freenet.de – S. 192

www.bilder-cdu.de – S. 9

www.dieGesellschafter.de – S. 26

www.du-bist-deutschland.de – S. 10

www.occaphot.ch – S. 192

www.ottogroup.com – S. 61

www.wikimedia.de – S. 128, 144, 150 (3), 203

1. Volkswirtschaftliche Zielsetzungen in der Sozialen Marktwirtschaft

1. Erläutern Sie, welche Bilder bei Ihnen eher positive, welche eher negative Assoziationen wecken.

2. Ordnen Sie die Bilder möglichen volkswirtschaftlichen Zielen zu.

1.1 Soziale Marktwirtschaft im Spannungsfeld aktueller Entwicklungen

E Kritische Bewertung der Sozialen Marktwirtschaft

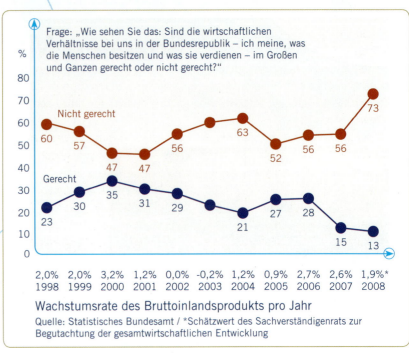

Frage: „Wie sehen Sie das: Sind die wirtschaftlichen Verhältnisse bei uns in der Bundesrepublik – ich meine, was die Menschen besitzen und was sie verdienen – im Großen und Ganzen gerecht oder nicht gerecht?"

Wachstumsrate des Bruttoinlandsprodukts pro Jahr

Quelle: Statistisches Bundesamt / *Schätzwert des Sachverständigenrats zur Begutachtung der gesamtwirtschaftlichen Entwicklung

Bertelsmann Stiftung, Bürgerprogramm Soziale Marktwirtschaft, Gütersloh 2008, S. 9

Prüfen Sie den Zusammenhang zwischen wirtschaftlicher Entwicklung und Beurteilung der wirtschaftlichen Verhältnisse.

Das Leitbild der Sozialen Marktwirtschaft

Das wirtschaftspolitische Modell der *Sozialen Marktwirtschaft* gilt als Grundlage der deutschen Wirtschafts- und Gesellschaftsordnung. In einer Sozialen Marktwirtschaft hat der Staat die Aufgabe, einen *ordnungspolitischen Rahmen* zu setzen, innerhalb dessen sich die *Wettbewerbswirtschaft* frei entfalten kann, und sozialpolitische Korrekturen vorzunehmen, falls dies erforderlich erscheint.

„Das Leitbild der Sozialen Marktwirtschaft entstand am Ende des Zweiten Weltkriegs. Seine geistigen Väter sind u. a. Walter Eucken (1891–1950) und Alfred Müller-Armack (1901–1978).

‚Sozial' steht für soziale Gerechtigkeit und Sicherheit, ‚Marktwirtschaft' für wirtschaftliche Freiheit. Die Soziale Marktwirtschaft hält grundsätzlich an der Souveränität des Individuums fest. Diese sollte allerdings dort ihre Grenze finden, wo fundamentale Rechte und Interessen anderer beeinträchtigt werden. Das Grundziel der Sozialen Marktwirtschaft heißt entsprechend: ‚So viel Freiheit wie möglich, so viel staatlicher Zwang wie nötig.' Ihre Aufgabe ist es, auf der Grundlage von Markt und Wettbewerb das Prinzip der Freiheit mit dem des sozialen Ausgleichs und der sozialen Gerechtigkeit zu verknüpfen.

Der Mensch ist also sowohl *Individual-* als auch *Kollektivwesen*. Damit liegt die Soziale Marktwirtschaft auf einer Linie zwischen der auf dem Individualprinzip beruhenden Marktwirtschaft und der dem Kollektivprinzip folgenden Planwirtschaft.

Wirtschaftliche Freiheit bedeutet, dass die Verbraucher frei entscheiden können, wie sie ihr Einkommen verwenden. Die Eigentümer der Produktionsmittel können frei wählen, ob sie ihre Arbeitskraft, Sachgüter oder unternehmerischen Fähigkeiten zur Verfügung stellen (Gewerbefreiheit, Berufsfreiheit, Freiheit der Eigentumsnutzung). Unternehmer haben die Freiheit, Güter nach ihrer Wahl herzustellen und abzusetzen. Käufern und Verkäufern von Gütern steht es frei, sich neben anderen um das gleiche Ziel zu bemühen (Wettbewerbsfreiheit).

Ist die Funktionsfähigkeit des freien Wettbewerbs gesichert, werden über Angebot und Nachfrage die Wirtschaftspläne so aufeinander abgestimmt, dass die Wirtschaft quasi selbstläufig optimale Ergebnisse erzielt.

Die wirtschaftliche Freiheit soll durch den Staat dort beschränkt werden, wo sie die *soziale Gerechtigkeit* und die soziale Sicherheit gefährdet. So ist es etwa Aufgabe der Wirtschaftspolitik, die negativen Folgen von Konjunkturschwankungen – Arbeitslosigkeit, Inflation – zu dämpfen. Die Einkommens- und Vermögensverteilung soll zugunsten der leistungsschwächeren Bevölkerungsgruppen staatlich korrigiert werden; es findet eine Umverteilung statt.

Instrumente der Wirtschaftspolitik in einer Sozialen Marktwirtschaft sind z. B. Einkommens- und Vermögenssteuern, die die Steuerpflichtigen gemäß ihrer Leistungsfähigkeit belasten, Sparprämien für Einkommensschwächere und Lohnpolitik. In der Lohnpolitik üben Gewerkschaften und Arbeitgeberverbände als Sozialpartner bzw. Tarifpartner einen bedeutenden Einfluss aus. Sozial Schwächere werden durch ein *soziales Netz* (z. B. durch Arbeitslosenversicherung, Kinder- und Erziehungsgeld, Wohngeld, Sozialhilfe) abgesichert. Der Staat übernimmt Aufgaben, die der Markt nicht oder nur sehr eingeschränkt erfüllen kann, wie etwa struktur- und bildungspolitische Aufgaben.

Soziale Sicherheit soll auch dadurch hergestellt werden, dass Anpassungslasten im wirtschaftlichen Strukturwandel, die durch Änderungen der Nachfrage und durch die Freisetzung von Arbeitskräften und Produktionskapazitäten entstehen, zeitlich gestreckt und somit gemildert werden.

Entsprechende staatliche Maßnahmen sind jedoch umstritten. So wird etwa die finanzielle Unterstützung Not leidender Branchen wie Steinkohlenbergbau oder Schiffsbau seit langem kontrovers diskutiert. Prinzipiell ist der Staat verpflichtet, seine Subventionen regelmäßig zu überdenken, um deren Charakter als Übergangshilfen zu wahren.

Die Pferdekutsche bietet ein treffendes Sinnbild der Wirtschaftsordnung, die in der Bundesrepublik Deutschland vor allem durch den Bundeswirtschaftsminister und späteren Bundeskanzler *Ludwig Erhard* (1897–1977) politisch durchgesetzt wurde.

● **Wirtschaftsordnung**

Als Wirtschaftsordnung bezeichnet man die Summe der Rahmenbedingungen, die den organisatorischen Aufbau und den Ablauf aller wirtschaftlichen Tätigkeiten innerhalb eines Landes regeln. Im Hinblick auf die Abstimmung der wirtschaftlichen Aktivitäten, die entweder über den Markt oder durch eine zentrale Planungsbehörde erfolgt, werden die grundsätzlichen Modelle Marktwirtschaft einerseits und Zentralverwaltungswirtschaft bzw. Planwirtschaft andererseits unterschieden. Die rechtlichen Normen der Wirtschaftsordnung werden auch als Wirtschaftsverfassung bezeichnet.

Das Lexikon der Wirtschaft, Bibl. Institut, Mannheim 2004, S. 57

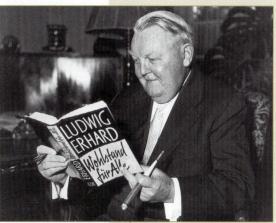

● *Ludwig Erhard gilt als „Vater" des deutschen Wirtschaftswunders.*

Der Weg wird durch die Bedürfnisse der Verbraucher vorgezeichnet. Der Wettbewerb hält die Pferde in Trab. Falls diese Gefahr laufen, sich zu verirren, bringt der wirtschaftspolitische Lenker auf dem Kutschbock sie mit Hilfe der Zügel wieder auf den richtigen Weg zurück. Drohen sie durchzugehen oder stehen zu bleiben, werden sie gebremst oder angetrieben. Für alle Bürger, die zeitweise oder auf Dauer nicht mithalten können, werden Sitzplätze in der Kutsche bereitgehalten." *Buscher 2006, S. 30*

„Du glaubst, dass ein Wunder das Ergebnis harter Arbeit ist? Dann hast du etwas mit Ludwig Erhard gemeinsam. Sein erklärtes Ziel: ‚Wohlstand für alle'. Dafür hat er gekämpft und geschuftet. Auch du kannst dir ein Wunder erarbeiten. Ob du dein Ziel erreichst, entscheidest du. Nicht das Schicksal."

Anzeige der Aktion „Du bist Deutschland"

Aktuelle Probleme der Sozialen Marktwirtschaft

Die Wirtschaftsordnung der Sozialen Marktwirtschaft hat in der Bundesrepublik Deutschland zu einer beispiellosen Wohlstandsentwicklung nach dem Zweiten Weltkrieg beigetragen. Lange Zeit hat die Soziale Marktwirtschaft Unternehmen, Arbeitnehmern und Verbrauchern den Rahmen gegeben, in dem sich Leistungsbereitschaft und Eigeninitiative unter den Bedingungen des Wettbewerbs zum Wohle der ganzen Gesellschaft frei entfalten konnten. Aufgrund hoher Wachstumsraten waren gesellschaftspolitische, sozialpolitische und wirtschaftspolitische Ziele gut in Einklang zu bringen und so hat das Wirtschaftsmodell der Sozialen Marktwirtschaft zu einem erheblichen Anteil dazu beigetragen, dass sich in Deutschland eine stabile Demokratie entwickeln konnte, in der auch das Wirtschaftssystem eine große Zustimmung durch breite Bevölkerungskreise erfahren hat.

Fragt man jedoch, in welcher Verfassung sich die Soziale Marktwirtschaft zu Beginn des 21. Jahrhunderts zeigt, so ergibt sich ein deutlich eingetrübtes Bild. Nur noch ca. ein Drittel der Bevölkerung hat eine gute Meinung von der Sozialen Marktwirtschaft und in der Öffentlichkeit ist eine breite Debatte über die Reformbedürftigkeit des Modells der Sozialen Marktwirtschaft entbrannt.

Dabei wird von vielen Protagonisten gefordert, zur eigentlichen Ursprungsidee der Sozialen Marktwirtschaft zurückzukehren, denn nicht diese sei erneuerungsbedürftig, sondern deren aktuelle Ausprägung im Wirtschaftssystem der Bundesrepublik Deutschland.

Ungeachtet dieser Auseinandersetzung treten seit etwa zwei Jahrzehnten einige *Problemfelder* deutlich zutage, die die derzeitige Ausgestaltung der Sozialen Marktwirtschaft in Deutschland in Frage stellen.

Im Zuge der *Globalisierung* haben nationale Grenzen für die Wirtschaft immer mehr an Bedeutung verloren. Immer weniger lassen sich Unternehmer, Anleger und – allerdings zu einem wesentlich geringeren Teil – Arbeitnehmer darauf festlegen, an welchem Ort sie ihre wirtschaftlichen Aktivitäten anbieten wollen. Mit der Entstehung globaler Märkte sind somit nicht mehr nur die privaten Wirtschaftsakteure, sondern auch Staaten einem weltweiten Wettbewerbsdruck ausgesetzt, der die Spielräume zur politischen Ausgestaltung der Wirtschaftsordnung erheblich eingeschränkt hat. In Deutschland macht sich dies insbesondere durch die Verlagerung von Arbeitsplätzen ins Ausland bemerkbar.

Seit Ende der 1970er Jahre, spätestens seit Anfang der 1990er Jahre, gehört die *Arbeitslosigkeit* zu den größten sozialen Problemen in Deutschland. Abseits der konjunkturellen Wellenbewegungen haben sich die Arbeitslosenzahlen bis zum Jahr 2005 immer weiter erhöht. Insbesondere Langzeitarbeitslose und gering Qualifizierte gehören zu den besonderen Problemgruppen auf dem Arbeitsmarkt, mit geringen Chancen auf ein dauerhaftes Beschäftigungsverhältnis. Auch nach einer konjunkturellen Erholung in den Jahren 2006 und 2007 verharrt die Zahl der Arbeitslosen auf hohem Niveau. Der Arbeitsmarkt ist jedoch zentral für die Lösung wirtschaftlicher Probleme, da Erfolge im Kampf gegen die Arbeitslosigkeit gleichzeitig die Einnahmesituation der gesetzlichen Sozialversicherungen und des Staatshaushaltes verbessern. In diesem Bereich wurden deshalb 2004 auch umfassende Reformen (Hartz-Reformen) durchgeführt, deren Wirksamkeit jedoch unterschiedlich eingeschätzt wird.

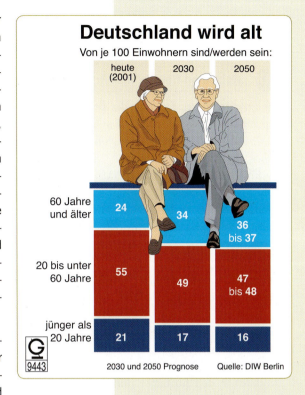

Der Blick auf die *demographische Entwicklung* der Bevölkerung in der Bundesrepublik Deutschland beruht zwar auf einer Gleichung mit vielen Unbekannten, doch stimmen alle Berechnungen darin überein, dass Deutschland eine dramatische Überalterung der Gesellschaft bei gleichzeitig schrumpfender Bevölkerung droht. Die Veränderungen im Altersaufbau der Gesellschaft und eine steigende Lebenserwartung haben Mehrbelastungen für die auf dem Generationenvertrag beruhenden sozialen Sicherungssysteme zur Folge. So steigen die Ausgaben für die gesetzliche Renten-, Pflege- und Gesundheitsversicherung stark an, während gleichzeitig immer weniger Beitragszahler in die Sozialversicherungen einzahlen werden. Und dies in einer Zeit, in der die finanziellen Handlungsspielräume des Staates durch die hohe Staatsverschuldung begrenzt sind.

Ungelöst ist auch, wie die Soziale Marktwirtschaft zum Erhalt der natürlichen Lebensgrundlagen beitragen kann. Die drängendsten *Umweltprobleme* betreffen die Atmosphäre und das Klimasystem, die Ozeane, die Artenvielfalt sowie die Verschlechterung der Qualität von Böden und Gewässern. Die industrielle Produktion von Gütern ist mit der Nutzung von Umweltressourcen verbunden, beim Transport, bei der Verarbeitung und bei der Vermarktung der erzeugten Produkte. Dabei werden Rohstoffe und Energie verbraucht, Schadstoffe in Luft, Böden und Gewässer eingetragen und es entstehen Produktionsabfälle. Bei der Produktion und Nutzung der industriellen Güter fallen also Kosten an, die von der Allgemeinheit getragen werden müssen (externe Kosten). Auch wenn Umweltprobleme meist nur noch global gelöst werden können, so muss das Ziel einer nationalen Wirtschaftspolitik sein, Umweltbelastungen zu verhindern und zu einer nachhaltigen Wirtschaftsweise zu gelangen, die bestehendes Naturkapital erhält und die ökologischen Grundlagen für das menschliche Überleben sichert.

M1 „Wohlstand für alle" hat Risse bekommen

Eine repräsentative Umfrage der Bertelsmann-Stiftung aus Anlass des 60. Jahrestages kommt zu dem Ergebnis: 73 Prozent der Deutschen empfinden die wirtschaftlichen Verhältnisse im Land als „nicht gerecht". Nur noch 31 Prozent haben eine gute Meinung von der Sozialen Marktwirtschaft, 38 Prozent haben eine schlechte. Matthias Breitinger hat bei drei führenden Ökonomen nachgefragt. Für welche Errungenschaften steht die seit 60 Jahren bestehende Wirtschaftsordnung? Wie lässt sich das Vertrauen der Deutschen in die Soziale Marktwirtschaft zurückgewinnen? Oder stößt sie angesichts der Globalisierung an Grenzen?

Netzeitung: Was ist für Sie der größte Erfolg der Sozialen Marktwirtschaft?

Gustav Horn: Die Soziale Marktwirtschaft in Deutschland hat in den fünfziger und sechziger Jahren einen
5 sehr dynamischen Wachstumsprozess initiiert. Zugleich ist es ihr gelungen, auf Dauer – vor allem in den sechziger und siebziger Jahren – eine relativ gerechte Verteilung von Einkommen und Vermögen zu bewirken, sodass alle Schichten der Bevölke-
10 rung etwas von diesem Wachstumsschub hatten.

Michael Hüther: Die Entfesselung wirtschaftlicher Dynamik im Zeichen der Freiheit unter den Bedingungen der Nachkriegswirtschaft ist als der größte Erfolg zu bewerten. Denn es ist zu bedenken: Einen
15 in der öffentlichen Wahrnehmung sich aufdrängenden historischen Referenzpunkt für den wirtschaftspolitischen Neubeginn gab es damals nicht, ein wirklich überragendes Paradigma bot sich nicht an. Die sozialistische Doktrin war – solange der Zu-
20 sammenhang zu einer bestimmten Regierungsform nicht offenkundig war – allenfalls naiv emotional attraktiv. Jedenfalls mussten Theorie und Praxis der Wirtschaftspolitik den Mut zu wahren Experimenten haben. Die Entscheidungen von Ludwig Erhard sig-
25 nalisierten den Menschen das Zutrauen in die Idee der Freiheit. Zahlreiche Deutsche teilten Erhards Überzeugungen nicht. Dieses fundamentale Bekenntnis zur Ordnung der Freiheit war – anders als man im Rückblick angesichts der Erfahrungen der

Diktatur erwarten sollte – durchaus isoliert. Dabei 30 ist auch zu bedenken, dass neben der aktuellen Erfahrung von Zwangswirtschaft, Krieg und Zusammenbruch auch die tiefer liegende Meinungsprägung durch das offenkundige Versagen der liberalen Wirtschaftsordnung – des Kapitalismus – in der 35 Weltwirtschaftskrise Ende der zwanziger und Anfang der dreißiger Jahre des 20. Jahrhunderts nachwirkte. Kurzum: Es wurde eine Schneise für die individuelle Freiheit geschlagen.

Klaus Zimmermann: Die soziale Bändigung der 40 Marktkräfte machte die Disziplin des Wettbewerbs konsensfähig. Die deutsche Wirtschaftsgeschichte ist somit ein erfolgreicher Beleg für die mögliche Ko-Existenz des Sozialen und des Marktes. Der wichtigste Bestandteil ist für mich dabei das Soziale 45 Sicherungssystem, das heißt die Arbeitslosen-, Kranken- und Rentenversicherung. Ohne eine Basissicherung, getragen durch breite gesamtgesellschaftliche Solidarität, kann eine Marktwirtschaft nicht human funktionieren. 50

Netzeitung: Einer aktuellen Umfrage zufolge haben nur noch 31 Prozent der Deutschen eine gute Meinung von der Sozialen Marktwirtschaft. Wie kann man das Vertrauen wieder festigen?

Gustav Horn: Dass das Vertrauen verloren gegan- 55 gen ist, hat mit der Entwicklung der vergangenen Jahre zu tun. Die genannten Erfolge der Vergangenheit werden ganz offensichtlich nicht mehr reproduziert: Die Wachstumsdynamik ist erheblich schwächer geworden. Vor allem aber hat sich die 60 Verteilung des Volkseinkommens sehr zulasten mancher Gruppen verschoben, insbesondere der Bezieher niedriger Einkommen. Das wirkt bis in die Mittelschicht hinein, wo die Abstiegsängste deutlich zugenommen haben. Das hat das Vertrauen der 65 Menschen in die Soziale Marktwirtschaft tief erschüttert. Dabei handelt es sich nicht um eine Angstpsychose, die Befürchtungen haben eine reale Grundlage. Ein Beleg: Die Realeinkommen der privaten Haushalte sinken, obwohl wir einen Auf- 70 schwung haben.

Das Vertrauen in die Soziale Marktwirtschaft lässt sich nur wiedergewinnen, indem wir mit den Früchten der Globalisierung besser umgehen. Wir sind Globalisierungsgewinner, doch die Früchte sind einseitig verteilt worden. Über Steuern (Vermögensteuer) als auch über die Senkung von Sozialabgaben für bestimmte Gruppen müssen wir eine Politik einleiten, die wieder eine gerechtere Verteilung von Einkommen und Vermögen bewirkt. Das ist eine gesamtgesellschaftliche Aufgabe. Natürlich muss die Regierung entsprechende Werte vertreten und danach handeln. Aber die Tarifparteien sind hier ebenfalls gefordert, auch Unternehmer kann man nicht ausnehmen. Sie müssen erkennen und praktizieren, dass sie auch eine gesamtgesellschaftliche Verantwortung haben und sich nicht mit Verweis auf die Globalisierung aus dieser Verantwortung davonstehlen können, denn sonst geraten unsere Erfolge in der Globalisierung in Gefahr.

Michael Hüther: Die Funktionsfähigkeit und zugleich die Glaubwürdigkeit der Sozialen Marktwirtschaft hat sehr viel mit dem Erhardschen Versprechen „Wohlstand für alle" zu tun. Damit verband sich die tragfähige Aussicht auf eine faire Chance des Mitmachens. In den fünfziger und sechziger Jahren ist dieses Versprechen glaubwürdig gewesen. Das hat sich unter den Bedingungen der Globalisierung grundlegend geändert. Es rächen sich in besonderer Weise Fehler früherer Jahrzehnte. So ist die Befähigung zur Teilnahme am wirtschaftlichen Leben durch das staatliche Bildungssystem lange nur unzureichend eingelöst worden; die rund 8 Prozent Schulabbrecher und die etwa 20 Prozent der Schüler mit nur den geringsten Lesekompetenzen belegen dies. Bildungsarmut definiert in hohem Maße künftige Einkommensarmut, denn sie verbaut für viele den Einstieg in Arbeit und die Chance auf einen weiteren Aufstieg. Es muss gelingen, in der Öffentlichkeit darüber Transparenz herzustellen. Bildung schafft die Voraussetzungen für Freiheitsfähigkeit und für Verantwortungsfähigkeit. (...)

Klaus Zimmermann: Das Erfolgsmodell hat tatsächlich schwere Risse bekommen. In der Globalisierung erwies sich die faktische Sozialpolitik in Deutschland zunehmend als Unheil, denn die wachsenden Finanzierungslasten erdrückten zunehmend die Bereitschaft der Unternehmen, beschäftigungs-

intensiv zu produzieren. So können sich Arbeitslosigkeit und Ungleichheit ausbreiten. (...)

Diese simplen Wahrheiten werden leider nicht genügend erkannt. Bei der derzeitigen öffentlichen Diskussion hat man oft den Eindruck, den Beteiligten kommt es nur noch auf das Soziale und nicht mehr auf die Marktwirtschaft an. Hier kann man nur unermüdlich dafür werben, dass Marktwirtschaft die beste Form zur Erzielung des größtmöglichen Wohlstandes ist und dass dafür die Marktkräfte funktionsfähig zu halten sind. Das impliziert auch Entlassungen, Umstrukturierungen und Outsourcing bei den Unternehmen.

Netzeitung: Ist die Soziale Marktwirtschaft in Deutschland noch zeitgemäß und zukunftsfähig in der Ära der Globalisierung, oder was müsste geändert werden?

Gustav Horn: Die Soziale Marktwirtschaft ist nicht nur zukunftsfähig, sondern sogar eine notwendige Voraussetzung, um die Globalisierung erfolgreich bewältigen zu können. Wenn wir viele Gruppen nicht mehr am Wachstumsprozess beteiligen, werden die Fliehkräfte in dieser Gesellschaft stark zunehmen. Das wird die Soziale Marktwirtschaft irgendwann sprengen. Dann haben wir Existenzkämpfe Jeder gegen Jeden. Die Soziale Marktwirtschaft ist also ein unerlässliches Zukunftsmodell. Aber wir brauchen ein engmaschigeres Netz unserer Sozialsysteme, etwa für Selbstständige. Dort gibt es auf der einen Seite welche, die sehr viel Geld verdienen und um die man sich keine Sorgen machen muss. Aber wir haben auch Selbstständige, die fast am Hungertuch nagen – und die müssen über eine möglichst breite Abdeckung der Sozialversicherung aufgefangen werden.

Michael Hüther: Die Soziale Marktwirtschaft basiert im Kern auf Grundsätzen, die Walter Eucken als konstituierende und regulierende Prinzipien einer dauerhaft funktionsfähigen Wettbewerbsordnung skizziert hat. Nur wenn die Verfügungsrechte über Privateigentum gesichert sind, die Vertragsfreiheit gewährleistet und die Haftung sanktionsbewehrt ist, kann die Verfolgung des ökonomischen Rationalprinzips ihre den Wohlstand mehrende Funktion erfüllen. Das ändert sich auch unter den Bedingungen der Globalisierung nicht. Wohl aber ist zu fragen, wo die marktwirtschaftliche Ordnung der

Ergänzung bedarf. Dies gilt abgesehen von den bestehenden internationalen Institutionen insbesondere für die Bekämpfung globaler Umweltprobleme und die Sicherstellung offener, bestreitbarer Märk-
170 te. Hier sind globale Regelwerke oder Koordination notwendig, um die genannten Grundprinzipien wirksam werden zu lassen.

Klaus Zimmermann: Sie muss reformiert werden. Sozialpolitik im Überfluss des Wirtschaftswunders
175 der sechziger Jahre war einfach. Aber war sie auch erfolgreich? Kaum: Nach einer wissenschaftlichen Studie liegt zwar der Anteil der Ausgaben für das Sozialsystem am Sozialprodukt in der Spitzengruppe der europäischen Staaten, ihre Effizienz ist aber
180 im internationalen Vergleich eher gering. Diese Ver-

schwendung nimmt also Chancen, den Benachteiligten des reinen Marktes besser zu helfen. Gerechtigkeit in der Globalisierung bedeutet heute freier Zugang zu Lebenschancen, insbesondere bei der Bildung.

Netzeitung, 18.6.2008 (http://www.netzeitung.de/wirtschaft/
wirtschaftspolitik/1057997.html)

Gustav Horn *ist Leiter des Instituts für Makroökonomie und Konjunkturforschung (IMK) der gewerkschaftsnahen Hans-Böckler-Stiftung in Düsseldorf.*
Michael Hüther *ist Direktor des arbeitgebernahen Instituts der Deutschen Wirtschaft (IW) in Köln.*
Klaus Zimmermann *ist Präsident des Deutschen Instituts für Wirtschaftsforschung (DIW) in Berlin.*

Aufgaben

1. Stellen Sie die Grundprinzipien der Sozialen Marktwirtschaft dar. Beziehen Sie dabei auch Grundgesetzartikel mit ein.

2. Erläutern Sie, inwiefern die Soziale Marktwirtschaft als „Dritter Weg" zwischen Marktwirtschaft und Planwirtschaft betrachtet werden kann.

3. In M1 finden sich unterschiedliche Positionen zum Erfolg der Sozialen Marktwirtschaft in den 60 Jahren ihres Bestehens. Stellen Sie in einer Tabelle zusammen, wo die Autoren
   a) die größten Errungenschaften der Sozialen Marktwirtschaft,
   b) die Ursache der Vertrauenskrise,
   c) Ansätze für einen Rückgewinn des Vertrauens sehen.

4. „Sozialleistungen kann die Bevölkerung nicht genug bekommen. Vor den Soziallasten scheut sie hingegen zurück" (Prof. Dr. M. Miegel). Stimmen Sie dieser Aussage zu? Begründen Sie Ihre Meinung.

5. Analysieren Sie das Plakat (S.10), und erläutern Sie, inwiefern sich die Kampagne auf die Grundprinzipien der Sozialen Marktwirtschaft beruft.

6. Zur Vertiefung: Ermitteln Sie aktuelle Beispiele, wie der Staat im Rahmen der Sozialen Marktwirtschaft in das Wirtschaftsgeschehen eingreift. Zeigen Sie die Wirkungen der Maßnahmen auf verschiedene gesellschaftliche Gruppen auf.

1.2 Wirtschaftspolitische Ziele und ihre Begründungen

E Die erste Wirtschaftskrise in der Bundesrepublik Deutschland

Ein Gespenst geht um in der Bundesrepublik des Frühsommers 1966 – das Gespenst der großen Depression. Im Land des Wirtschaftswunders stockt die Konjunktur, zum ersten Mal seit der Währungsreform 18 Jahre zuvor. Die Börsenkurse sind auf Talfahrt, Auftragseingänge und Industrieproduktion brechen ein, innerhalb weniger Monate schießt die Zahl der Arbeitslosen von 100.000 auf mehr als 500.000 nach oben. „Es ist nicht mehr albern, wieder von den Krisenjahren 1929 bis 1932 zu sprechen", sagt der damalige Siemens-Chef Adolf Lohse. Im Ruhrgebiet wehen schwarze Fahnen, der rechtsextremen NPD laufen die Wähler zu.

Dies ist das Klima, in der die deutsche Wirtschaftspolitik einen radikalen Kurswechsel vollzieht – weg vom ordoliberalen Grundprinzip der „Freiburger Schule", die ein Eingreifen des Staates in das Marktgeschehen ablehnt, hin zu einer aktiven Konjunktur- und Wachstumspolitik auf der Basis der Theorien des britischen Makroökonomen John Maynard Keynes.

Handelsblatt, 18.6.2006

SPIEGEL-Titel, 3.1.1966

Beschreiben Sie das Wirtschaftsklima im Jahr 1966, in der sich die Regierung zu einer aktiven Wirtschaftspolitik entschließt.

Märkte sind gewöhnlich gut für die Organisation des Wirtschaftslebens

Vergewissern wir uns zunächst noch einmal der Grundlagen unserer Wirtschaftsordnung. Wie der Name Soziale Marktwirtschaft bereits deutlich macht, beruht unsere Wirtschaftsordnung auf einer marktlichen Organisation der wirtschaftlichen Handlungen der einzelnen Akteure. Ein Blick in die Geschichte zeigt, dass Märkte gewöhnlich gut sind für die Organisation des Wirtschaftslebens.

„Der Zusammenbruch des Kommunismus in der Sowjetunion und in Osteuropa war wohl die bedeutendste Veränderung der Welt in den letzten fünfzig Jahren. Kommunistische Länder arbeiteten unter der Prämisse, dass zentrale Planer der Regierung bestens befähigt wären, die Volkswirtschaft zu leiten. Die Planer entschieden, welche Waren und Dienstleistungen produziert wurden, wie viel davon hergestellt wurde und wer diese Güter produzierte und konsumierte. Hinter der Zentralplanung stand eine Theorie, wonach nur die Regierung volkswirtschaftliche Aktivitäten auf eine Art und Weise organisieren konnte, die der sozialen Wohlfahrt des Landes insgesamt dienlich war.

Heutzutage haben die meisten Planwirtschaften das System abgeschafft und den Versuch unternommen, Marktwirtschaften zu werden. In einer Marktwirtschaft werden die Entscheidungen der zentralen Planungsbehörden durch Millionen Einzelentscheidungen von Unternehmungen und Haushalten ersetzt.

Unternehmungen entscheiden, welche Leute sie einstellen und was sie produzieren. Haushalte oder Familien entscheiden darüber, wo sie arbeiten

Planwirtschaft
(auch Zentralverwaltungswirtschaft) Bezeichnung für eine Wirtschaftsordnung, in der die Produktion und die Verteilung von Gütern und Dienstleistungen planmäßig und zentral durch eine staatliche Wirtschaftsbehörde gesteuert werden.

Typischer Wochenmarkt in einer deutschen Stadt. Hier treffen Angebot und Nachfrage zusammen.

Markt ●

Als Markt wird der Ort bezeichnet, wo Verkäufer und Käufer von Gütern zusammenkommen, um zu handeln. Aus Sicht der Wirtschaftswissenschaften ist der Markt der Ort, an dem Angebot (Verkäufer von Gütern) und Nachfrage (Käufer von Gütern) aufeinandertreffen und der Preis ermittelt wird. Der Markt ist das zentrale Koordinationsinstrument der Wirtschaft.

und was sie mit ihren Einkommen kaufen wollen. Diese Unternehmungen und Haushalte wirken auf den Märkten zusammen, wobei sie durch Preise und Eigeninteressen bei ihren Entscheidungen geleitet werden.

Auf den ersten Blick ist der Erfolg von Marktwirtschaften rätselhaft. Man hat zunächst den Eindruck, die dezentralen Entscheidungen von Millionen von Haushalten und Unternehmungen würden im Chaos enden. Dies ist jedoch nicht der Fall. Marktwirtschaften haben sich als bemerkenswert erfolgreich bei der Aufgabe erwiesen, Volkswirtschaften zu organisieren und zugleich die soziale Wohlfahrt zu fördern.

In seinem 1776 erschienenen Buch ‚The Wealth of Nations' machte Adam Smith die berühmte und höchst bedeutsame Aussage: Haushalte und Unternehmungen wirken auf Märkten zusammen, als ob sie von einer ‚*unsichtbaren Hand*' zu guten Marktergebnissen geführt würden. (…) Beim Studium der Volkswirtschaftslehre werden Sie begreifen, dass Preise die Instrumente sind, mit denen die unsichtbare Hand die wirtschaftliche Aktivität dirigiert. Die Preise spiegeln beides: den gesellschaftlichen Wert eines Gutes und die sozialen Kosten der Produktion. Weil Unternehmungen und Haushalte bei ihren Kauf- und Verkaufsentscheidungen auf die Preise sehen, berücksichtigen sie bei ihren Entscheidungen unbewusst soziale Nutzen und Kosten ihrer Aktivitäten. Preise führen die individuellen Entscheidungsträger zu Ergebnissen, die in vielen Fällen auch die soziale Wohlfahrt maximieren.

Es gibt eine logische Folgerung aus der Leistungsfähigkeit der unsichtbaren Hand bei der Selbststeuerung der Volkswirtschaft: Wenn die Regierung die Preise daran hindert, sich auf natürliche Weise an Nachfrage und Angebot anzupassen, behindert sie die Koordination der Millionen Einzelentscheidungen von Haushalten und Unternehmungen, die eine Volkswirtschaft ausmachen. Dies erklärt auch die noch viel größeren Schäden, die eine direkte staatliche Preispolitik – etwa bei Pacht und Zins – verursacht. Und es erklärt das Scheitern der kommunistischen Zentralverwaltungswirtschaft. In den kommunistischen Staaten wurden die Preise von oben diktiert. Die Planer konnten gar nicht die Informationen haben, die in freien Marktpreisen stecken. Die Zentralplaner versuchten, die Volkswirtschaft zu betreiben, indem sie eine Hand auf dem Rücken festbanden – die unsichtbare Hand des Marktes." *Mankiw 2004, S. 10–12*

Warum der Staat dennoch Wirtschaftspolitik betreiben sollte

Bei aller Begeisterung für die Leistungsfähigkeit von Märkten gibt es in diesen aber auch Schwachstellen, die deutlich machen, warum der Staat aktiv Wirtschaftspolitik betreiben sollte:

• „Im Marktprozess werden Einkommen nach der Leistung der Arbeitnehmer und der Knappheit von Gütern vergeben. Die Bedürftigkeit der Menschen spielt dabei keine Rolle. Für Menschen mit einer geringen Leistungsfähigkeit besteht dabei die Gefahr, dass sie nicht einmal genug verdienen, um ihr Existenzminimum abzudecken. Dies gilt auch für ganze Regionen und Länder. So lag das durchschnittliche Pro-Kopf-Einkommen in den Ländern südlich der Sahara im Jahr 2002 bei nur 450 $ – in der Demokratischen Republik Kongo waren es sogar nur 90 $, während es in den Vereinigten Staaten 35.060 $ und in Deutschland 22.670 $ beträgt.

- Der Marktmechanismus versagt, wenn man es mit Gütern zu tun hat, für die es keine Preise und damit auch keine Märkte gibt. Das beste Beispiel hierfür ist die Umwelt, die man in der Regel verschmutzen kann, ohne dafür einen Preis bezahlen zu müssen. Die extrem schlechte Umweltqualität in vielen Entwicklungsländern zeigt, wie gefährlich es ist, hier allein auf den Markt zu vertrauen.
- Unternehmer haben immer ein starkes Interesse daran, sich dem harten Wettbewerbsdruck des Marktes zu entziehen, indem sie Kartell-Absprachen treffen oder den Konkurrenten einfach aufkaufen.
- Die wirtschaftliche Entwicklung verläuft nicht gleichmäßig. Sie ist vielmehr durch ausgeprägte zyklische Schwankungen gekennzeichnet. Diese können zu Inflation oder Arbeitslosigkeit und teilweise auch zu beidem gleichzeitig führen. Bisweilen geraten diese Prozesse so sehr aus dem Gleichgewicht, dass es – wie in Deutschland in den Jahren 1920–23 – zu einem völligen Wertverlust des Geldes kommt oder aber zu einer Massenarbeitslosigkeit und einer Deflation, wie sie in der Weltwirtschaftskrise von 1929–33 beobachtet werden konnte.

In gewisser Hinsicht befinden sich Volkswirte dabei in einer ähnlichen Rolle wie Ärzte. Sie wissen, dass der Wirtschaftsprozess grundsätzlich über sehr gute Selbstheilungskräfte verfügt, sie sind sich aber auch der Tatsache bewusst, dass es zu Störungen kommen kann, in denen das System eine Hilfestellung von außen benötigt. Von wem kann diese Stabilisierung kommen? Letztlich ist es immer der Staat, der mit seiner Wirtschaftspolitik dafür zu sorgen hat, dass die Marktwirtschaft wieder ins Gleichgewicht kommt."
Bofinger 2007, S. 34 ff.

Das Stabilitäts- und Wachstumsgesetz

Die erste wirtschaftliche Rezession der Nachkriegszeit der Bundesrepublik Deutschland 1966/67 hatte deutliche politisch-psychologische Auswirkungen. Sie führte zu einer Erschütterung des blinden Vertrauens in die Stabilität des bestehenden Wirtschaftssystems. Damit war der Boden bereitet für eine wirtschaftspolitische Richtung, die getragen war von der optimistischen Überzeugung, dass der Staat die nötige Steuerungskapazität besitze, um stabilisierend und wachstumsorientiert die gesamtwirtschaftliche Nachfrage und das gesamtwirtschaftliche Angebot aufeinander abzustimmen. Das wichtigste rechtliche Instrument dieser ökonomischen Steuerung, auch als *„Globalsteuerung"* bezeichnet, war das *Gesetz zur Förderung der Stabilität und des Wachstums der Wirtschaft* (StWG) von 1967, das sogenannte Stabilitäts- und Wachstumsgesetz oder auch nur Stabilitätsgesetz.

In § 1 des **Stabilitäts- und Wachstumsgesetzes** heißt es:

Bund und Länder haben bei ihren wirtschafts- und finanzpolitischen Maß-
nahmen die Erfordernisse des gesamtwirtschaftlichen Gleichgewichts zu
beachten. Die Maßnahmen sind so zu treffen, dass sie im Rahmen der
marktwirtschaftlichen Ordnung gleichzeitig zur Stabilität des Preisniveaus,
zu einem hohen Beschäftigungsstand und außenwirtschaftlichem Gleichge-
wicht bei stetigem und angemessenem Wirtschaftswachstum beitragen.

Diese Ziele binden rechtlich das wirtschaftspolitische Handeln der Regierung in der Bundesrepublik Deutschland. Unabhängig davon hat jedes Ziel
sein eigenes Gewicht für die Wirtschaftspolitik.

● *Kompetent in Wirtschaft & Recht*
erweitern – vertiefen – anwenden

M1 **Welche Ziele sollen es sein?**

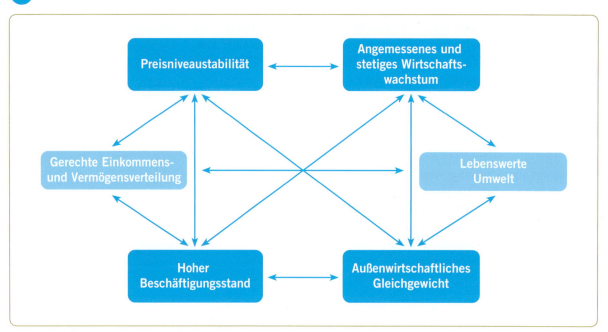

Autorengrafik

M2 **Die Grenzen des Marktes und des Staates**

Das Individuum spielt eine Schlüsselrolle für das Funktionieren einer modernen Wirtschaft. Ebenso bedeutsam ist, wie gut es gelingt, auf der Grundlage individueller Entscheidungen die richtige Aufgabenverteilung zwischen Staat und Markt zu finden. Nach Auffassung des schottischen Ökonomen und Philosophen Adam Smith (1723–1790) hat das Stre-
ben nach individueller Bedürfnisbefriedigung den größten Nutzen für die Gesellschaft insgesamt dabei zur Folge. Er beschrieb diese Koordinationsleistung – vom individuellen Nutzenstreben zum sozialen Optimum – mit der Metapher von der „unsichtbaren Hand" des Marktes, die ein Eingreifen des Staates nicht nötig macht.

Solch eine idealisierte Wirtschaft mit perfekten Märkten existiert in der Realität jedoch nicht. Marktwirtschaften leiden vielmehr unter einer Reihe von Unzulänglichkeiten, die unter anderem zu Arbeitslosigkeit, einer Ungleichverteilung von Einkommen und zur Ausbeutung der natürlichen Ressourcen führen. Es gibt also eine Reihe von guten Argumenten für staatliche Eingriffe in das Wirtschaftsleben. Über den optimalen Umfang der Staatstätigkeit besteht jedoch Uneinigkeit. In manchen Volkswirtschaften übernimmt der Staat eine beinahe unbegrenzte Anzahl an Aufgaben, während er sich in anderen auf bestimmte Bereiche beschränkt. (...)

Auch der Staat ist nicht perfekt. Regierung und Verwaltung machen Fehler, sie leiden unter Informationsdefiziten, und Politik und Beamtenschaft haben ebenfalls persönliche Interessen und Ideale, Ideologien, Interesse an Macht, Prestige, Einkommen. Wenn der Markt ein Problem nur unbefriedigend lösen kann, bedeutet das somit nicht automatisch, dass der Staat dafür besser geeignet ist.

Ein wesentliches Problem entsteht dadurch, dass die Wirtschaftspolitik unter Wirkungsverzögerungen leidet (time lags), die schwer zu kalkulieren sind. Probleme werden oft erst erkannt, wenn sie schon längere Zeit bestehen, und es vergeht dann noch einmal Zeit, bis die staatlichen Akteure zu einer Entscheidung kommen. Wenn schließlich Maßnahmen ergriffen werden, wirken auch diese nur mit einer zeitlichen Verzögerung, die oft nicht kalkulierbar ist. Am Ende wird die Wirtschaftspolitik häufig erst wirksam, wenn sich die Lage schon längst wieder verändert hat, und die angestrebten Ziele werden deshalb verfehlt.

Informationen zur politischen Bildung Nr. 294, Staat und Wirtschaft, Bundeszentrale für politische Bildung, Bonn 2007, S. 12 ff.

Aufgaben

1. Diskutieren Sie die Frage: Soll die Politik überhaupt in den Wirtschaftsprozess eingreifen?

2. Immer wieder werden Forderungen erhoben, die Ziele des StWG um die Komponenten „Lebenswerte Umwelt" und „gerechte Einkommens- und Vermögensverteilung" zu erweitern. Arbeiten Sie Argumente für und wider diese Forderung heraus und nehmen Sie dazu Stellung (M1).

3. Stellen Sie Grenzen des Marktes und des Staates gegenüber (M2).

Methode: Werturteil und Objektivität in der Wissenschaft

Die These von der Werturteilsfreiheit der Wissenschaft

„Eine empirische Wissenschaft vermag niemanden zu lehren, was er soll, sondern nur, was er kann und – unter Umständen – was er will!" Max Weber 1904

Oft werden Ökonomen um eine Erklärung wirtschaftlicher Ereignisse ersucht. Warum ist z. B. die Arbeitslosenquote für Jugendliche höher als für andere Arbeitskräfte? Bisweilen werden Nationalökonomen um Politikempfehlungen zur Verbesserung der wirtschaftlichen Ergebnisse gebeten. Was z. B. sollte die Regierung zur Verbesserung der wirtschaftlichen Lage Jugendlicher unternehmen? Solange Ökonomen versuchen, die Wirtschaftswelt zu erklären, sind sie Wissenschaftler. Sobald sie versuchen, die Welt zu verbessern, sind sie Politiker.

Positive versus normative Analyse

Um die zweierlei Rollen der Ökonomen aufzuklären, halten wir uns zuerst an den Sprachgebrauch. Da Wissenschaftler und Politiker unterschiedliche Ziele verfolgen, benutzen sie die Sprache verschieden.

Zwei junge Leute diskutieren z. B. über Mindestlohnbestimmungen, wobei sie sich wie folgt äußern:

Paula: Mindestlohnbestimmungen verursachen Arbeitslosigkeit.
Hannah: Man sollte die vorgeschriebenen Mindestlöhne erhöhen.

Ob Sie den Aussagen nun zustimmen oder nicht, bemerkenswert ist, worin sich Paula und Hannah bei ihren Ansichten unterscheiden. Paula spricht wie ein Wissenschaftler: Sie sagt etwas darüber, wie die Welt funktioniert. Hannah spricht wie ein Politiker: Sie sagt etwas darüber, wie sie die Welt verändert sehen möchte.

Generell gibt es zwei Typen von Aussagen über die Realität. Ein erster Typ, wie die Aussage von Paula, ist positiv. Positive Aussagen sind beschreibend. Sie richten sich darauf, wie die Welt ist. Ein zweiter Typ, wie die Aussage von Hannah, ist normativ. Normative Aussagen sind präskriptiv. Sie richten sich darauf, wie die Welt sein sollte.

Ein Hauptunterschied zwischen positiven und normativen Aussagen zeigt sich darin, wie wir ihre Gültigkeit überprüfen. Positive Aussagen können wir grundsätzlich dadurch annehmen oder verwerfen, dass wir sie auf ihre empirische Gültigkeit überprüfen. So könnte ein Ökonom Paulas Aussage mit Hilfe statistischer Daten über Veränderungen der Mindestlöhne und der Arbeitslosigkeit untersuchen. Im Gegensatz dazu kommen bei der Bewertung normativer Aussagen Fakten und Werturteile zusammen. Hannahs Aussage kann man nicht allein mit statistischen Daten überprüfen. Darüber zu entscheiden, ob politische Maßnahmen gut oder schlecht sind, ist nicht nur eine Sache der Wissenschaft. Dabei sind auch unsere persönlichen Einstellungen zur Ethik, zur Religion und zur politischen Philosophie gefragt.

Selbstverständlich mögen positive und normative Aussagen verwandt sein. Unsere positiven Bilder davon, wie die Welt funktioniert, beeinflussen unsere normativen Ansichten darüber, welche politischen Maßnahmen wünschenswert sind. Paulas Ausspruch, dass Mindestlöhne Arbeitslosigkeit verursachen, könnte – wenn er zutrifft – uns dazu veranlassen, Hannahs Wunsch nach Erhöhung der Mindestlöhne abzulehnen. Doch unsere normativen Folgerungen können nicht allein aus positiver Analyse entstehen. Sie erfordern beides: Positive Analysen und Werturteile.

Behalten Sie bitte beim Studium der Volkswirtschaftslehre die Unterscheidung zwischen positiven und normativen Aussagen im Gedächtnis. Große Teile der Volkswirtschaftslehre versuchen lediglich zu erklären, wie die Volkswirtschaft funktioniert. Doch oft liegt es in der Absicht der Volkswirtschaftslehre, zum besseren Funktionieren der Volkswirtschaft beizutragen. Wenn Sie normative Aussagen aus dem Munde von Ökonomen hören, wissen Sie, dass sie die Grenze zwischen Wissenschaft und Politik überschritten haben. (...)

Unterschiede der Werturteile

Nehmen wir an, Peter und Paul entnehmen der städtischen Wasserversorgung die gleiche Menge an Wasser. Um die Wasserversorgung betreiben zu können, erhebt die Stadt von den Einwohnern Steuern oder Gebühren. Peter hat ein Jahreseinkommen von € 100.000 und wird – annahmegemäß – mit € 10.000 oder 10 % belastet, Paul hat ein Einkommen von € 20.000 und würde – wiederum angenommen – mit € 4.000 oder 20 % des Einkommens belastet. Wäre das fair? Wenn nicht: Wer bezahlt zu viel und wer zu wenig? Spielt es dabei eine Rolle, ob Pauls niedriges Einkommen von einer gesundheitlichen Einschränkung oder von der angestrebten Betätigung als Schauspieler herrührt? Kommt es darauf an, ob Peters hohes Einkommen von einer großen Erbschaft oder von der Einsatzbereitschaft an einem trostlosen Arbeitsplatz kommt?

Das sind schwierige Fragen, über die man leicht unterschiedlicher Meinung ist. Würde die Stadtverwaltung zwei Experten mit Gutachten über die geeignete Besteuerung und Gebührenbelastung der Bürger beauftragen, wäre niemand überrascht, wenn die Gutachter zu unterschiedlichen Resultaten kämen. Das einfache Beispiel lässt erkennen, warum Ökonomen manchmal uneins über wirtschaftspolitische Maßnahmen sind. Wie wir bereits aus der Behandlung normativer und positiver Analysen wissen, kann die Politik nicht allein nach wissenschaftlichen Maßstäben beurteilt werden. Wegen unterschiedlicher Werturteile kommen Ökonomen oft zu unterschiedlichen Aussagen in Gutachten. Eine Perfektionierung der Wissenschaft von der Volkswirtschaft wird uns nicht zur Klärung der Frage führen, ob Peter oder Paul zu viel bezahlt.

Wahrnehmung und Wirklichkeit

Wegen Unterschieden des wissenschaftlichen Urteils und unterschiedlicher Werturteile sind gewisse Meinungsverschiedenheiten unter Ökonomen unvermeidlich. Doch sollte man das Ausmaß der Uneinigkeit nicht übertreiben. In vielen Fällen bieten die Ökonomen einen einmütigen Standpunkt an.

N. Gregory Mankiw, Mark P. Taylor, Grundzüge der Volkswirtschaftslehre, 4. Aufl., Stuttgart 2008, S. 35 ff.

Aufgaben

1. Erläutern Sie, welche der folgenden Aussagen mit einer beschreibenden bzw. positiven Geltung verbunden sind und welche mit einer bewertend-normativen:
   - *„Man sollte nicht zulassen, dass die letzten Bestände einer seltenen Baumart gefällt werden!"*
   - *„Abholzverbote führen zu steigenden Holzpreisen."*
   - *„Abholzverbote führen zu steigenden Möbelpreisen."*
   - *„Es ist moralisch verwerflich, Arbeitslosen nach einem Jahr Arbeitslosigkeit nur HARTZ IV zu zahlen."*
   - *„Gold ist schwerer als Eisen."*

2. Nennen Sie weitere Beispiele eigener Wahl für positive und normative Aussagen.

3. Wenn Sie Regierungschef wären, würden Sie sich mehr für die positiven oder die normativen Ansichten Ihrer Wirtschaftsberater interessieren? Erläutern Sie.

4. Die Ausführungen enthalten eine Geschichte über Peter, Paul und städtisches Leitungswasser.
   - Sind Sie der Meinung, dass die Gebührenpolitik in dem Beispiel gerecht ist? Nehmen Sie Stellung.
   - Geben Sie wieder, welche zusätzlichen Informationen über Peter und Paul Sie haben möchten, ehe Sie Ihr Urteil über die Gebührenpolitik abgeben.
   - Halten Sie einfache Steuer- und Abgabensysteme für gerechter als komplizierte? Erläutern Sie.

1.3 Wirtschaftswachstum

E Entwicklung des realen[1] Bruttoinlandsprodukts in Deutschland 1870–2000

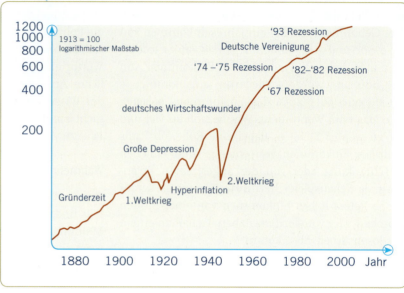

Peter Bofinger, Grundzüge der Volkswirtschaftslehre, 2. Aufl., München 2007, S. 288

Beschreiben Sie die Grafik. Beachten Sie dabei, dass die Grafik auf der y-Achse einen logarithmischen Maßstab verwendet.

„Angemessen" und „stetig" – zwei Wachstumsziele

Das wohl wichtigste wirtschaftspolitische Ziel des StWG ist ein „stetiges und angemessenes Wirtschaftswachstum". Damit werden gleich zwei fundamentale wirtschaftspolitische Ziele beschrieben:

- „Durch ein *angemessenes Wachstum* soll der Wohlstand eines Landes allgemein erhöht werden. Da es sich beim Wachstum um einen exponentiellen Verlauf handelt, kann man schon mit relativ geringen Zuwachsraten starke Veränderungen erzielen: Wenn die Wirtschaft jährlich nur um 2 % wächst, verdoppelt sich der Wohlstand bereits nach 35 Jahren.
- Durch ein *stetiges Wachstum* sollen starke Ausschläge in der wirtschaftlichen Entwicklung vermieden werden. Diese sind vor allem deshalb problematisch, weil sie in der Regel mit entsprechenden Schwankungen der Beschäftigung und damit auch der Arbeitslosenzahlen einhergehen.

Als Indikator für wirtschaftliches Wachstum wird heute weltweit das *Bruttoinlandsprodukt* (BIP) verwendet. Es bildet den gesamtwirtschaftlichen Output ab, der in einer Periode von den Unternehmen produziert (= gesamtwirtschaftliches Angebot) und dann auch von den Konsumenten und Investoren nachgefragt wurde (= gesamtwirtschaftliche Nachfrage). Wenn man die wirtschaftliche Entwicklung anhand des BIP betrachten will, muss man jedoch berücksichtigen, dass die Preise der Güter im Durchschnitt nicht konstant sind, sondern in der Regel ständig ansteigen. Wenn man abbilden will, wie sich der Wohlstand eines Landes entwickelt hat, muss man deshalb die rein inflationsbedingte Zunahme des Wertes von Gütern und Dienstleistungen aus dem BIP herausrechnen. Diese Arbeit haben die Statistiker im Statistischen Bundesamt in Wiesbaden bereits erledigt und ein reales, d. h. um Preissteigerungen bereinigtes, Bruttoinlandsprodukt errechnet (…).

Das Bruttoinlandsprodukt als Wohlstandsmaßstab

Bei einem internationalen Vergleich des Bruttoinlandsprodukts pro Kopf muss man einige Probleme bei der Verwendung dieser Größe als Wohlstandsmaßstab berücksichtigen:

- Im Bruttoinlandsprodukt werden nur Transaktionen berücksichtigt, die über den Markt abgewickelt werden. Wenn Sie z. B. in ihrem Garten Tomaten pflanzen und diese dann konsumieren, werden sie nicht im Bruttoinlandsprodukt aufgeführt. Auch die Arbeit von Hausfrauen bleibt unberücksichtigt. Wenn ein Manager seine Haushälterin heiratet und sie dann unentgeltlich für ihn arbeitet, sinkt das Bruttoinlandsprodukt. Je ärmer Länder sind, desto weniger Dienstleistungen werden über den Markt bezogen und desto mehr Agrarprodukte werden selbst erstellt. Insoweit ist ihr Wohlstand höher als es durch die BIP-Daten zum Ausdruck kommt.

- In eine ähnliche Richtung geht eine weitere Verzerrung. Sie beruht darauf, dass im BIP auch Leistungen als Konsum betrachtet werden, die eigentlich eine Vorleistung darstellen. Dies gilt insbesondere für die Mobilitätskosten einer hoch entwickelten Volkswirtschaft. Wenn die Menschen in Großstädten lange Strecken mit dem PKW zurücklegen, um zur Arbeit zu kommen, werden das Benzin und der Kauf des Fahrzeugs zu 100 % als Konsum gewertet, obwohl sie überwiegend als ein Input zu betrachten sind.

- In diesem Zusammenhang ist zu erwähnen, dass auch die Arbeitszeit, die zur Erstellung des BIP notwendig ist, nicht berücksichtigt wird. So lag im Jahr 2007 das Volkseinkommen pro Kopf mit 45.845 $ in den USA deutlich über dem deutschen Niveau von 34.181 $. Die durchschnittliche Arbeitszeit ist dort aber mit 1.824 Stunden pro Jahr um 26 % höher als bei uns, womit der Abstand im Pro-Kopf-Einkommen deutlich relativiert wird.

- Das reale Bruttoinlandsprodukt kann nur Transaktionen erfassen, die in irgendeiner Weise dem Staat gemeldet werden. Bei der Schattenwirtschaft ist dies naturgemäß nicht der Fall. In einem Land mit großer Schattenwirtschaft ist das Wohlstandsniveau also deutlich höher als dies in der Statistik ausgewiesen wird.

- Schließlich wird der Umweltverbrauch im BIP nur sehr unzureichend berücksichtigt. Dies liegt ebenfalls daran, dass es dafür in der Regel keine Preise und keinen Markt gibt. Dieser Faktor ist vor allem bei den beeindruckenden Wachstumsraten der Länder in Ostasien in Rechnung zu stellen, die sehr häufig mit einer enormen Umweltbelastung erkauft wurden."

nach: Bofinger 2007, S. 287 f., 570

Landschafts- und Ressourcenverbrauch werden nicht im BIP berücksichtigt, wenn es keine Preise dafür gibt.

Zielbegründung Wirtschaftswachstum

Trotz dieser Defizite wünschen sich Politiker und Ökonomen ein hohes Wirtschaftswachstum. Worin bestehen die Gründe dafür? Der Sachverständigenrat zur Begutachtung der gesamtwirtschaftlichen Entwicklung hat einige Antworten auf diese Frage formuliert:

„*Wachstum erleichtert den Abbau der Arbeitslosigkeit:* Bei vergleichsweise hohem Wirtschaftswachstum werden komplementär zu den neuen Arbeitsplätzen für Personen mit hoher Qualifikation auch zusätzliche Beschäftigungsmöglichkeiten für weniger Qualifizierte entstehen.

Wachstum reduziert internationale Ungleichgewichte: Eine Lösung der internationalen Schuldenkrise lässt sich umso eher erzielen, je kräftiger die Wirtschaft in den Industrieländern wächst und je größere Möglichkeiten dadurch den Schuldnerländern für den Export eingeräumt werden, aus dessen Erlös sie den Schuldendienst letztlich bezahlen müssen.

Umweltschutz erfordert Wachstum: Entscheidend war es, dass die Umwelt lange Zeit von Konsumenten und Produzenten scheinbar umsonst in Anspruch genommen werden konnte. Unter solchen Bedingungen musste eine wachsende Wirtschaft zur Gefahr für die natürliche Umwelt werden. Müssen hingegen für die Umweltnutzung knappheitsgerechte Preise gezahlt oder entsprechend hohe Kosten der Vermeidung von Umweltschäden getragen werden, wird es für alle lohnend, mit der Umwelt sorgsam umzugehen.

Wachstum ist Grundlage der sozialen Sicherung: Bei schrumpfender Erwerbsbevölkerung und steigender Zahl von Rentnern/Rentnerinnen droht ein Generationenkonflikt, wenn die Erwerbseinkommen nicht kräftig und anhaltend steigen. Ein solcher Anstieg ist umso eher möglich, je mehr sich die Kapitalakkumulation beschleunigt und je mehr es die Einkommensentwicklung erlaubt, den Anteil der Eigenvorsorge auszuweiten.

Wachstum bedeutet steigende Einkommen: Das entscheidende Argument für eine wachstumsorientierte Wirtschaftspolitik ist darin zu sehen, dass die Menschen steigende Einkommen wollen und auch bereit sind, sich dafür anzustrengen. Nur bei steigendem Realeinkommen können sich die Menschen an materiellen Wünschen erfüllen, was ihnen bisher versagt geblieben ist.

Wachstum kann der Humanisierung dienen: Eine Wirtschaft, welche die in den Menschen und ihren Fähigkeiten angelegten Triebkräfte zum wirtschaftlichen Wachstum voll nutzt, hat die größten Möglichkeiten, humane und soziale Forderungen an die Gestaltung der Arbeitswelt und die Nutzung der Technik zu erfüllen.

Eine wachsende Wirtschaft ist sozial: Eine wachsende Wirtschaft erfüllt von sich aus in hohem Maße soziale Funktionen, indem sie mehr Beschäftigungsmöglichkeiten und – als Frucht des gesamtwirtschaftlichen Wachstums – steigenden Wohlstand bietet. Sie macht es nicht nur leichter, die zur Finanzierung staatlicher Sozialpolitik nötigen Mittel aufzubringen, sondern sie vermindert auch den Bedarf an staatlicher Fürsorge in dem Maße, in dem die Bürger ihr Auskommen durch eigene Arbeit finden.“

Jahresgutachten 1987/88, Ziffern 246 f., 255, 257

Großbaustelle in Berlin. Wirtschaftswachstum gilt als das wichtigste Ziel der Wirtschaftspolitik, auch weil sich damit verteilungspolitische Fragen leichter lösen lassen.

M1 **Alternative Messgrößen für Wohlstand: der Genuine Progress Indicator (GPI)**

Der GPI ist ein Beispiel eines alternativen Indikators für den Entwicklungsfortschritt, der von der Nichtregierungsorganisation „Redefining Progress" erarbeitet worden ist. Dieser Wertschöpfungsindikator basiert zwar zunächst auch auf dem Bruttoinlandsprodukt, wird jedoch um einige wesentliche Dimensionen ergänzt.

Hausarbeit und Ehrenamt: Arbeit im Haushalt, die im BIP nicht berücksichtigt wird, da kein Geld fließt, wird im GPI so angerechnet, als ob man jemanden von außen dafür anstellen würde. So wird z. B. geschätzt, dass das deutsche Bruttoinlandsprodukt um 40 – 50 Prozent höher liegen würde, wenn man diese Tätigkeiten als Wertschöpfung mit einrechnen würde.

Einkommensverteilung: Die Einkommensverteilung ist im BIP nicht erkennbar. Der GPI steigt, wenn die Armen einen größeren Anteil vom nationalen Einkommen erhalten und sinkt, wenn der Anteil geringer wird.

Ressourcenverbrauch: Die Ausbeutung natürlicher Ressourcen wird vom BIP als laufende Einnahme, vom GPI hingegen als laufende Ausgabe ausgewiesen.

Umweltbelastung: Während Umweltverschmutzung sich im BIP auf zweierlei Hinsicht positiv auswirkt, zuerst bei der Entstehung, dann bei der Bereinigung, werden die Kosten der Auswirkung der Verschmutzung auf die menschliche Gesundheit und die Umwelt im GPI abgezogen.

Langfristige Umweltschäden: Klimaveränderung, Atommüll und Ozonlöcher werden in die „Wohlstandsbilanz" einbezogen. Der GPI berechnet den Verbrauch gewisser Energieformen und die Ozonschichtschädlichkeit der Chemikalien als Kosten ein.

Freizeitbudget: Wenn das durchschnittliche Freizeitbudget steigt, steigt auch der GPI. Im BIP taucht Freizeitbudget nicht als Wert auf.

Defensive Ausgaben: Ausgaben, die „Störungen" vermeiden oder reparieren sollen, wie etwa Arztrechnungen nach Autounfällen, werden im BIP als Umsatz und damit Einnahmen und im GPI als Ausgaben gezählt.

Haltbarkeit von Produkten und öffentliche Infrastruktur: Der GPI unterscheidet zwischen dem Betrag, den man für Konsumgüter bezahlt und deren wahrem Nutzen. So kann der Verlust an Lebensqualität, den die niedrige Haltbarkeit eines Produkts auslöst, einberechnet werden. Die Ausgaben für Konsumgüter werden jährlich vom GPI abgezogen, während ihr wahrer Nutzen addiert wird. Dies bezieht sich sowohl auf private als auch auf öffentliche Ausgaben, wie etwa den Bau von Autobahnen.

Abhängigkeit von ausländischen Kapitalgebern: Geld aus dem Ausland wird nur dann zum GPI addiert, wenn es für weitere Investitionen genutzt wird. Es wird abgezogen, wenn es in Verbrauch investiert wird.

teamGLOBAL, www.bpb.de (12.8.2008)

Aufgaben

1. Erläutern Sie, was in höherem Maße zum BIP beiträgt – die Herstellung eines sparsamen Autos oder die Herstellung eines Luxuswagens.

2. Diskutieren Sie die Vor- und Nachteile des alternativen Indikators GPI (M1).

3. „Wachstum bedeutet Wohlstand." Verfassen Sie einen Essay zu dieser These.

4. In A-Land ist das Wirtschaftswachstum in den letzten zehn Jahren höher gewesen als in B-Land. Jetzt stehen Forscher vor dem überraschenden Ergebnis, dass sich die Bewohner von B-Land trotzdem sehr viel besser fühlen als vor zehn Jahren, während dies bei den Menschen in A-Land nicht der Fall ist. Wie kann man diesen Befund erklären?

1.4 Hoher Beschäftigungsstand

E Arbeitslos = wertlos?

Plakat der Aktion Mensch

Arbeitslos = wertlos? Nehmen Sie in einem Satz Stellung zu dieser These.

Zielbegründung hoher Beschäftigungsstand

Eines der wesentlichen Ziele der Wirtschaftspolitik ist, einen hohen Beschäftigungsstand bzw. Vollbeschäftigung zu erreichen.

„Vollbeschäftigung ist ein volkswirtschaftlicher Zustand, bei dem alle Arbeitswilligen (und Arbeitsfähigen) zum geltenden Lohn Arbeit finden. Wird ein vorhandener Produktionsfaktor nicht vollständig für die Produktion genutzt, so werden aus gesamtwirtschaftlicher Sicht Ressourcen verschwendet. Neben dem ökonomischen Aspekt der vollen Ressourcenauslastung gibt es aber noch weitere Argumente für Vollbeschäftigung. Arbeitslosigkeit verringert die Einnahmen (Steuern und Versicherungsbeiträge) und vergrößert zugleich die Ausgaben des Staates (Sozialhilfe, Arbeitslosengeld, Wohngeld, Renten- und Krankenversicherungsbeiträge für Arbeitslose). Arbeitslosigkeit ist für die Betroffenen mit geringeren Einkommen (und damit Kaufkraftverlust) verbunden, aber oft auch mit hohen psychischen Kosten und trägt somit die Gefahr sozialer Unruhen, die das gesamte politische System gefährden können." *Schmid 2006, S. 177*

Arbeitslosigkeit in Deutschland

Die Selbstheilungskräfte des Marktes sorgen nicht automatisch für Vollbeschäftigung. Dies wird besonders deutlich, wenn man die längerfristige Entwicklung der Arbeitslosigkeit in Deutschland betrachtet. Bis weit in die 1960er Jahre war Arbeitslosigkeit in Deutschland kein Thema, das sich für die Schlagzeilen der Tagespresse eignete. Es herrschte „Vollbeschäftigung" und man holte Arbeitnehmer aus anderen Ländern („Gastarbeiter"), um die

Nachfrage auf dem deutschen Arbeitsmarkt zu decken. Seit Beginn der 1970er Jahre änderte sich diese Situation. Die schwierige weltwirtschaftliche Lage und eine Ölkrise führten 1974/75 zur zweiten Rezession in Deutschland, in deren Folge sich die Arbeitslosenzahlen dramatisch erhöhten. In den folgenden Jahren kam es zum Aufbau einer *Sockelarbeitslosigkeit*, die auch in Zeiten konjunktureller Erholung nicht mehr abgebaut werden konnte.

Im Laufe der 1990er Jahre stieg die Arbeitslosigkeit auch durch die Folgen der deutschen Wiedervereinigung immer weiter an, bis sie ihren traurigen Höchststand von knapp 5 Mio. im Jahre 2005 erreichte. Seit 2006 hat sich die Lage auf dem Arbeitsmarkt durch Reformmaßnahmen und die konjunkturelle Erholung entspannt.

Immer noch ein Thema: Arbeitslosigkeit in Deutschland

Zahl der Arbeitslosen in Millionen (Jahresdurchschnitte)

0,64 — 1,87 — 1,49 — 0,15 — 0,46 — 1,07 — 0,88 — 1,83 — 2,26 — 2,60 — 3,42 — 3,70 — 4,38 — 3,85 — 4,38 — 4,86 — 4,49 — 3,78 — 3,60 — 3,10

1. Rezession
2. Rezession
3. Rezession
4. Rezession

Nachkriegsarbeitslosigkeit, Zustrom von Vertriebenen

„Wirtschaftswunder" Vollbeschäftigung

Historischer Tiefstand

Ölpreiskrisen, Weltwirtschaftsflaute

Wiedervereinigung

Struktur- und Kostenkrise, Zusammenbruch ganzer Industriezweige in Ostdeutschland

Dauerflaute, Stagnation

Konjunktur zieht an, neue Arbeitsmarktgesetze („Hartz")

© Globus 2312

bis 1989 nur Westdeutschland, 2009 Prognose
Quelle: Bundesagentur für Arbeit, Ifo

Wie wird Arbeitslosigkeit gemessen?

„Die Beschreibung der Beschäftigungsentwicklung und der Arbeitslosigkeit erfolgt anhand verschiedener Maßgrößen (…).

Das *Erwerbspersonenpotenzial* umfasst die Personen, die unmittelbar oder mittelbar eine auf Erwerb ausgerichtete Tätigkeit ausüben oder suchen. Die *Erwerbsquote* drückt den Anteil der Erwerbspersonen an der Bevölkerung aus. Maßgeblich für die Höhe der Erwerbsquote sind demographische, ökonomische, politische und psycho-soziale Gründe. Welche Bedeutung dem Erwerbsverhalten zukommt, zeigt die erhebliche Zunahme der Frauenerwerbstätigkeit in der Bundesrepublik in den letzten Jahrzehnten. Von erheblicher Bedeutung für die Höhe des Erwerbspersonenpotenzials sind auch institutionelle Regelungen wie Schulzeit und Altersübergangsregelungen. (…)

Arbeitslosenquoten zeigen die relative Unterauslastung des Arbeitskräfteangebots an, indem sie die (registrierten) Arbeitslosen zu den Erwerbspersonen (EP = Erwerbstätige + Arbeitslose) in Beziehung setzen. Arbeitslos sind nach dem Sozialgesetzbuch Personen, die vorübergehend nicht in einem Beschäftigungsverhältnis stehen, das 15 Wochenstunden und mehr umfasst, eine versicherungspflichtige Beschäftigung von mindestens 15 Wochenstunden suchen und dabei den Vermittlungsbemühungen der Agenturen für Arbeit bzw. der Träger der Grundsicherung zur Verfügung stehen und sich dort persönlich arbeitslos gemeldet haben.

Arbeitslosigkeit ist für die Betroffenen mit vielen negativen Folgen verbunden.

Der Kreis der Erwerbspersonen bzw. der Erwerbstätigen kann unterschiedlich abgegrenzt werden. Insofern werden zwei unterschiedliche Arbeitslosenquoten ermittelt:

Arbeitslosenquote, bezogen auf alle zivilen Erwerbspersonen: Alle zivilen Erwerbstätigen (alle ziv. ET) sind die Summe aus den abhängigen zivilen Erwerbstätigen sowie Selbstständigen und mithelfenden Familienangehörigen. Die Quote errechnet sich entsprechend als

Arbeitslosenquote (auf der Basis aller ziv. EP) =

$$\frac{\text{Arbeitslose}}{\text{alle ziv. ET + Arbeitslose}} \times 100$$

Arbeitslosenquote, bezogen auf die abhängigen zivilen Erwerbspersonen: Der Nenner enthält nur die abhängigen zivilen Erwerbstätigen (abh. ziv. ET), d.h. die Summe aus sozialversicherungspflichtig Beschäftigten (einschl. Auszubildende), geringfügig Beschäftigten, Personen in Arbeitsgelegenheiten (Mehraufwandvariante) und Beamten (ohne Soldaten). Daraus errechnet sich:

Arbeitslosenquote (auf der Basis der abh. ziv. EP) =

$$\frac{\text{Arbeitslose}}{\text{abh. ziv. ET + Arbeitslose}} \times 100$$

Diese Art der Quotenberechnung hat in Deutschland die längere Tradition. Aus datentechnischen Gründen beziehen sich bisher die Arbeitslosenquoten einzelner Personengruppen regelmäßig nur auf die abhängigen zivilen Erwerbspersonen.

Bundesagentur für Arbeit 2007

Die *Arbeitslosenquote* ist nur von begrenzter Aussagefähigkeit. Sie erfasst nur einen Teil der Erwerbslosigkeit, die bei den Arbeitsagenturen registrierten Arbeitslosen. Die Personen, die eine Arbeit suchen, ohne arbeitslos gemeldet zu sein, sind in der Arbeitslosenquote nicht enthalten. Dieser Teil der Erwerbslosen wird durch den Indikator *Stille Reserve* zu erfassen versucht. Die Arbeitslosenquote berücksichtigt auch Veränderungen in der Arbeitszeit nicht. So bleibt bei Kurzarbeit zwar die Anzahl der beschäftigten Personen und der registrierten Arbeitslosen konstant; in Arbeitsstunden gemessen ist die Beschäftigung niedriger oder nimmt ab, wenn die Kurzarbeit steigt.

Um Begrenzungen des Indikators Arbeitslosenquote zumindest teilweise zu überwinden, wird zusätzlich der Indikator *Offene Stellen* herangezogen. Dieser weist die freien Arbeitsplätze aus, die die Unternehmen den Arbeitsagenturen melden. (…)

Auch der Indikator *Offene Stellen* weist Mängel auf, die seine Aussagefähigkeit und Verwendbarkeit beschränken. So werden die Stellen nur zu einem Teil offen ausgewiesen, da die Arbeitgeber nicht verpflichtet sind, diese den Arbeitsagenturen zu melden. Die tatsächliche Zahl der freien Stellen wird

Entwicklung der Arbeitslosenquote[1] in %	
1991	7,3
1992	8,5
1993	9,8
1994	10,6
1995	10,4
1996	11,5
1997	12,7
1998	12,3
1999	11,7
2000	10,7
2001	10,3
2002	10,8
2003	11,6
2004	11,7
2005	13,0
2006	12,0
2007	10,1
2008	7,8
2009	8,8[2]

[1] bezogen auf alle abh. ziv. ET
[2] Prognose

etwa dreimal höher als die gemeldeten freien Arbeitsplätze geschätzt. Andererseits kann die Zahl der gemeldeten offenen Stellen vom tatsächlichen Arbeitskräftebedarf der Unternehmen abweichen, da keine Sicherheit besteht, dass die gemeldeten Stellen auch wirklich zu besetzen sind.

Die beiden Indikatoren ‚Arbeitslosenquote‘ und ‚Offene Stellen‘ verdeutlichen exemplarisch, mit welchen Problemen Indikatoren als Maßgrößen für die jeweiligen Zielvariablen behaftet sein können." *Krol 2002, S. 188 ff.*

Ursachen von Arbeitslosigkeit

„Arbeitslosigkeit kann auf einer freiwilligen Entscheidung beruhen oder aber durch die herrschenden Umstände erzwungen sein.

Die Rolle des Reallohns

Eine Person ist freiwillig arbeitslos, wenn sie nicht bereit ist, zu den bestehenden Arbeitsbedingungen (vor allem bezüglich Lohnsatz und Arbeitszeit) eine Beschäftigung anzunehmen, oder wenn sie freiwillig ihren Arbeitsplatz wechselt. Unfreiwillige Arbeitslosigkeit liegt vor, wenn eine Person nicht beschäftigt ist, eine Beschäftigung sucht und zu den herrschenden Arbeitsbedingungen bereit ist, eine Arbeit anzunehmen, aber keine findet.

Der Reallohn ist definiert als der um die Inflationsrate bereinigte Nominallohn. Je höher der Reallohn je Stunde ist, desto mehr Arbeit bieten die Arbeitnehmer an. Umgekehrt fragen die Unternehmen umso mehr Arbeit nach, je niedriger der Reallohn ist. Mithin bringt der Reallohn auf dem Arbeitsmarkt Angebot und Nachfrage zum Ausgleich.

Aus Unternehmersicht stellt der Reallohn die Kosten der Nutzung von Arbeit dar. Die Reallöhne differieren je nach dem Qualifikationsgrad der Arbeit. Da die Tarifparteien nur über Nominallöhne verhandeln können, können sie die Entwicklung des Reallohns nicht direkt beeinflussen. Fällt der Reallohn beispielsweise höher aus als der von den Unternehmen erwartete – etwa weil die Inflationsrate geringer ist als erwartet –, wird Arbeit im Verhältnis zu Kapital teurer, und die Unternehmen versuchen, Arbeit durch Kapital zu ersetzen. Es kommt folglich zu Entlassungen. Unter Umständen geht mit dem Abbau von Arbeitsplätzen eine Verlagerung der Produktion ins Ausland einher, wenn dort Arbeit relativ billiger ist. Dies ist insbesondere in arbeitsintensiven Branchen wie etwa der Textilindustrie von Bedeutung. Aber auch Software wird in vermehrtem Umfang in Ländern erstellt, in denen das Lohnniveau niedrig ist.

Technischer Fortschritt – berufliche Qualifikation

Ist Arbeit aus der Sicht der Unternehmen generell zu teuer, dann sind sie bestrebt, Arbeit durch Kapital zu ersetzen (‚substituieren‘), indem sie Rationalisierungsmaßnahmen treffen. Als Schlagwort mag hier die Automatisierung der Produktion stehen, aber auch der Einzug von Computern in fast alle Arbeitsbereiche. Electronic Banking z. B. führt dazu, dass Bankfilialen geschlossen und die Beschäftigten entlassen werden. Diese *Rationalisierungen* der Arbeitsabläufe bezeichnet man als Prozessinnovationen; sie sind ein Teil des technischen Fortschritts. Dieser führt also dazu, dass bestimmte

Hanel/CCC, www.c5.net

Berufe nicht mehr benötigt werden und ein einmal erworbener Wissensstand der Beschäftigten sehr rasch veraltet, mithin für die Produktion nicht mehr verwendbar ist. Auf diese Weise kann es zu Arbeitslosigkeit infolge von unzureichender beruflicher Qualifikation kommen.

Allerdings kann man nicht davon ausgehen, dass technischer Fortschritt generell Arbeitsplätze vernichtet. Eher ist das Gegenteil der Fall. Allerdings bringt der technische Fortschritt im Allgemeinen höhere Qualifikationsanforderungen an die Beschäftigten mit sich.

Kurzfristige und strukturelle Arbeitslosigkeit
Tagtäglich werden Menschen entlassen, kündigen Mitarbeiter und werden neue Personen eingestellt. Ein Wechsel des Arbeitsplatzes erfordert im Allgemeinen, dass Informationen darüber erworben werden, wo neue Beschäftigungsmöglichkeiten bestehen. Der Erwerb dieser Informationen verursacht Kosten und braucht Zeit. Aber auch räumliche Distanzen sind zu überwinden, wenn z. B. ein Arbeitnehmer von Bonn nach Berlin zieht. Die hierdurch entstehende kurzfristige Arbeitslosigkeit wird Sucharbeitslosigkeit *(friktionelle Arbeitslosigkeit)* genannt. Ebenfalls kurzfristig arbeitslos sind Personen, die durch saisonale Faktoren, wie sie etwa in der Landwirtschaft und im Baugewerbe auftreten, für eine kurze Zeitspanne ihre Beschäftigung verlieren *(saisonale Arbeitslosigkeit)*. Schließlich gilt auch die *konjunkturelle Arbeitslosigkeit* als kurzfristig. In einer Rezession entlassen die Unternehmen infolge einer schlechten Ertrags- und Auftragslage Beschäftigte, die dann in einer konjunkturellen Aufschwungphase wieder Arbeit finden. Allerdings handelt es sich hierbei meist um gering qualifizierte Arbeitnehmer, deren Neueinstellung einen relativ geringen Aufwand erfordert.

Von *struktureller Arbeitslosigkeit* spricht man, wenn infolge des Strukturwandels verschiedene Tätigkeiten nicht mehr nachgefragt werden. Die Branchenstruktur (Landwirtschaft, Bergbau, Industrie, Dienstleistungen) unterliegt einem dauerhaften strukturellen Wandel. Der damit verbundene Abbau von Arbeitsplätzen mündet sehr häufig in Langzeitarbeitslosigkeit, da die Anpassungsfähigkeit der Arbeitnehmer an veränderte Anforderungen begrenzt ist." *Buscher 2006, S. 124*

Kompetent in Wirtschaft & Recht
erweitern – vertiefen – anwenden

M1 Fakten zur Arbeitslosigkeit

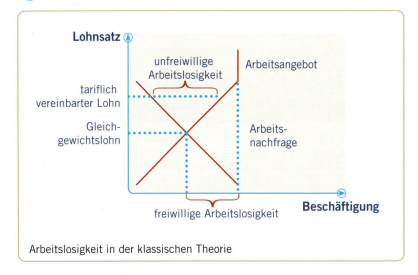

Arbeitslosigkeit in der klassischen Theorie

Die wahren Kosten der Arbeitslosigkeit

Staatliche Ausgaben bzw. Mindereinnahmen je Arbeitslosen im Jahr 2007: 17 900 Euro

Bezieher von ALG I	22 700 €
Bezieher von ALG II	18 300 €
Arbeitslose, die keine Leistungen bekommen	9 500 €

Anteile an den gesamten Kosten in %

Versicherungsleistungen
Mindereinnahmen Sozialbeiträge — 29,8 % / 18,1 %
Mindereinnahmen Steuern — 18,6 % / 33,5 %
Sozialleistungen

G 2416 © Globus — Quelle: IAB

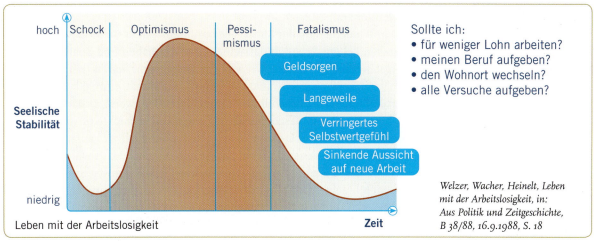

Leben mit der Arbeitslosigkeit

Sollte ich:
• für weniger Lohn arbeiten?
• meinen Beruf aufgeben?
• den Wohnort wechseln?
• alle Versuche aufgeben?

Geldsorgen

Langeweile

Verringertes Selbstwertgefühl

Sinkende Aussicht auf neue Arbeit

Welzer, Wacher, Heinelt, Leben mit der Arbeitslosigkeit, in: Aus Politik und Zeitgeschichte, B 38/88, 16.9.1988, S. 18

Aufgaben

1. Erklären Sie, warum die Arbeitslosenzahlen in Ostdeutschland deutlich niedriger, die Arbeitslosenquoten aber deutlich höher sind als in Westdeutschland.

2. Erläutern Sie, für welche Teile der Bevölkerung sich Mindestlohnvorschriften in erster Linie zur Erklärung von Arbeitslosigkeit eignen (M1).

3. „Bürger ohne Arbeit – eine Gefahr für die Demokratie?" Verfassen Sie einen Essay zu den möglichen Auswirkungen von Arbeitslosigkeit auf das politische System (M1).

1.5 Stabiles Preisniveau

E ▸ **Was bedeutet Inflation?**

Zeichnung von Wilhelm Schulz im „Simplicissimus" (1923): „Der Tanz um das Goldene Kalb – und sie merkten nicht, dass es aus Papier war."

Sebastian Haffner (1907 – 1999) erlebte die Inflation von 1923 und erinnert sich:

Aber nun wurde die Mark verrückt (...). Keiner wusste genau, wie es geschah. Wir folgten augenreibend dem Vorgang, als ob es sich um ein bemerkenswertes Naturphänomen handelte (...), und dann plötzlich sahen wir uns um und erkannten, dass das Ereignis unser Alltagsleben zerstört hatte.

Wer ein Sparkonto, eine Hypothek oder sonst eine Geldanlage besaß, sah es über Nacht verschwinden. Bald machte es nichts aus, ob es sich um einen Spargroschen oder ein Großvermögen handelte. (...)

Die Lebensunterhaltskosten hatten angefangen davonzujagen, denn die Händler folgten dem Dollar dicht auf den Fersen. Ein Pfund Kartoffeln, das noch am Vortage fünfzigtausend Mark gekostet hatte, kostete heute schon hunderttausend; ein Gehalt von fünfundsechzigtausend Mark, das man am vorigen Freitag nach Hause gebracht hatte, reichte am Dienstag nicht aus, um ein Paket Zigaretten zu kaufen. (...)

Am 31. oder ersten des Monats bekam mein Vater sein Monatsgehalt, das unseren Lebensunterhalt darstellte – Bankguthaben und Sparbrief waren längst wertlos geworden. Wie viel das Gehalt wert war, war schwer abzuschätzen; sein Wert schwankte von Monat zu Monat; einmal konnten hundert Millionen eine beachtliche Summe darstellen, wenig später waren eine halbe Milliarde ein Taschengeld. Auf jeden Fall versuchte mein Vater, eine Monatskarte für die U-Bahn so schnell wie möglich zu kaufen, sodass er wenigstens im nächsten Monat zur Arbeit und nach Hause fahren konnte, obwohl dieses Transportmittel einen beträchtlichen Umweg und Zeitverlust mit sich brachte. Dann wurden Schecks für die Miete und das Schulgeld ausgestellt, und am Nachmittag ging die ganze Familie zum Friseur. Was übrig blieb, wurde meiner Mutter ausgehändigt – und am nächsten Tag stand die ganze Familie, auch das Dienstmädchen, nur nicht mein Vater, um vier oder fünf Uhr früh auf, und fuhr mit dem Taxi zum Großmarkt. Dort wurde ein Großeinkauf organisiert und innerhalb einer Stunde wurde das Monatsgehalt eines Oberregierungsrates für unverderbliche Speisen ausgegeben. (...) Ungefähr um acht Uhr, noch vor Schulanfang, kehrten wir nach Hause, mehr oder weniger für eine einmonatige Belagerung versorgt. Und das war das Ende. Es gab einen Monat lang kein weiteres Geld. Ein freundlicher Bäcker lieferte Brot auf Kredit. Sonst lebte man von Kartoffeln, Geräuchertem, Büchsen, Suppenwürfel. Gelegentlich kam eine unerwartete Nachzahlung, aber es war gut möglich, dass man einen Monat lang so arm war wie der Ärmste der Armen, nicht einmal imstande, eine einfache Straßenbahnfahrt oder eine Zeitung zu bezahlen." *Sebastian Haffner, Geschichte eines Deutschen. Die Erinnerungen 1914 –1933, Stuttgart/München 2000, S. 55 – 60*

Beschreiben Sie, wie sich die Inflation auf den Alltag der Familie Haffner auswirkte.

Inflation

„Eine einheitliche Definition des Begriffs Inflation gibt es nicht, doch im Allgemeinen wird die Inflation mit einem anhaltenden Anstieg des Preisniveaus bzw. einem Sinken der Kaufkraft des Geldes gleichgesetzt. Einzelne Güterpreise können dabei durchaus fallen oder konstant bleiben, sofern das Preisniveau insgesamt, das durch einen Durchschnitt vieler Einzelpreise ermittelt wird, im Steigen begriffen ist.

Preisindizes

Die tatsächliche Inflationsrate für ein Land wird anhand von Preisindizes (gewichtete arithmetische Mittelwerte aus Preisveränderungen von Waren und Dienstleistungen) ermittelt. Die diesem Preisindex zugrunde liegenden Güter konstituieren den sogenannten Warenkorb. In Deutschland beschreibt der Index der Lebenshaltungskosten die Preisentwicklung derjenigen Güter, die für die Lebenshaltung der privaten Haushalte bestimmend sind.

Inflationsursachen

Was aber sind die genauen Ursachen für einen anhaltenden Preisanstieg? Bei der Entstehung von Inflation spielt die Geldmenge eine wesentliche Rolle. Inflation ist nur dann möglich, wenn die Geldmenge stärker wächst als die Produktionsmöglichkeiten einer Volkswirtschaft. Inflation kann insofern als ein monetäres Phänomen betrachtet werden: Sie ist Ausdruck und zwangsläufige Folge eines Anstiegs der Geldmenge pro Produktionseinheit. Entscheidend ist nun aber die Frage, woher der Impuls zur Erhöhung der Geldmenge ausgeht. Hier wird im Allgemeinen zwischen einer Nachfrage- und einer Angebotsinflation unterschieden. Die *Nachfrageinflation* wird hervorgerufen durch einen Anstieg der gesamtwirtschaftlichen Nachfrage, etwa durch öffentliche Ausgabenprogramme oder durch ein verändertes Ausgabeverhalten der privaten Haushalte. Falls die Produktion nicht in entsprechendem Umfang ausgeweitet wird, wirkt ein solcher Nachfrageschub inflationsfördernd. Wenn inflatorische Impulse von der Angebotsseite ausgehen, spricht man hingegen von einer *Angebotsinflation*. Hierbei können steigende Kosten (Löhne, Rohstoffe) für die Preiserhöhungen ausschlaggebend sein oder aber die Marktmacht bzw. der Gewinnanspruch der Unternehmen.

Ob Nachfrageschub oder Kostenanstieg – für beide gilt gleichermaßen, dass sie nur dann inflationär wirken, wenn sie von einer entsprechenden Ausweitung der finanziellen Mittel, also der Geldversorgung der Volks-

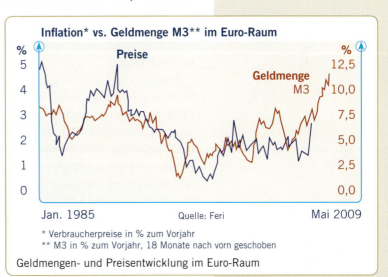

Inflation* vs. Geldmenge M3** im Euro-Raum

Jan. 1985 — Quelle: Feri — Mai 2009

* Verbraucherpreise in % zum Vorjahr
** M3 in % zum Vorjahr, 18 Monate nach vorn geschoben

Geldmengen- und Preisentwicklung im Euro-Raum

Werte in %

4,9

2,9
2,5

2,2
2,1
1,6
1,1

50er 60er 70er 80er 90er 01-06 2007*

*Schätzung
Quelle: Bundesverband deutscher Banken

Inflationsraten in Deutschland

wirtschaft, begleitet werden. Die Frage, wie die zur Ausweitung der Geldnachfrage notwendige Geldmengenerhöhung zustande kommt, wird meist dahingehend beantwortet, dass die Kreditinstitute in der für die zusätzliche Geldschöpfung benötigten Versorgung mit Zentralbankgeld auf keine Beschränkung vonseiten der Notenbank stoßen. Eine Notenbank, die nicht unabhängig ist, kann auch unmittelbar vom Staat dazu gezwungen werden, die Geldmenge zu erhöhen.

Die Frage, warum das Preisniveau in den Industriestaaten in den letzten Jahren und Jahrzehnten beständig – wenn auch meist nur geringfügig – angestiegen ist, wird teilweise mit der Starrheit der Preise nach unten erklärt. Dieser Theorie zufolge sinken Preise auch dann nicht oder nur kaum, wenn ein Nachfragerückgang zu verzeichnen ist, während umgekehrt die Preise angehoben werden, sobald die Nachfrage steigt. Dadurch könne das allgemeine Preisniveau auch in Zeiten schwachen Wirtschaftswachstums bzw. in Zeiten der Stagnation steigen. Allerdings hat sich diese Theorie nur partiell als stichhaltig erwiesen, da sinkende Preise in verschiedenen Güterkategorien durchaus zu beobachten sind. Immerhin: Auch die Europäische Zentralbank sieht ihren Stabilitätsauftrag nicht darin, eine Inflationsrate von 0 % anzustreben, sondern avisiert einen Wert von knapp unter 2 %.

Wirkung der Inflation

Offenkundig stellt eine Geldentwertung in dieser Höhe keine allzu große Schwierigkeit dar. Ab wann aber ist eine Inflation bedrohlich? Welche Folgen und Wirkungen zeitigt sie? Anders gefragt: Warum ist Preisniveaustabilität so wichtig?

Preise übernehmen in einer Marktwirtschaft die *Steuerungs- und Signalfunktion* für die Marktteilnehmer. Steigen die Preise auf breiter Front an, so werden Knappheiten vorgetäuscht und der für die Funktionsfähigkeit der Marktwirtschaft wichtige Marktmechanismus wird außer Kraft gesetzt. Durch die hierdurch bewirkte Fehllenkung von Produktionsfaktoren aber werden Produktivleistungen vergeudet und Wachstum wie Beschäftigung beeinträchtigt.

Inflation kann auch *negative Umverteilungseffekte* bewirken. Besonders Transfereinkommen (etwa Rentenzahlungen) sind normalerweise von der Inflation negativ betroffen. Grund hierfür ist die Tatsache, dass die Anpassung der öffentlichen Transferleistungen an die allgemeine Teuerungsrate in der Regel nicht in vollem Umfang erfolgt bzw. erst verspätet geschieht. Die Entwicklung der Kaufkraft von Lohn- und Gewinneinkommen hängt wiederum davon ab, ob Unternehmer und Arbeitnehmer die Preisentwicklung richtig einschätzen und welche Marktposition Arbeitgeber und Gewerkschaften haben. Leidtragende einer Geldentwertung sind neben den Empfängern von Transferzahlungen dabei vorwiegend die Bezieher kleiner Einkommen. Auch Kreditgeber und Kreditnehmer können Inflationsverluste oder -gewinne verbuchen, je nachdem ob der Zins ausreicht, um den inflationsbedingten Wertverlust einer Forderung auszugleichen. Inflation bedeutet aber in jedem Fall für alle Sparer mit nichtvariablen Zinsen einen Vermögensverlust. Bei hohen Inflationsraten kann es obendrein zu einer Flucht in die Sachwerte kommen, wodurch die Funktionsfähigkeit des Finanzsystems erheblich in Mitleidenschaft gezogen wird.

Die vielschichtigen negativen Auswirkungen der Inflation (etwa auch mit Blick auf die internationale Wettbewerbsfähigkeit eines Landes) bedeuten, dass ihre Bekämpfung in der Wirtschaftspolitik einen sehr hohen Stellenwert einnehmen muss. Bei welcher Preissteigerungsrate dabei Inflation einsetzt, ist umstritten. Entscheidend ist aber nicht die Höhe der Preissteigerungsrate zu einem bestimmten Zeitpunkt, sondern ob ein inflationärer Prozess in Gang gekommen ist. Dieser zeichnet sich vor allem dadurch aus, dass Preissteigerungen in die Erwartungen der privaten Haushalte eingehen und damit deren Entscheidungen maßgeblich mit beeinflussen." *Schulbank 2007, S. 2 f.*

Probleme bei der Messung von Inflation

Die Inflationsrate informiert über den jährlichen Kaufkraft- oder Geldwertverlust, sie gibt somit Auskunft darüber, ob das Ziel, das Preisniveau stabil zu halten, erreicht ist.

Ein Preisindex ist die Summe gewichteter Preise von Gütern einer bestimmten Güterkategorie, bezogen auf ein Basisjahr. Üblicherweise wählt man für das Basisjahr den Wert 100. Ein Preisindex kann nur bezüglich seiner Veränderungsraten, nicht jedoch hinsichtlich seines absoluten Niveaus, sinnvoll interpretiert werden. Die Inflationsrate ist von der absoluten Veränderung des Preisindex zu unterscheiden: Steigt der Index z. B. um zehn Punkte (etwa von 110 auf 120), errechnet sich eine Teuerungsrate von 9,1 %. (…)

Der Laspeyres-Index behält die Preise und Mengen (also das Gewichtungsschema) der Basisperiode bei und informiert über die Änderung der Kosten, die zum Erwerb des Warenkorbs im Betrachtungsjahr im Vergleich zum Basisjahr aufgewendet werden müssen. Die Indexformel geht also von einem gleich bleibenden Warenkorb aus. (…)

Im Fall des Verbraucherpreisindex (Preisindex für die Lebenshaltung aller privaten Haushalte) gibt der zugrunde liegende Warenkorb die als repräsentativ angesehene Verbrauchsstruktur der privaten Haushalte an. Das Verbrauchsschema umfasst rund 750 Sachgüter und Dienstleistungen, die in zwölf Hauptgruppen

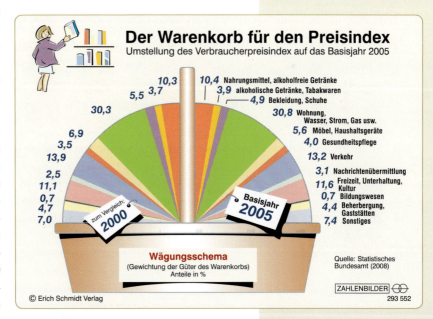

Der Warenkorb für den Preisindex
Umstellung des Verbraucherpreisindex auf das Basisjahr 2005

10,3   10,4 Nahrungsmittel, alkoholfreie Getränke
5,5   3,7   3,9 alkoholische Getränke, Tabakwaren
  4,9 Bekleidung, Schuhe
30,3   30,8 Wohnung, Wasser, Strom, Gas usw.
6,9   5,6 Möbel, Haushaltsgeräte
3,5   4,0 Gesundheitspflege
13,9   13,2 Verkehr
2,5   3,1 Nachrichtenübermittlung
11,1   11,6 Freizeit, Unterhaltung, Kultur
0,7   0,7 Bildungswesen
4,7   4,4 Beherbergung, Gaststätten
7,0   7,4 Sonstiges

zum Vergleich: **2000**

Basisjahr 2005

Wägungsschema
(Gewichtung der Güter des Warenkorbs)
Anteile in %

Quelle: Statistisches Bundesamt (2008)

ZAHLENBILDER

© Erich Schmidt Verlag   293 552

eingeteilt sind. Die Ausgaben für diese Positionen (Lebenshaltungskosten) bilden entsprechend ihrem Anteil an den Gesamtausgaben das Gewichtungsschema für die Preise. (…)

Alle amtlichen Preisindizes sind Laspeyres-Indizes. Da diese eine konstante Verbrauchs- bzw. Ausgabenstruktur unterstellen, berechnen die statistischen Ämter Wägungsschema und Warenkorb etwa alle fünf Jahre neu. (…)

Probleme bei der Inflationsmessung ergeben sich bei Laspeyres-Indizes vor allem daraus, dass das Verbrauchsschema veraltet: In der Realität ändern sich nicht nur die Produktarten und die Qualität der Güter und Dienstleistungen, sondern auch die Verbrauchsgewohnheiten. Erfassungsprobleme ergeben sich daraus, dass Angebotspreise und nicht tatsächlich gezahlte Preise erhoben werden und dass bei einer gegebenen Auswahl von Berichtsstellen neue, preisgünstigere Vertriebsformen zunächst unberücksichtigt bleiben. Ein Problem aller erwähnten Indizes besteht darin, dass sie kaum in der Lage sind, Preisänderungen aufgrund von technischem Fortschritt angemessen zu erfassen. Generell nimmt man an, dass die Preisindizes die Teuerung um einen Prozentpunkt zu hoch ausweisen.

Daneben gibt es die gefühlte Inflation, die vom Verbraucher wahrgenommene Teuerung für Güter des täglichen Bedarfs, wie z. B. nach der Einführung des Euro. *Buscher 2006, S. 118*

Kompetent in Wirtschaft & Recht
erweitern – vertiefen – anwenden

Aufgaben

1. Erläutern Sie, warum die Preisniveaustabilität ein wichtiges wirtschaftspolitisches Ziel ist.

2. Erklären Sie anhand von Beispielen, wie sich Inflation auf die Geldfunktionen auswirkt.

3. Im Laufe einer längeren Periode ist der Preis für eine Zuckerstange von 0,10 € auf 0,60 € angestiegen. Im gleichen Zeitraum hat sich der Preisindex für die Lebenshaltung von 150 auf 300 erhöht. Erklären Sie, um wie viel der Preis für eine Zuckerstange inflationsbereinigt zugenommen hat.

4. Erläutern Sie, welche Probleme sich bei der Messung von Inflation ergeben können.

5. Bei steigender Inflation gibt es Gewinner und Verlierer. Stellen Sie anhand selbst gewählter Beispiele die sozialen Folgen der Inflation dar.

6. Zur Vertiefung: Halten Sie ein Referat zu Verlauf, Ursachen und Auswirkungen der Inflation von 1923.

1.6 Außenwirtschaftliches Gleichgewicht

E Handelsbilanz und Leistungsbilanz

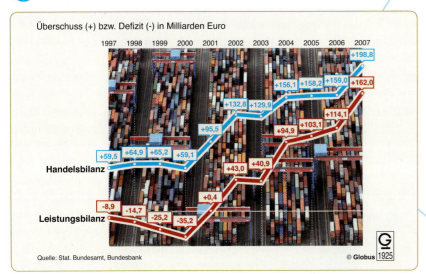

Überschuss (+) bzw. Defizit (-) in Milliarden Euro

1997 1998 1999 2000 2001 2002 2003 2004 2005 2006 2007

+198,8

+156,1 +158,2 +159,0 +162,0

+132,8 +129,9

+95,5 +94,9 +103,1 +114,1

Handelsbilanz +59,5 +64,9 +65,2 +59,1 +43,0 +40,9

+0,4

Leistungsbilanz -8,9 -14,7 -25,2 -35,2

Quelle: Stat. Bundesamt, Bundesbank

© Globus 1925

Beschreiben Sie, wie sich die Leistungsbilanz der Bundesrepublik Deutschland entwickelt hat.

Deutschlands Außenbilanzen

„Alles, was wir im Ausland kaufen, müssen wir bezahlen. Jeder Einzelne, der eine polnische Wurst kauft, tut das mit Geld, die Volkswirtschaft zahlt aber letztlich mit Waren und Dienstleistungen. Wir importieren nicht nur, wir exportieren auch.

Die Summe aller Einfuhren wird jährlich der Zusammenfassung aller Ausfuhren gegenübergestellt, das ist die *Handelsbilanz*. Ihr Saldo sagt, wie viel mehr oder weniger Waren wir ins Ausland geliefert als von dort bezogen haben. Nun könnte man denken, je positiver die Handelsbilanz ist, also je größer der Überschuss ist, den wir mehr geliefert als bezogen haben, desto besser für uns. Das ist aber nur kurzfristig richtig. Jede Waschmaschine, die in Deutschland hergestellt und dann nach Belgien verkauft wurde, hat hier bei uns einen Arbeitsplatz gesichert und Unternehmenssteuern anfallen lassen. Wenn aber die Außenwirtschaftsbilanz auf Dauer zu positiv ist, das heißt, wenn wir immer mehr liefern als wir zurückbekommen, fehlt uns für unsere Exporte der Gegenwert. Wir liefern in diesem Fall sozusagen auf Kredit und hoffen auf Rückzahlung. Das ist allerdings die volkswirtschaftliche Perspektive. Für die einzelne Firma, die ins Ausland liefert, sieht das anders aus: Sie liefert die Ware und bekommt dafür Geld. Wenn es der Volkswirtschaft, die die Waren empfängt, nicht gelingt, einen gleichen Wert zurückzuzahlen, bleibt jedoch eine Differenz.

Allerdings zeigt die Handelsbilanz nur einen Teil der wirtschaftlichen Verflechtung. Denn wir schicken ja nicht nur Waren ins Ausland bzw. beziehen welche von dort. Vielmehr überschreiten auch Dienstleistungen die Grenze. Deutsche Ingenieure projektieren im Ausland Straßen und Brücken, indische Software-Spezialisten entwickeln für uns Computerprogramme und deutsche Touristen machen Urlaub am Mittelmeer. Neben der Handels- gibt es daher auch eine *Dienstleistungsbilanz*.

Aber auch die beiden zusammen bilden noch nicht die gesamte Vernetzung ab. Es gibt in Deutschland viele Menschen ausländischer Herkunft, die einen Teil des Geldes, das sie hier verdienen, in ihr Heimatland überweisen, um ihre Angehörigen dort zu unterstützen. Andererseits gibt es Besitzer von Aktien oder Geldvermögen, die im Ausland angelegt sind und deren Eigentümer sich ihre Renditen und Zinsen nach Hause überweisen lassen. Nicht nur Waren und Dienstleistungen passieren also die deutschen Grenzen, sondern auch Kapital. Hierzu gehören auch die Auslandsinvestitionen deutscher Unternehmen, mit denen z. B. in der Slowakei oder in Portugal eine Fabrik aufgebaut, gekauft oder ausgebaut wird, oder die deutschen Zahlungen an internationale Organisationen wie die UNO oder für die Entwicklungshilfe an afrikanische oder asiatische Staaten. Alle diese grenzüberschreitenden Aktionen spiegeln sich in der *Leistungsbilanz* wider.

Von *außenwirtschaftlichem Gleichgewicht*, wie es im Stabilitätsgesetz vorgeschrieben ist, spricht man, wenn diese Bilanz ausgeglichen ist, also wenn die vom Ausland empfangenen Zahlungseingänge in etwa so groß sind wie die ins Ausland geleisteten Zahlungsausgänge.

Deutschlands Kunden und Lieferanten

Angaben für 2007 in Milliarden Euro

Die größten Kunden (Ausfuhr)		Die größten Lieferanten (Einfuhr)	
Frankreich	93,9	64,9	Frankreich
USA	73,4	64,3	Niederlande
Großbritannien	71,0	54,6	China
Italien	65,1	45,6	USA
Niederlande	62,4	44,3	Italien
Österreich	52,8	43,4	Großbritannien
Belgien	51,4	38,8	Belgien
Spanien	48,2	32,8	Österreich
Schweiz	36,4	29,8	Schweiz
Polen	36,1	28,8	Russland
China	29,9	26,2	Tschechien
Russland	28,2	24,1	Polen
Tschechien	26,0	24,1	Japan
Schweden	21,7	21,1	Spanien
Ungarn	17,3	18,1	Ungarn

Quelle: Stat. Bundesamt

© Globus 1960

Export ja, Import nein?

Der Zusammenhang zwischen Export und Import ist eigentlich einfach zu verstehen und einleuchtend. Dennoch wird er in der wirtschaftspolitischen Auseinandersetzung oft geleugnet. Manche sähen die Bundesrepublik Deutschland gerne als Exportweltmeister, würden Importe aber am liebsten abschaffen (möglichst ohne Einschränkungen beim Konsum). Es gibt Firmen, die nicht mit der Qualität ihrer Produkte werben, sondern damit, dass sie ausschließlich in Deutschland produzieren. Als volkswirtschaftliche Aussage ist dies unsinnig. Dazu kommt, dass auch die in Deutschland hergestellten Produkte viele Komponenten aus dem Ausland haben. Man kann T-Shirts in Deutschland nähen, aber die dafür nötige Baumwolle kann hier nicht angebaut werden. Das betrifft neben den eingesetzten Rohstoffen auch Zulieferungen. Ein VW Golf V besteht aus 9.890 Einzelteilen. Rund 40 Prozent davon stammen auch bei einem in Deutschland hergestellten Volkswagen von jenseits der Grenzen.

Importe sind also keine Belastung der heimischen Wirtschaft, sondern eine Bereicherung. Sie ermöglichen es, dass wir Produkte erhalten, die wir selbst nicht herstellen können, und solche, die wir im Inland nur teurer produzieren könnten. Der Konsument profitiert von der wirtschaftlichen Verflechtung, indem er eine größere Auswahl hat und gleichzeitig weniger Geld dafür aufwenden muss als bei ineffizienter heimischer Produktion. Die Volkswirtschaft hat den Nutzen davon, dass sie auch Waren und Dienstleistungen in andere Länder liefern kann. In Deutschland hängt jeder vierte Arbeitsplatz am Export. Wenn man jetzt noch berücksichtigt, dass bei uns Dienstleistungen erbracht werden, die man gar nicht exportieren kann (Taxifahren, Friseurleistungen oder Kellnern beispielsweise), wird deutlich, in welch starkem Maße die Branchen, die exportfähige Produkte oder Dienstleistungen herstellen, an einer engen wirtschaftlichen Verflechtung mit dem Ausland interessiert sind." *Stratenschulte 2006, S. 85 ff.*

Der Sinn des Gleichgewichtsziels

„Ein anhaltendes außenwirtschaftliches Defizit bedeutet, dass das betreffende Land gegenüber dem Ausland verschuldet ist. Bei einem dauerhaften Leistungsbilanzdefizit kann ein Finanzierungsproblem entstehen. Zwar können vorerst Devisenreserven abgebaut werden, langfristig muss jedoch ein realwirtschaftlicher Ausgleich über gesteigerte Exporte oder geringere Importe geschaffen werden. Ein weiteres Problem besteht darin, dass die binnenwirtschaftliche Entwicklung und die nationale Wirtschaftpolitik unter Umständen unerwünschten Auslandseinflüssen ausgesetzt ist. (…) Deutschland hat traditionell hohe Defizite in der Dienstleistungs- und Übertragungsbilanz. Diese stammen einerseits aus dem Reiseverkehr und andererseits aus Zahlungen an die EU, Entwicklungshilfezahlungen sowie Überweisungen ausländischer Arbeitnehmer in ihr Heimatland. Um diese Defizite auszugleichen, müssen die deutschen Leistungen an das Ausland die Leistungen vom Ausland an das Inland übersteigen, d. h., es muss vor allem ein Überschuss in der Handelsbilanz erreicht werden. Zu hohe Exportüberschüsse sind jedoch ebenfalls unerwünscht, da sie bei hohen Devisenzuflüssen die Gefahr der Aufwertung der heimischen Währung mit negativen Konsequenzen für Wettbewerb und Beschäftigung bergen." *Buscher 2006, S. 260*

● *Hafen Hamburg. Deutschland führt traditionell mehr Fertigwaren aus als es importiert.*

M1 **Das US-Leistungsbilanzdefizit – Risiko für die globale Wirtschaft?**

Seit Beginn der 1990er Jahre verzeichnen die USA ein steigendes Leistungsbilanzdefizit, das im Wesentlichen auf einem riesigen Handelsbilanzdefizit beruht. 2007 lag das Minus in der Leistungsbilanz bei
5 knapp 800 Mrd. US-Dollar oder 5,7 % des US-Bruttoinlandsprodukts (BIP) nach 6,2 % im Jahre 2006. Die Finanzierung des Defizits erfolgt durch Nettokapitalzuflüsse aus dem Rest der Welt, also durch einen gleich hohen Überschuss in der Kapital-
10 bilanz (...).

Im Fall der USA ist die Lage paradox. Eines der reichsten Länder der Welt lebt in hohem Maße von Kapitalzuflüssen aus dem Rest der Welt, und zwar zunehmend aus Schwellenländern wie China. An-
15 dererseits sind die USA seit langem die Konjunkturlokomotive der Welt. Sie bescheren der Weltkonjunktur ein kräftiges Nachfragewachstum. Seit etwa zehn Jahren erlebt die Weltwirtschaft, parallel zum Anstieg des Leistungsbilanzdefizits der USA, den
20 größten Wachstumsboom seit den 1960er Jahren. Anders als in hoch verschuldeten Entwicklungsländern gibt es in den USA bislang keinerlei Anzeichen für Zahlungsunfähigkeit. Allerdings gehen die meisten Analysten davon aus, dass die Entwicklung
25 zunehmend riskanter wird und Korrekturen notwendig sind.

Fast alle Beobachter sind sich einig, dass die jetzigen Ungleichgewichte weit über jener Grenze liegen, die auf Dauer tragbar („nachhaltig") erscheint,
30 auch wenn diese Grenze schwer exakt quantifizierbar ist. Das größte Risiko besteht in einer abrupten Anpassung, wenn Anleger und Notenbanken ihre Bestände an Finanzaktiva zulasten von Dollaranla-

gen plötzlich umschichten und nicht nur die laufenden Kapitalströme reduzieren. Entscheidend sind
35 dabei die subjektiven Erwartungen der Finanzmarktteilnehmer. Es käme im Fall einer plötzlichen Dollar-Abwertung zu einer entsprechenden Aufwertung des Euro, des Yen und der anderen asiatischen Währungen, wodurch die Aufwertungsländer massiv an
40 Wettbewerbsfähigkeit verlören. Es ist sehr wahrscheinlich, dass der Euro dabei der wichtigste Aufwertungskandidat ist. Die USA gerieten infolge einer starken Abwertung unter Inflationsdruck, müssten dann mit steigenden Zinsen reagieren, wodurch die
45 Weltkonjunktur gedämpft würde. Zudem könnten die USA ihren Konsum und das Staatsbudget nicht mehr wie früher durch Auslandskapital finanzieren, es sei denn sie stemmen sich mit hohen Zinsen gegen die Drift des Kapitalabflusses. Es ist nicht auszu-
50 schließen, dass eine solche harte Landung zu einer Weltrezession führt, zumal Wechselkursanpassungen meist mit zunächst exzessiven Ausschlägen erfolgen. Die Krise hätte die Funktion, realwirtschaftliche Anpassungen an neue Wechselkurse, welche
55 die Leistungsbilanzungleichgewichte klein halten, voranzubringen. Keine Frage, dass dies vor allem in den Aufwertungsländern ein schmerzhafter Prozess wäre, der zudem zu Deflation, also sinkendem Preisniveau wie in Japan in den 1990er Jahren,
60 führen könnte. Weniger schmerzhaft wäre es wahrscheinlich für die USA, deren internationale Wettbewerbsfähigkeit sich sprunghaft verbessern würde.

Jan Priewe, Leistungsbilanzdefizit der USA, Aus Politik und Zeitgeschichte, 7/2008, S. 21–26

Aufgaben

1. Erklären Sie, warum Leistungsbilanzungleichgewichte auf Dauer nicht wünschenswert sind.

2. Erstellen Sie eine beschriftete Übersichtsgrafik, die die Ursache-Wirkungszusammenhänge des außenwirtschaftlichen Ungleichgewichts der USA übersichtlich darstellt (M1).

1.7 Gerechte Einkommens- und Vermögensverteilung

E Das Problem mit der Gerechtigkeit

Es waren einmal 10 Männer, die jeden Tag miteinander zum Essen gingen. Die Rechnung für alle zusammen betrug jeden Tag genau 100 €. Die Gäste zahlten wie wir unsere Steuern. Die vier Ärmsten zahlten nichts, der Fünfte zahlte 1 €, der Sechste 3 €, der Siebte 7 €, der Achte 12 €, der Neunte 18 € und der Reichste zahlte 59 €.

Das ging eine Zeit lang gut. Bis der Wirt Unruhe in das Arrangement brachte, indem er vorschlug, den Preis für das Essen um 20 € zu reduzieren, weil sie alle so gute Gäste waren. Jetzt kostete das Essen für die Gruppe nur noch 80 €. Wie konnten sie die 20 € Ersparnis aufteilen, dass jeder etwas davon hätte? Für die ersten Vier änderte sich nichts, sie aßen weiterhin kostenlos. Die übrigen Sechs stellten schnell fest, dass 20 € geteilt durch sechs Zahler 3,33 € ergibt. Aber wenn sie das von den einzelnen Teilen abziehen würden, bekämen der fünfte und der sechste Gast noch Geld dafür, dass sie überhaupt zum Essen gehen.

Also schlug der Wirt den Gästen vor, dass jeder ungefähr prozentual so viel weniger zahlen sollte, wie er insgesamt beisteuere. Heraus kam folgendes: Der fünfte Gast, ebenso wie die ersten vier, zahlte ab sofort nichts mehr (100 % Ersparnis). Der Sechste zahlte 2 € statt 3 € (33 % Ersparnis), der Siebte zahlte 5 statt 7 € (28 % Ersparnis). Der Achte zahlte 9 statt 12 € (25 % Ersparnis). Der Neunte zahlte 14 statt 18 € (22 % Ersparnis) und der Reichste zahlte künftig 50 statt 59 € (15 % Ersparnis).

Jeder der sechs kam günstiger weg als vorher, trotzdem machte sich Missmut breit. „Ich habe nur 1 € von den 20 € bekommen", sagte der sechste Gast und zeigte auf den zehnten Gast, den Reichen. „Aber er kriegt 9 €". „Stimmt", rief der Fünfte. „Ich habe nur 1 € gespart und er spart zehnmal so viel wie ich". „Wie wahr" rief der Siebte. „Warum kriegt er 9 € zurück und ich nur 2? Alles kriegen mal wieder die Reichen". „Moment mal", riefen die ersten Vier. „Wir haben überhaupt nichts bekommen. Das System beutet die Ärmsten aus". Und wie aus heiterem Himmel gingen die neun gemeinsam auf den Zehnten los und verprügelten ihn.

Am nächsten Abend tauchte der Reiche nicht zum Essen auf. Also setzten die übrigen Neun sich zusammen und aßen ohne ihn. Als es an der Zeit war, die Rechnung zu bezahlen, stellten sie etwas Außerordentliches fest: Alle zusammen hatten nicht genügend Geld, um auch nur die Hälfte der Rechnung bezahlen zu können.

Und wenn sie nicht verhungert sind, wundern sie sich noch heute.

David R. Kamerschen, RPC News, März 2006, S. 12.

Abrechnung im Restaurant: Wie sollte eine gerechte Verteilung der Kosten aussehen?

Diskutieren Sie den dargestellten „Fall" unter dem Aspekt der Gerechtigkeit, und entwickeln Sie in Gruppen alternative Lösungen zur Aufteilung der 20 € Ersparnis.

Jedes siebte Kind in Deutschland ist von (relativer) Einkommens-armut betroffen.

Entwicklung der Einkommensverteilung in Deutschland

Deutschland ist insgesamt ein wohlhabendes Land, doch gibt es auch hier Armut und soziale Ausgrenzung. Soziale Ungleichheit ist eine Tatsache fast aller marktwirtschaftlichen Gesellschaften. Einer OECD-Studie aus dem Jahr 2008 zufolge ist sie im letzten Jahrzehnt in Deutschland stärker angestiegen als in den anderen OECD-Staaten, doch liegt sie immer noch unter dem OECD-Durchschnitt. Armut schränkt die Chancen der davon Betroffenen ein, am sozialen und ökonomischen Leben der Gesellschaft teilzuhaben. Darüber hinaus berührt soziale Ungleichheit den Zusammenhalt der Gesellschaft in besonderem Maße. Es herrscht deshalb Einvernehmen darüber, dass es ein Mindestmaß an Verteilungsgerechtigkeit in einer Gesellschaft geben muss. Allerdings gehen die Vorstellungen darüber, was unter einer gerechten Einkommens- und Vermögensverteilung zu verstehen ist, weit auseinander.

Prinzipien der Gerechtigkeit

Zwei wesentliche Pole in der Debatte um eine gerechte Verteilung der Einkommen und Vermögen bilden die Konzepte der Leistungsgerechtigkeit und Verteilungsgerechtigkeit.

Die *Leistungsgerechtigkeit* hat zum Inhalt, dass derjenige, der mehr leistet, auch ein höheres Einkommen haben soll. Leistung soll sich lohnen und die in der Gesellschaft vorhandenen Ressourcen freisetzen. Die Verwirklichung der Leistungsgerechtigkeit als Verteilungsnorm stößt jedoch auf das Problem, dass unterschiedliche Leistungen unterschiedlicher Personen verglichen, gemessen und bewertet werden müssen. Eine strikte Anwendung des Leistungsprinzips hätte auch zur Folge, dass Menschen, die keine Möglichkeit haben, Einkommen zu erzielen (Kranke, Alte, etc.), von Almosen oder in Armut leben müssten.

Das Prinzip der *Verteilungsgerechtigkeit* zielt demgegenüber auf einen Ausgleich zu großer Einkommensunterschiede. Wie weit dieser Ausgleich gehen soll, ist politisch stark umstritten. Nur wenige befürworten eine absolute Gleichverteilung der Einkommen. Konsequenterweise müssten dann nämlich Faule und Fleißige, Qualifizierte und Unqualifizierte gleich entlohnt werden. Es wäre zu befürchten, dass Leistungsanreize verloren gingen und der Missbrauch sozialer Leistungen zunähme. Darunter hätte die Wirtschaft insgesamt zu leiden und der soziale Zusammenhalt der Gesellschaft wäre gefährdet. Unabhängig vom Maß der Umverteilung beinhaltet das Ziel der Verteilungsgerechtigkeit, dass der, der viel Leistung bringt und ein hohes Einkommen erzielt, mehr abgeben muss.

Ein weiteres Gerechtigkeitsprinzip, das einzelne Aspekte der Leistungs- und Verteilungsgerechtigkeit verknüpft, ist die *Chancengerechtigkeit*. Sie besagt, dass jedem Mitglied der Gesellschaft, unabhängig von seiner sozialen Herkunft, gleiche Startbedingungen zu ermöglichen sind. Jeder soll die gleichen sozialen Aufstiegsmöglichkeiten erhalten.

M1 Aspekte der Einkommensverteilung in Deutschland

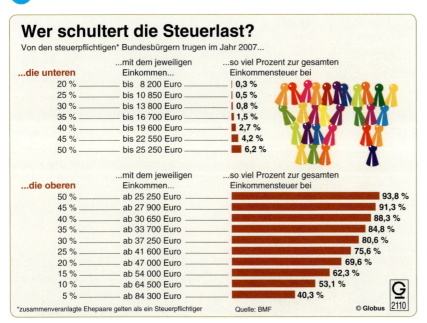

Wer schultert die Steuerlast?

Von den steuerpflichtigen* Bundesbürgern trugen im Jahr 2007...

...die unteren	...mit dem jeweiligen Einkommen...	...so viel Prozent zur gesamten Einkommensteuer bei
20 %	bis 8 200 Euro	0,3 %
25 %	bis 10 850 Euro	0,5 %
30 %	bis 13 800 Euro	0,8 %
35 %	bis 16 700 Euro	1,5 %
40 %	bis 19 600 Euro	2,7 %
45 %	bis 22 550 Euro	4,2 %
50 %	bis 25 250 Euro	6,2 %

...die oberen	...mit dem jeweiligen Einkommen...	...so viel Prozent zur gesamten Einkommensteuer bei
50 %	ab 25 250 Euro	93,8 %
45 %	ab 27 900 Euro	91,3 %
40 %	ab 30 650 Euro	88,3 %
35 %	ab 33 700 Euro	84,8 %
30 %	ab 37 250 Euro	80,6 %
25 %	ab 41 600 Euro	75,6 %
20 %	ab 47 000 Euro	69,6 %
15 %	ab 54 000 Euro	62,3 %
10 %	ab 64 500 Euro	53,1 %
5 %	ab 84 300 Euro	40,3 %

*zusammenveranlagte Ehepaare gelten als ein Steuerpflichtiger   Quelle: BMF   © Globus 2110

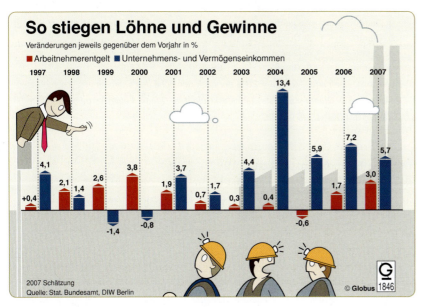

So stiegen Löhne und Gewinne

Veränderungen jeweils gegenüber dem Vorjahr in %

■ Arbeitnehmerentgelt ■ Unternehmens- und Vermögenseinkommen

	1997	1998	1999	2000	2001	2002	2003	2004	2005	2006	2007
Arbeitnehmerentgelt	+0,4	2,1	-1,4	-0,8	1,9	0,7	0,3	0,4	-0,6	1,7	3,0
Unternehmens- und Vermögenseinkommen	4,1	1,4	2,6	3,8	3,7	1,7	4,4	13,4	5,9	7,2	5,7

2007 Schätzung
Quelle: Stat. Bundesamt, DIW Berlin   © Globus 1846

Einkommensdynamik: Quintilsmatrizen im Zeitverlauf
Stabiler/Mobiler Bevölkerungsanteil gegenüber Ausgangszeitpunkt[1]

Von der Bevölkerung im Ausgangsquintil (z. B. 1. Quintil) im Jahr A waren drei
Jahre später, im Jahr B, xx,x % der Bevölkerung im Quintil (z. B. 2. Quintil)

Ausgangs-quintil	Übergang in Quintil	1985 – 1988[1]	1993 – 1996	2003 – 2006
1. Quintil	**1. Quintil**	**58,1**	**59,5**	**63,9**
1. Quintil	2. Quintil	22,4	23,7	22,8
1. Quintil	3. Quintil	9,9	10,7	8,7
1. Quintil	4. Quintil	7,1	4,6	3,6
1. Quintil	5. Quintil	2,6	1,6	1,0
2. Quintil	1. Quintil	25,5	22,4	23,6
2. Quintil	**2. Quintil**	**36,6**	**39,1**	**44,7**
2. Quintil	3. Quintil	23,8	24,4	20,4
2. Quintil	4. Quintil	11,1	10,8	8,8
2. Quintil	5. Quintil	3,0	3,8	2,4
3. Quintil	1. Quintil	9,9	8,4	6,3
3. Quintil	2. Quintil	23,6	25,5	20,5
3. Quintil	**3. Quintil**	**36,4**	**36,3**	**42,4**
3. Quintil	4. Quintil	22,1	24,1	25,2
3. Quintil	5. Quintil	8,0	5,7	5,6
4. Quintil	1. Quintil	5,3	5,9	4,7
4. Quintil	2. Quintil	11,4	9,1	7,4
4. Quintil	3. Quintil	22,9	21,5	21,2
4. Quintil	**4. Quintil**	**38,0**	**43,3**	**45,4**
4. Quintil	5. Quintil	22,4	20,3	21,3
5. Quintil	1. Quintil	2,8	3,8	2,0
5. Quintil	2. Quintil	4,4	2,6	3,8
5. Quintil	3. Quintil	5,2	7,7	5,1
5. Quintil	4. Quintil	20,9	19,4	21,4
5. Quintil	**5. Quintil**	**66,7**	**66,6**	**67,7**

[1] *Nur Westdeutschland. / Quintil = 20 % der nach der Höhe des Einkommens geschichteten Bevölkerung; 1. Quintil = unterstes (ärmstes) Quintil; 5. Quintil = oberstes (reichstes Quintil) / Datenbasis: SOEP 1985 – 2006*

Schichtung der Bevölkerung nach relativen Einkommenspositionen 1992 – 2006
Bruchteile bzw. Vielfache des durchschnittlichen Nettoäquivalenzeinkommens

	1992	1996	2000	2004	2006
relative Armut (unter 0,5)	8,7	8,6	8,8	10,6	11,4
prekärer Wohlstand (0,5 – 0,75)	24,7	23,1	22,7	23,6	25,0
untere bis mittlere Einkommenslage (0,75 – 1,0)	27,9	28,9	30,3	25,8	25,2
mittlere bis gehobene Einkommenslage (1,25 – 1,5)	17,3	18,3	15,1	18,0	16,1
gehobene Einkommenslage/Wohlstand (1,25 – 1,5)	10,4	10,0	10,9	9,8	9,5
relativer Wohlstand (1,5 – 2,0)	7,9	6,9	8,9	7,7	8,1
höherer Wohlstand (über 2,0)	3,1	4,1	3,3	4,5	4,7

Deutsches Institut für Wirtschaftsforschung, 2008

Ich werde jetzt in einer vorläufigen Form die beiden Gerechtigkeitsgrundsätze angeben, auf die man sich nach meiner Auffassung im Urzustand einigen würde (...). Die erste Formulierung der beiden Grundsätze lautet folgendermaßen:

1. Jedermann soll gleiches Recht auf das umfangreichste System gleicher Grundfreiheiten haben, das mit dem gleichen System für alle anderen verträglich ist.

2. Soziale und wirtschaftliche Ungleichheiten sind so zu gestalten, dass a) vernünftigerweise zu erwarten ist, dass sie zu jedermanns Vorteil dienen, und b) sie mit Positionen und Ämtern verbunden sind, die jedem offenstehen. (...)

Der zweite Grundsatz bezieht sich in erster Näherung auf die Verteilung von Einkommen und Vermögen und die Beschaffenheit von Organisationen, in denen es unterschiedliche Macht und Verantwortung gibt. Die Verteilung des Einkommens und Vermögens muss nicht gleichmäßig sein, aber zu jedermanns Vorteil, und gleichzeitig müssen mit Macht und Verantwortung ausgestattete Positionen jedermann zugänglich sein. Der zweite Grundsatz kommt dadurch zum Tragen, dass die Positionen offen gehalten werden und dann unter dieser Einschränkung die sozialen und wirtschaftlichen Ungleichheiten zu jedermanns Nutzen gestaltet werden.

John Rawls, Eine Theorie der Gerechtigkeit, Frankfurt 1979, S. 81 f.

Aufgaben

1. Stellen Sie ausgehend von M1 die wesentlichen Fakten zur Einkommensverteilung in der Bundesrepublik Deutschland zusammen.

2. Erläutern Sie, wo bei Rawls unbedingt Gleichheit zu herrschen hat und unter welchen Bedingungen Ungleichheit zulässig ist (M2).

3. Beurteilen Sie die Einkommensverteilung in der Bundesrepublik nach den Kriterien von Rawls (M1, M2). Ziehen Sie dazu auch das Grundgesetz heran. Gestalten Sie gegebenenfalls alternative Umverteilungsszenarien.

4. Überprüfen Sie die These, dass die Mittelschicht in Deutschland zunehmend von der Gefahr des sozialen Abstiegs bedroht ist anhand der Grafiken zur Einkommensverteilung und Einkommensdynamik (M1).

1.8 Lebenswerte Umwelt

E   Ausgepumpt

Espermüller/CCC, www.c5.net

Nehmen Sie Stellung zur Aussage der Karikatur.

Dimensionen der Nachhaltigkeit

Ökosystem und Wirtschaftssystem

Bei der Produktion von Gütern werden regenerierbare oder nicht regenerierbare Ressourcen in Güter verwandelt, die ge- oder verbraucht werden. Dabei entstehen ungewollte Kuppelprodukte (Abgase, Abwässer, Abfall, Lärm, …), die an die Umwelt abgegeben werden. Erst die zunehmenden und für die Menschen immer fühlbarer werdenden Beeinträchtigungen der Umwelt auf regionaler, nationaler und globaler Ebene haben den Blick dafür geschärft, dass die Aufnahmefähigkeit unseres Ökosystems Erde für die Endprodukte wirtschaftlicher Tätigkeit und die verfügbaren Ressourcen begrenzt sind. Diese fundamentale Erkenntnis ist nicht neu. Die Bundesregierung hat schon 1971 die Umweltpolitik zu einer eigenständigen öffentlichen Aufgabe erklärt. 1994 wurde der Umweltschutz als Staatsziel in Art. 20 a Grundgesetz festgeschrieben: „Der Staat schützt auch in Verantwortung für die künftigen Generationen die natürlichen Lebensgrundlagen im Rahmen der verfassungsmäßigen Ordnung durch die Gesetzgebung und nach Maßgabe von Gesetz und Recht durch die vollziehende Gewalt und die Rechtsprechung."

Seit einiger Zeit gehört das *Leitbild einer nachhaltigen Entwicklung* zu den allgegenwärtigen politischen Schlagworten.

Das Konzept der Nachhaltigkeit

„Ausgangspunkt der weltweiten Diskussionen um das Konzept der nachhaltigen Entwicklung war der 1987 unter dem Titel ‚Unsere gemeinsame Zukunft' vorgelegte Abschlussbericht der Weltkommission für Umwelt und Entwicklung, die nach dem Namen ihrer Vorsitzenden Gro Harlem Brundtland als ‚Brundtland-Kommission' bekannt wurde. Nachhaltige Entwicklung (sustainable development) wurde darin definiert als ‚Entwicklung, die die Bedürfnisse der Gegenwart befriedigt, ohne zu riskieren, dass künftige Generationen ihre eigenen Bedürfnisse nicht befriedigen können'. (…)

Mit der Verabschiedung der Agenda 21 auf der Weltkonferenz für Umwelt und Entwicklung (UNCED) in Rio und der damit einhergehenden Gründung der UN-Kommission für Nachhaltige Entwicklung (Commission für Sustainable Development) erreichte die Diskussion 1992 schließlich einen vorläufigen politischen Höhepunkt, der sich als wirksamer Impulsgeber für die Ausbreitung nationaler Nachhaltigkeitsstrategien erwies. Bis heute bildet die Agenda 21 den zentralen Bezugspunkt der weltweiten politischen Bemühungen für Umwelt und Entwicklung auf lokaler, nationaler und zwischenstaatlicher Ebene.

Dem Konzept der Nachhaltigkeit werden in der Regel drei unterschiedliche Problemdimensionen zugeschrieben, die es bei der Verfolgung des Politikziels der Nachhaltigen Entwicklung zu berücksichtigen gilt. Es sind dies die ökonomische, ökologische und soziale Dimension von Nachhaltigkeit. Die wissenschaftliche und politische Diskussion um die inhaltliche Ausgestaltung sowie die praktische Umsetzung nachhaltiger Entwicklung kreisen dabei ganz wesentlich um die unterschiedliche Gewichtung dieser drei Dimensionen:

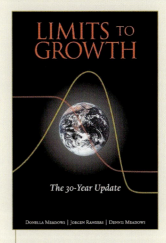

Die Studie „Grenzen des Wachstums" wurde 1972 im Auftrag des Club of Rome veröffentlicht. Im Jahr 2004 erstellt die Autoren das 30-Jahre-Update. In den meisten der errechneten Szenarien ergibt sich ein Überschreiten der Wachstumsgrenzen und ein anschließender Kollaps („overshoot and collapse") bis spätestens 2100.

- Die *ökonomische Dimension* von Nachhaltigkeit konzentriert sich im Sinne der Kapitalerhaltung auf die langfristigen Erträge, die aus der Nutzung vorhandener Ressourcen erwachsen. Sie grenzt sich dadurch von einer auf kurzfristige Gewinne setzenden Logik stetigen Wirtschaftswachstums ab, deren Unabdingbarkeit in der internationalen Handels- und Wirtschaftspolitik immer wieder als grundlegende Entwicklungsvoraussetzung beschworen wird. Gleichwohl bleibt quantitatives Wachstum erforderlich, um der chronischen Unterversorgung in den ärmeren Ländern im Sinne einer aufholenden Entwicklung entgegenzuwirken.

- Die *ökologische Dimension* von Nachhaltigkeit betont demgegenüber den mit materiellen Maßstäben schwer fassbaren Wert der Natur an sich sowie die nachweisbare Endlichkeit der natürlichen Ressourcen. Daraus leitet sich nicht nur die wirtschaftliche Notwendigkeit ab, bestehendes Naturkapital weitestgehend zu erhalten, sondern allgemein die ökologischen Bedingungen des menschlichen Überlebens zu sichern. Im Sinne eines qualitativen Verständnisses wirtschaftlicher Entwicklung sind demnach die ökologischen Kosten von Produktion und Konsum in den Bilanzen der Weltwirtschaft zu berücksichtigen.

- Die *soziale Dimension* von Nachhaltigkeit stellt die Frage nach der Verteilungsgerechtigkeit in den Mittelpunkt. Diese bezieht sich auf den Zugang zu Chancen und Ressourcen sowohl innerhalb einzelner Länder und Gesellschaften als auch im globalen Verteilungskonflikt zwischen den reichen Industrieländern im Norden und den armen und hochverschuldeten Schwellen- und Entwicklungsländern im Süden. Neben dem Ziel der

Grundbedürfnisbefriedigung für heutige und zukünftige Generationen berührt die soziale Dimension dabei ausdrücklich auch Fragen der Geschlechterverhältnisse im Sinne der Schaffung gerechterer Lebenswelten für Frauen und Männer.

Dass diese drei Dimensionen miteinander zusammenhängen und sich wechselseitig verstärken können, ist weltweit zu beobachten. Besonders deutlich treten die Zusammenhänge in den ärmsten Weltregionen zutage."

Informationen 2005, S. 17 ff.

Befürworter eines Umbaus der Sozialen Marktwirtschaft zur öko-sozialen Marktwirtschaft wollen die Kräfte, die auf Wettbewerbsmärkten entfaltet werden können, in den Dienst der Nachhaltigkeit stellen. Der wichtigste Ansatzpunkt hierfür ist die Durchsetzung der Prinzipien der ökologischen Kostenwahrheit bzw. des Verursacherprinzips.

● *Kompetent in Wirtschaft & Recht*
erweitern – vertiefen – anwenden

M1 Machen Ökosteuern glücklich?

Der Befund wirkt für deutsche Verhältnisse eher überraschend: Wo die Steuern auf Energie am höchsten sind, sind auch die Menschen am glücklichsten. Das ergaben jedenfalls jetzt veröffentlichte Forschun-
5 gen prominenter Ökonomen, wonach etwa die Dänen dank lange schon ausgeprägter Umweltpolitik zu denen gehören, die sich am zufriedensten äußern. Die dänischen Regierungen waren schon in den 90er Jahren Vorreiter in Sachen Umweltpolitik.
10 Die Autoren der Studie sind der Linzer Wirtschaftsprofessor Friedrich Schneider und sein Kollege Alexander Wagner von der Universität Zürich. Bei der Auswertung nutzten sie neuere Methoden der
15 Glücksforschung, bei denen nicht mehr das Pro-Kopf-Einkommen zugrunde gelegt, sondern auf weiter gefasste Zufriedenheitsmaße zurückgegriffen wird.
20 „Mit dieser Methode vermeidet man das Problem, dass Menschen in Umfragen mit Klischees antworten, die nicht ihrer wirklichen Zufriedenheit mit der Politik entsprechen. Damit
25 kommen die Ökonomen weg vom reinen Erbsenzählen. Die Zufriedenheit ist ein eigenständiger Wert und

eine gute Ergänzung zu den klassischen Wohlstandsmaßen", sagt Schneider.

Schneider und Wagner haben in ihrer jetzt vorgelegten Studie als Erste den statistischen Zusammenhang zwischen Umweltqualität sowie Umweltpolitik einerseits und der Zufriedenheit mit der Demokratie im eigenen Land andererseits untersucht. Ergebnis: Die Zufriedenheit ist höher, wenn Energie- oder CO_2-Steuern sowie Umweltbehörden existieren. Sie steigt außerdem mit anderen Umweltvorschriften und öffentlichen Ausgaben für Um-

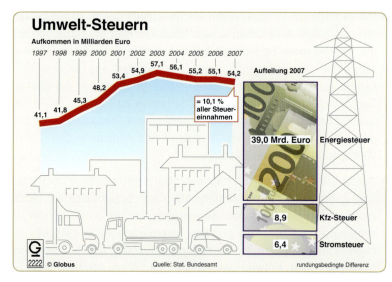

weltschutz. Naturschutz-Vorschriften scheinen aber dem Demokratie-Image abträglich zu sein. „Die Studie zeigt, dass eine sinnvolle, anreizorientierte Umweltpolitik bei den Menschen gut ankommt, anders als Verbote und Gebote", sagt Schneider. Weniger klar ist der Einfluss des Zustands der Umwelt selbst auf die soziale Zufriedenheit. Zwar wirkt die Anzahl der Autos auf den Straßen ebenso negativ wie verbleites Benzin und Pestizide. Bei anderen Umweltindikatoren ist der Zusammenhang aber schwächer.

Das Ergebnis geht über die reine Umweltpolitik hinaus. Umweltprobleme ergeben sich, so formulieren es Ökonomen, aus dem Konflikt zwischen individuellen Anreizen und gemeinsamen Interessen. Daher ist eine weit entwickelte Umweltpolitik ein Signal dafür, wie eine Gesellschaft mit diesen Kollektivproblemen umgehen kann. Die nordeuropäischen Länder scheinen da vorbildlich zu sein.

Die beiden Wissenschaftler aus Linz und Zürich nutzten ausschließlich Daten aus Ländern Europas.

Hubert Beyerle, Ökosteuern machen glücklich, Financial Times Deutschland, 9.2.2006, S. 16

Aufgaben

1. Erklären Sie das Prinzip der Nachhaltigkeit.

2. Stellen Sie dar, inwiefern Ökosteuern „glücklich machen" (M1).

3. Diskutieren Sie, ob der Schutz der Umwelt als weiteres wirtschaftspolitisches Ziel in das Stabilitätsgesetz aufgenommen werden sollte.

1.9 Wirtschaftspolitische Ziele und ihre Beziehungen zueinander

E   Das magische Viereck der Wirtschaftspolitik

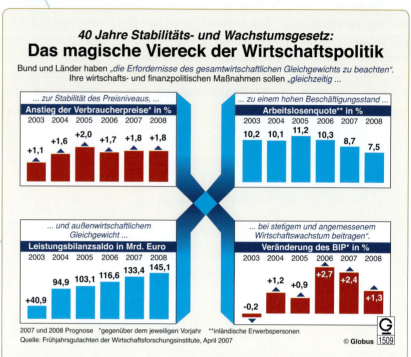

40 Jahre Stabilitäts- und Wachstumsgesetz:
Das magische Viereck der Wirtschaftspolitik

Bund und Länder haben „die Erfordernisse des gesamtwirtschaftlichen Gleichgewichts zu beachten". Ihre wirtschafts- und finanzpolitischen Maßnahmen sollen „gleichzeitig ...

... zur Stabilität des Preisniveaus, ...

Anstieg der Verbraucherpreise* in %

2003	2004	2005	2006	2007	2008
+1,1	+1,6	+2,0	+1,7	+1,8	+1,8

... zu einem hohen Beschäftigungsstand ...

Arbeitslosenquote** in %

2003	2004	2005	2006	2007	2008
10,2	10,1	11,2	10,3	8,7	7,5

... und außenwirtschaftlichem Gleichgewicht ...

Leistungsbilanzsaldo in Mrd. Euro

2003	2004	2005	2006	2007	2008
+40,9	94,9	103,1	116,6	133,4	145,1

... bei stetigem und angemessenem Wirtschaftswachstum beitragen".

Veränderung des BIP* in %

2003	2004	2005	2006	2007	2008
-0,2	+1,2	+0,9	+2,7	+2,4	+1,3

2007 und 2008 Prognose   *gegenüber dem jeweiligen Vorjahr   **inländische Erwerbspersonen
Quelle: Frühjahrsgutachten der Wirtschaftsforschungsinstitute, April 2007

© Globus 1509

Entnehmen Sie der Grafik, ob die wirtschaftspolitischen Ziele in den letzten Jahren erreicht wurden.

Wirtschaftspolitische Ziele und ihre Beziehungen zueinander

Die wirtschaftspolitischen Ziele des Stabilitäts- und Wachstumsgesetzes sind häufig als magisches Viereck bezeichnet worden. Dies verdeutlicht, dass die einzelnen Ziele aufgrund sich wechselseitig beeinflussender Wirkungszusammenhänge nicht gleichzeitig und vollständig erreicht werden können. Dieser Sachverhalt wird noch verschärft, wenn der Zielkatalog z. B. um die Größen „gerechte Einkommens- und Vermögensverteilung" und „lebenswerte Umwelt" erweitert wird.

Grundsätzlich gibt es drei mögliche Beziehungen zwischen zwei Zielen:

„Mir scheint, dass das Deutsche Volk – zugespitzt – 5 % Preisanstieg eher vertragen kann als 5 % Arbeitslosigkeit."

Helmut Schmidt, 1972

- **Zielkomplementarität:** zunehmender Realisierungsgrad beim Ziel A verbessert den Realisierungsgrad des Ziels B;
- **Zielkonkurrenz:** zunehmender Realisierungsgrad beim Ziel A hat negative Auswirkungen auf den Realisierungsgrad des Ziels B;
- **Zielneutralität:** zunehmender Realisierungsgrad beim Ziel A hat keinerlei Auswirkungen auf den Realisierungsgrad von Ziel B.

„So kann eine Verbesserung der Umweltqualität dadurch erreicht werden, dass Produktionsfaktoren aus der Güterproduktion abgezogen werden, was sich wiederum negativ auf das Wirtschaftswachstum auswirkt. Umgekehrt kann ein hohes Wachstum die Umwelt schädigen. Weiterhin geht ein schnell wachsendes Volkseinkommen zwar in der Regel mit einer höheren Beschäftigung einher, andererseits ist dies oft von Preissteigerungen begleitet. Das hat normalerweise zur Folge, dass die Importe zu- und die Exporte abnehmen und damit das außenwirtschaftliche Gleichgewicht gefährdet werden kann. Will man etwa die Einkommenssituation einzelner Bevölkerungsgruppen verbessern, indem man die Steuerbelastung der Reichen erhöht, so ist zu befürchten, dass die Leistungsträger den Anreiz zur Produktion verlieren und damit der gesamte Kuchen dessen, was verteilt werden kann, kleiner wird.

Umweltschutz und Wirtschaftswachstum – ein Widerspruch?

Der wohl berühmteste Zielkonflikt schließlich wird anhand der sogenannten *Phillipskurve* diskutiert. Demnach kann eine höhere Beschäftigung zumindest kurzfristig durch eine staatliche Konjunkturankurbelung unter Inkaufnahme einer höheren Inflationsrate erreicht werden. Allerdings ist die Gültigkeit dieser Beziehung heftig umstritten.

Die Beziehung zwischen den wirtschaftspolitischen Zielen ist nicht unverrückbar gegeben, sondern abhängig von der jeweiligen Wirtschaftslage und von den gewählten Instrumenten der Stabilisierungspolitik. Beispielsweise ist es in Zeiten einer Massenarbeitslosigkeit durchaus denkbar, dass eine Erhöhung der Staatsausgaben zu einer Beschäftigungszunahme führt, ohne das Ziel der Preisstabilität fühlbar zu gefährden. Dabei spielt das Verhalten der Wirtschaftsteilnehmer eine große Rolle: Wenn die Gewerkschaften bei einer Verbesserung der Arbeitsmarktlage höhere Löhne fordern, werden die Unternehmer das in ihre Preise einkalkulieren, was die Inflation anheizt.

Ob ein Zielkonflikt vorliegt oder nicht, hängt darüber hinaus davon ab, welches wirtschaftspolitische Instrument zum Einsatz gelangt. Über die Eignung bzw. Wirkungsweise der Instrumente bestehen indes kontroverse Ansichten. Die Vertreter der sogenannten Angebotspolitik versprechen sich etwa von einer Lohnsenkung bzw. Lohnzurückhaltung positive Effekte sowohl für die Beschäftigung als auch für die Preisstabilität. Die Verfechter der sogenannten Nachfragepolitik bestreiten dies vehement." *Sperber 2007, S. 25 f.*

M1 Wachstum – Beschäftigung – Inflation

Financial Times Deutschland, 31.8.2007 (li) und 13.10.2006 (re)

M2 Die modifizierte Phillips-Kurve für Deutschland

Sie wurde im Jahr 1958 von dem britischen Ökonom Alban Phillips (1914–1975) „entdeckt". Phillips stellte fest, dass es von 1948 bis 1957 und von 1861 bis 1913 in Großbritannien einen recht stabilen nega-
5 tiven Zusammenhang zwischen der Entwicklung der Nominallöhne und der Arbeitslosenrate gab.

Intuitiv kann man das gut nachvollziehen: Bei hoher Arbeitslosigkeit sind die Gewerkschaften in einer schlechten Verhandlungsposition, sie können –
10 wie in den letzten Jahren in Deutschland – nur geringe Lohnerhöhungen durchsetzen. Bei einer guten Konjunktur- und Beschäftigungslage fällt es den Gewerkschaften relativ leicht, bei den Unternehmern stärkere Einkommensverbesserungen zu er-
15 reichen. (...)

Die prozentuale Veränderung des Nominallohns wird also durch die Arbeitslosenrate bestimmt. Man spricht hierbei auch von der „ursprünglichen Phillips-Kurve".
20 Wie kommt man jetzt von der Lohnentwicklung zur Inflationsrate? Wie (...) dargestellt, spielen Löhne und Produktivität eine wichtige Rolle in der Preiskalkulation der Unternehmen. Vereinfacht kann man also annehmen, dass die Unternehmen ihre
25 Preise an die Lohnentwicklung anpassen, dabei aber einen Abschlag für den Produktivitätsfortschritt vor-

nehmen. Dies wird auch als Aufschlagskalkulation oder „mark-up-pricing" bezeichnet. (...)

Wenn also beispielsweise die Löhne um 5 % steigen und der Produktivitätsanstieg 2 % beträgt, erhöhen 3 die Unternehmen ihre Preise um 3 %. [Man kann] also den Nominallohnanstieg (...) durch die Inflationsrate ersetzen und erhält so die sogenannte „modifizierte Phillips-Kurve". Für West-Deutschland zeigt sich in der Phase 1975–2005 eine recht deutlich aus- 3 geprägte modifizierte Phillips-Kurve (Schaubild).

Vor allem von Politikern wurde dieser Zusammenhang oft missverstanden. Sie gingen in den siebziger Jahren häufig davon aus, dass man die modifizierte Phillips-Kurve auch in umgekehrter Kausalität 4

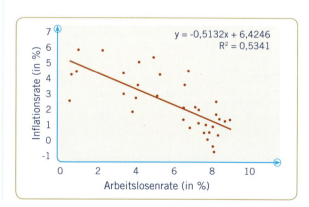

verwenden könne: mit einer hohen Inflationsrate sei also eine niedrige Arbeitslosenrate zu erreichen. Doch solche Umkehrschlüsse führen in der Regel in die Irre. So kommt es zwar häufig zu einer Krebserkrankung, wenn Menschen rauchen, aber ein Mensch, der an Krebs erkrankt, muss deshalb kein Raucher werden.

Peter Bofinger, Grundzüge der Volkswirtschaftslehre, 2. Aufl., München 2007, S. 469 ff.

M3 Wachstum und Schutz der Umwelt

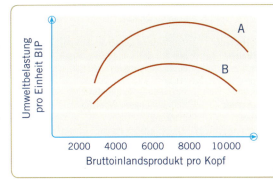

A = Querschnittsdaten für die Länder im Jahr 1960
B = Querschnittsdaten für die Länder im Jahr 2000

Johan Norberg, Das Kapitalistische Manifest, Frankfurt a. M. 2003, S. 223

M4 Umweltschutz und Beschäftigungsentwicklung

Die Auswertung der aktuellen Daten zur Beschäftigung im Umweltschutz zeigt, dass im Jahr 2002 fast 1,5 Millionen Menschen ihren Arbeitsplatz dem Umweltschutz verdanken. Die aktualisierte Schätzung der Umweltschutzbeschäftigung in Deutschland für das Jahr 2002 unterstreicht, dass der Umweltschutz weiterhin ein bedeutender Faktor für den gesamten Arbeitsmarkt in Deutschland ist. Der Anteil der Umweltschutzbeschäftigung an der Gesamtbeschäftigung in Deutschland betrug im Jahr 2002 rund 3,8 % (1998: 3,6 %), das sind mehr Menschen als im Maschinenbau, Fahrzeugbau oder im Ernährungsgewerbe. Gegenüber 1998 – dem letzten Jahr der Erfassung – hat sich die Beschäftigung im Umweltschutz sogar erhöht (+46.700). Ein Blick auf die einzelnen Bereiche der Umweltschutzbeschäftigung zeigt, dass die Entwicklung bei den Umweltschutzbeschäftigten durch gegenläufige Trends geprägt ist. Während die Bedeutung der Umweltschutzinvestitionen in den klassischen Umweltschutzbereichen (Abfallbeseitigung, Gewässerschutz, Lärmbekämpfung, Luftreinhaltung) eher rückläufig war, hat die Beschäftigung durch umweltorientierte Dienstleistungen und durch die Nutzung erneuerbarer Energien kräftig zugelegt. 15 20 25

Umweltbundesamt, Hintergrundpapier, Umweltschutz und Beschäftigung, April 2004, S. 1

Aufgaben

1. Beschreiben Sie, welche Zielbeziehungen es grundsätzlich zwischen zwei Zielen geben kann, und arbeiten Sie aus den Materialien M1–M4 heraus, in welcher Beziehung die einzelnen wirtschaftspolitischen Ziele zueinander stehen.

2. Stellen Sie aus der Sicht der privaten Haushalte, der Unternehmen und des Staates Argumente zusammen, die für das Festhalten an den wirtschaftspolitischen Zielgrößen sprechen.

Z Volkswirtschaftliche Zielsetzungen in der Sozialen Marktwirtschaft

Die **Soziale Marktwirtschaft** ist die **Wirtschaftsordnung der Bundesrepublik Deutschland**. Grundlage der Sozialen Marktwirtschaft sind marktwirtschaftlich organisierte Wirtschaftsprozesse, die durch eine vom Staat garantierte und **kontrollierte Wettbewerbsordnung** und eine **staatliche Sozialordnung** ergänzt werden. Dadurch sollen nicht erwünschte Ergebnisse eines rein marktwirtschaftlichen Systems (z. B. Konzentration wirtschaftlicher Macht, ungleiche Einkommensverteilung) korrigiert werden. Die Soziale Marktwirtschaft wurde konzipiert von den Wissenschaftlern der „Freiburger Schule" (z. B. Alfred Müller-Armack) und politisch durchgesetzt von Ludwig Erhard, dem ersten Wirtschaftsminister der Bundesrepublik Deutschland. Sie hat durch die **Verbindung von persönlicher Freiheit mit dem Gedanken des sozialen Ausgleichs** zu einer beispiellosen Wohlstandserzeugung in Deutschland nach dem Zweiten Weltkrieg geführt.

Seit geraumer Zeit stellt sich jedoch die Frage nach der weiteren Entwicklung der Sozialen Marktwirtschaft. Zu den bedeutendsten **Herausforderungen** zählen der weltweite Strukturwandel im Zuge der Globalisierung, die hohe Arbeitslosigkeit, die ausufernde Staatsverschuldung, der demographische Wandel und die Umweltproblematik.

Die wirtschaftliche Entwicklung ist zyklischen Schwankungen unterworfen, die meist mit Arbeitslosigkeit, Einkommensverlusten und politischen Krisen verbunden sind. 1967 wurden deshalb im **„Gesetz zur Förderung der Stabilität und des Wachstums der Wirtschaft"** (Stabilitätsgesetz, StabG) vier Ziele staatlicher Wirtschaftpolitik formuliert.

Die **Zielindikatoren** sind teilweise mit Ungenauigkeiten behaftet. So tauchen viele Arbeitslose nicht in der amtlichen Statistik auf und das Wägungsschema und der Warenkorb zur Messung der Preisentwicklung werden nur mit zeitlicher Verzögerung angepasst.

Ziele des StabG	Zielbegründungen	Messgröße
Stabilität des Preisniveaus	Preisbildungsmechanismus ist zentral für die Funktion von Märkten	Verbrauche preisindex (Inflationsra
hoher Beschäftigungsstand	Ausschöpfung des Produktionspotenzials, Vermeidung sozialer Härten	Arbeitslose quote
außenwirtschaftliches Gleichgewicht	Vermeidung negativer Wirkungen auf das Inland bzw. ausländische Volkswirtschaften	Leistungsb
stetiges und angemessenes Wachstum	Vermeidung konjunktureller Schwankungen, Wohlstandsmehrung	Veränderun des Brutto inlandspro

Arbeitslosigkeit kann strukturelle, konjunkturelle, friktionelle und saisonale Ursachen haben. Die **Inflation** kann ihre Ursachen auf der Nachfrage- oder auf der Angebotsseite haben. Letztlich liegt ihr aber immer eine Ausweitung der Geldmenge pro Produktionseinheit zugrunde.

In der öffentlichen Diskussion wird immer wieder die Frage aufgeworfen, ob **weitere wirtschaftspolitische Ziele**, insbesondere das Ziel einer umweltverträglichen Wirtschaftsentwicklung und einer gerechten Einkommens- und Vermögensverteilung, in den Zielkatalog aufgenommen werden sollten.

Es gibt vielfältige **Beziehungen zwischen den einzelnen wirtschaftspolitischen Zielgrößen**. Während zwischen den Zielen hoher Beschäftigungsstand und stetiges und angemessenes Wirtschaftswachstum ein positiver Zusammenhang besteht, wird zwischen den Zielen hoher Beschäftigungsstand und Preisniveaustabilität ein Zielkonflikt gesehen (modifizierte Phillips-Kurve).

Die Ziele des Stabilitätsgesetzes werden deshalb auch als **„magisches Viereck"** bezeichnet, da es unmöglich erscheint, alle Zielvorgaben gleichzeitig zu erfüllen.

2. Bestimmungsgrößen betriebswirtschaftlicher Entscheidungen in der Sozialen Marktwirtschaft

1. Stellen Sie einen Zusammenhang zwischen den Abbildungen und unternehmerischen Entscheidungen her.

2. Schreiben Sie jeweils drei Faktoren, von denen Sie glauben, dass Sie unternehmerische Entscheidungen beeinflussen können, auf einzelne Karten. Ordnen Sie die Karten anschließend übergeordneten Begriffen zu.

2.1 Unternehmerische Zielsetzungen

E Neue Unternehmensziele ...

Karikatur: Tonin

Diskutieren Sie die in der Karikatur enthaltene Aussage über das soziale Engagement von Unternehmen.

Unternehmen im Fokus unterschiedlicher Interessen

Die Unternehmen sind mit ihrer Umwelt auf vielfältige Weise verflochten. Die unterschiedlichsten Gruppen, zu denen die Unternehmenseigentümer, die Manager, die Arbeitnehmer, die Lieferanten, die Kunden und die Konkurrenten, die Fremdkapitalgeber, aber auch der Staat und die Öffentlichkeit zählen, tragen ihre Interessen und Erwartungen an die Unternehmen heran. Während die Kapitalgeber an einem möglichst hohen Gewinn und damit an einer möglichst hohen Verzinsung ihres eingesetzten Kapitals interessiert sind, strebt das Management gegebenenfalls nach mehr Macht und einer Ausweitung der Gestaltungsspielräume. Die Mitarbeiter sind vor allem an einer sicheren und leistungsbezogenen Entlohnung sowie an guten Arbeitsbedingungen interessiert. Die Kunden erwarten qualitativ hochwertige Produkte zu möglichst günstigen Preisen. Während die Zulieferer sich eine angemessene Bezahlung, günstige Konditionen und dauerhafte Geschäftsbeziehungen erhoffen, gehen die Mitbewerber davon aus, dass sich das Unternehmen an die Wettbewerbsregeln hält. Der Staat und die Öffentlichkeit hoffen auf die Bereitstellung von Arbeitsplätzen, auf ein hohes Steueraufkommen, auf umweltgerechtes Verhalten und auf die Wahrnehmung der gesamtgesellschaftlichen Verantwortung des Unternehmens.

Die Unternehmensführung steht vor der schwierigen Aufgabe, diese unterschiedlichen Erwartungen und Interessen in Einklang zu bringen. Dazu entwickelt das Unternehmen ein komplexes Zielsystem.

Unternehmensziele

Das *Zielsystem* eines Unternehmens setzt sich aus mehreren unterschiedlichen Teilzielen zusammen. Die Zielsetzung ist in der Regel das Ergebnis eines Entscheidungsprozesses, an dem unterschiedliche Gruppen beteiligt sind.

Grundsätzlich lassen sich zwei Gruppen von Unternehmenszielen unterscheiden: Erfolgsziele und Sachziele.

Die *Erfolgsziele* basieren auf der Anwendung des ökonomischen Prinzips. Sie stellen für die Unternehmensleitung eine wichtige Grundlage für den bestmöglichen Einsatz der Produktionsfaktoren dar.

- Der *Gewinn* errechnet sich aus der Differenz zwischen Ertrag und Aufwand.
- Die *Rentabilität* setzt den Gewinn in Beziehung zum eingesetzten Kapital.
- Die *Produktivität* ergibt sich aus dem mengenmäßigen Verhältnis von Output zu Input.
- Die *Wirtschaftlichkeit* ergibt sich aus dem wertmäßigen Verhältnis zwischen Ertrag und Aufwand.

Für die Umsetzung im Unternehmen müssen die Erfolgsziele operationalisiert werden. So können zum Beispiel ein absoluter Gewinn von 10 Mio. Euro oder eine Produktivitätssteigerung von drei Prozent als Ziele vorgegeben werden.

Die *Sachziele* lassen sich aus den Erfolgszielen ableiten.

- *Leistungsziele* beziehen sich zum Beispiel auf den Umsatz oder den Marktanteil des Unternehmens.
- Als *Finanzziele* gelten die Zahlungsfähigkeit des Unternehmens und die Verfügbarkeit von Kapital für Investitionen. Als Indikator können z.B. Liquiditätskennzahlen herangezogen werden.
- Die *mitarbeiterbezogenen Ziele* betreffen die Personalwirtschaft. Als Ziele können zum Beispiel eine leistungsgerechte Entlohnung oder die Verbesserung der Arbeitsbedingungen genannt werden.
- Durch die Festlegung *gesellschaftsbezogener Ziele* können Unternehmen ihrer gesamtgesellschaftlichen Aufgabe gerecht werden.

Die Ziele eines Unternehmens stehen nicht isoliert nebeneinander, sondern bilden ein komplexes Zielsystem. Das heißt, die Ziele können in einer bestimmten Hierarchie (Primär-, Sekundär-, Tertiärziele etc.) stehen. Außerdem bestehen zwischen den Einzelzielen komplementäre oder konkurrierende Zielbeziehungen (vgl. Seite 50).

● **Shareholder Value**
bedeutet Wert des Eigenkapitals. Nach diesem betrachtet ein Investor den Kauf einer Aktie als ausschließlich finanzielles Investment, welches eine Rendite, die zumindest nicht schlechter ist als die einer alternativen Anlage, erwirtschaften soll. Die Unternehmensführung hat im Sinne des Shareholder Value das vorrangige Ziel, Renditen zu erwirtschaften, welche die Anteilseigner zufrieden stellen.

● **Stakeholder Value**
berücksichtigt neben den Interessen der Aktionäre weitere für ein Unternehmen wichtige Interessengruppen: Fremdkapitalgeber, Lieferanten, Mitarbeiter, Aufsichtsrat, Gewerkschaften, Arbeitgeberverbände, Vorstand, Top-Management, Kunden/Konsumenten, Öffentlichkeit, Staat. Die Unternehmensführung orientiert sich bei Entscheidungen an einer Vielzahl unterschiedlicher Ziele.

Aktionärsversammlung bei der Deutsche Bank AG. Kunden, Aktionäre und Mitarbeiter haben oft unterschiedliche Interessen an einem Unternehmen.

M1 Das Unternehmensleitbild eines Schokoladenherstellers

Das Leitbild dient dem Ziel, zwischen Gesellschaftern, Beirat, Geschäftsführung und allen Mitarbeiterinnen und Mitarbeitern ein Fundament des Vertrauens zu schaffen, eine über das Tagesziel hinausgehende verbindliche Zielorientierung zu gewährleisten und ein konzentriertes Handeln im langfristigen Interesse des Unternehmens sicherzustellen.

Marke

Unsere Marke genießt großes Vertrauen und Sympathie. Sie ist damit für uns Verpflichtung und Kapital in einem. Als das „andere Schokoladekonzept" heben wir uns mit einem klaren Markenprofil im Wettbewerb ab. Innovation ist für die Erhaltung unserer Marke von größter Bedeutung.

Zur Stärkung unserer Marke investieren wir bedeutende Mittel. Wir wirken darauf hin, dass unsere Produkte für Konsumenten und Handel attraktiv sind und bleiben.

Der weitere Ausbau des europäischen Marktes bedeutet für uns eine große Herausforderung. Unser Ziel ist es, den europäischen Markt beharrlich und stetig zu erschließen und darüber hinaus unsere Marktposition international auszubauen.

Die werblichen Aussagen sollen dem Verbraucher Sicherheit vermitteln, dass er bei der Wahl unserer Produkte hochwertige Genussmittel erwirbt. Wir wollen auf die Qualität unserer Produkte hinweisen, jedoch keine ungerechtfertigten Erwartungen wecken.

Wir alle, die wir in diesem Unternehmen tätig sind, gleich in welchen Bereichen und auf welchen Ebenen, wachen darüber, dass unsere Produkte nur in bestmöglicher Qualität unsere Kunden erreichen. Zu diesem Zweck setzen wir auch ein modernes Qualitäts-Sicherungs-System ein.

Wir stellen sicher, dass in unseren Produktionsstätten nur einwandfreie Rohstoffe verwendet werden und dass nur unserer Marke würdige Produkte zum Kunden gelangen.

Wir pflegen ein partnerschaftliches Verhältnis zu unseren Geschäftsfreunden, das geprägt ist von Fairness, Vertrauen und Verlässlichkeit. Wir wünschen uns strategische Allianzen, wenn sie zum gemeinsamen Nutzen sind.

Mitarbeiterinnen und Mitarbeiter

Qualifizierte und engagierte Mitarbeiterinnen und Mitarbeiter haben den Erfolg des Unternehmens ermöglicht. Wir sind überzeugt, dass sie auch die Zukunft erfolgreich mitgestalten werden.

Vorgesetzte sind dazu angehalten, systematisch auf die Stärken ihrer Mitarbeiterinnen und Mitarbeiter einzugehen und ihre Qualifizierung zu unterstützen.

Wir pflegen eine faire Zusammenarbeit zwischen dem Betriebsrat und der Geschäftsleitung. Die Geschäftsleitung informiert selbstverständlich regelmäßig und bezieht den Betriebsrat rechtzeitig in wichtige Planungen ein.

Wir nehmen auf die Belange älterer und behinderter Mitarbeiterinnen und Mitarbeiter Rücksicht.

Wir legen Wert auf die gerechte Entgeltgestaltung. Dazu setzen wir möglichst objektive Bewertungsverfahren ein. Mitarbeiterinnen bezahlen wir für gleiche Arbeit und gleiche Leistung dasselbe Entgelt wie ihren männlichen Kollegen.

Chancengleichheit

Wir wollen in unserem Unternehmen die Chancengleichheit für Frauen und Männer verwirklichen. Deshalb berücksichtigen wir die besonderen Belastungen durch Beruf und Familie.

Wir wollen – wo immer möglich – den Bedürfnissen der Mitarbeiterinnen und Mitarbeiter mit dem Angebot von flexibler Arbeitszeitgestaltung entsprechen.

Wir erleichtern Mitarbeiterinnen und Mitarbeitern den Wiedereintritt in unser Unternehmen, indem wir Möglichkeiten zu einer Teilzeitbeschäftigung oder zur Weiterbildung auch während der Elternzeit vorsehen.

Führungskultur

Offenheit und Kooperationsbereitschaft kennzeichnen den Führungsstil unseres Unternehmens. Ein eindeutiger und klarer organisatorischer Aufbau dient uns dabei als Orientierung.

Wir fördern Verbesserungsvorschläge und konstruktive Kritik.

Wir führen regelmäßig Mitarbeitergespräche durch. Sie dienen der gegenseitigen Information über Aufgaben, Zielerfüllung, Zusammenarbeit und der Vereinbarung weiterer Schritte im Rahmen der beruflichen und persönlichen Weiterentwicklung der Mitarbeiterinnen und Mitarbeiter.

Wir fördern Teamarbeit zur Lösung vielschichtiger Aufgaben.

Wir erreichen unsere Unternehmensziele gemeinsam.

Unternehmen und Umwelt

Der Schutz der natürlichen Lebensgrundlagen ist eine der vordringlichsten Aufgaben unserer Zeit. Wir verpflichten uns zu umweltschonendem Handeln.

Obwohl Investitionen für den Umweltschutz zunächst die Erträge belasten, sind wir überzeugt, dass sich rechtzeitige Maßnahmen in diesem Bereich langfristig auszahlen.

Wir arbeiten deshalb insbesondere an Verbesserungen von Produktionsverfahren, Produkten, Verpackungen und Logistik und sind bestrebt, Emissionen unseres Betriebes ständig weiter zu reduzieren.

Energiesparende Maßnahmen werden ergriffen, sofern sie nicht mehr als 10 % mehr Kosten verursachen als herkömmliche Verfahren.

Kunstförderung

Die Kunst besitzt die Fähigkeit unsere Fantasie anzuregen. Deshalb sehen wir als Unternehmen die

Schokoladenproduktion eines deutschen Markenherstellers

Förderung junger Künstlerinnen und Künstler als Investition in die Zukunft an.

Durch entsprechende Kommunikation wird dadurch die Bekanntheit und Aktualität der Marke unterstrichen.

120

Unternehmerische Unabhängigkeit

Unsere unternehmerische Unabhängigkeit als Familienpersonengesellschaft versetzt uns in die Lage, auf kurzem Entscheidungsweg den Erfordernissen des Marktes zu entsprechen.

125

Die langfristige Existenzsicherung des Unternehmens und der Arbeitsplätze steht im Mittelpunkt unseres Handelns.

nach: http://www.ritter-sport.de/sites/ueberuns/210_leitbild.htm (12.10.2008)

Rentabilität

Sie beschreibt das Wertverhältnis einer Erfolgsgröße (z. B. Gewinn) zum eingesetzten Kapital. Die **Rentabilität** (Rendite) ist eine wichtige Kennzahl für den Erfolg eines Unternehmens und wird in der Regel als Prozentsatz angegeben.

$$\text{Rentabilität} = \frac{\text{Gewinn}}{\text{Kapital}}$$

In Abhängigkeit von der Bezugsgröße können verschiedene Arten der Rentabilität unterschieden werden:

Die **Gesamtrentabilität** (auch Unternehmensrentabilität) zeigt die Verzinsung des gesamten im Unternehmen eingesetzten Kapitals.

$$\text{Gesamtkapitalrentabilität} = \frac{\text{Jahresüberschuss} + \text{Fremdkapitalzinsen}}{\text{Gesamtkapital}[1]}$$

Die **Eigenkapitalrentabilität** zeigt die Verzinsung des eingesetzten Eigenkapitals. Aufgrund des unternehmerischen Risikos sollte die Eigenkapitalrentabilität über dem Marktzins liegen.

$$\text{Eigenkapitalrentabilität} = \frac{\text{Jahresüberschuss}}{\text{Eigenkapital}[1]}$$

Die **Umsatzrentabilität** zeigt, wie viel Gewinn, bezogen auf den Umsatz, erzielt wird. Sie dient der Beurteilung der Ertragskraft eines Unternehmens.

$$\text{Umsatzrentabilität} = \frac{\text{Jahresüberschuss}}{\text{Umsatzerlöse}}$$

[1] *Bei der Berechnung der Gesamt- und der Eigenkapitalrentabilität sollte der durchschnittliche Kapitalbestand der untersuchten Periode (Mittelwert aus Anfangs- und Endbestand) verwendet werden, da hier eine zeitraumbezogene Größe (Jahresüberschuss) zu einer zeitpunktbezogenen Größe (Kapital) ins Verhältnis gesetzt wird.*

Produktivität

Sie beschreibt das Mengenverhältnis zwischen den eingesetzten Produktionsfaktoren (Input) und dem Produktionsergebnis (Output). Als Messzahl zeigt die **Produktivität** die Effizienz von Produktionsprozessen an.

$$\text{Produktivität} = \frac{\text{Ausbringungsmenge}}{\text{Einsatzmenge an Produktionsfaktoren}} = \frac{\text{Output}}{\text{Input}}$$

Teilproduktivitäten beziehen sich auf einzelne Produktionsfaktoren, wie z. B. die **Arbeitsproduktivität** oder die **Maschinenproduktivität.**

$$\text{Arbeitsproduktivität} = \frac{\text{Arbeitsergebnis}}{\text{Arbeitsstunde}}$$

$$\text{Maschinenproduktivität} = \frac{\text{Stück}}{\text{Maschinenstunden}}$$

Wirtschaftlichkeit

Sie wird als das Verhältnis zwischen erreichtem Ergebnis (Ertrag) und dafür benötigten Mitteleinsatz (Aufwand) definiert. Die **Wirtschaftlichkeit** lässt sich erhöhen, indem man ein möglichst günstiges Verhältnis zwischen Zielerreichung und Mitteleinsatz anstrebt und erreicht.

$$\text{Wirtschaftlichkeit} = \frac{\text{Ergebnis}}{\text{Mitteleinsatz}} = \frac{\text{Ertrag}}{\text{Aufwand}}$$

Aufgaben

1. Erläutern Sie den Zusammenhang zwischen Sach- und Formalzielen.

2. Ordnen Sie die Inhalte des Unternehmensleitbildes in M1 konkreten betriebswirtschaftlichen Zielkategorien zu, und erläutern Sie anhand von Beispielen, inwieweit diese Ziele Auswirkungen auf unternehmerische Entscheidungen haben können.

3. Diskutieren Sie die Frage, ob es allgemein verbindliche Unternehmensziele gibt.

4. Zur Vertiefung: Recherchieren Sie im Internet die Eigenkapital- und die Umsatzrentabilität ausgewählter deutscher Unternehmen, und vergleichen Sie die Zahlen unterschiedlicher Branchen (M2).

2.2 Soziale und ökologische Ziele des Unternehmens

E Ethisches Handeln wird für Unternehmen immer wichtiger

„Der Wohlfühlfaktor Ethik spielt bei der Kaufentscheidung eine immer größere Rolle", sagte der Vorstandsvorsitzende Michael Otto in einem dpa-Gespräch. Für den Konsum mit gutem Gewissen seien die Kunden auch zunehmend bereit, mehr Geld zu zahlen.

„Für Bioprodukte geben die Menschen bereits mehr Geld aus. Das ist ein Anfang. Wir gehen davon aus, dass sich dieser Trend auch auf den Modesektor und andere Bereiche ausweiten wird", sagte der 63-Jährige. (...)

Auch im Gerätesektor, wo die Kunden mit umweltfreundlichen Waschmaschinen und Computern Wasser und Energie sparen können, steigt die Nachfrage. „Da wird eine schlechte Energieklasse irgendwann überhaupt nicht mehr verkäuflich sein", meinte Otto. Der Unternehmer setzt seit Jahrzehnten bei der Produktentwicklung auf das Thema Nachhaltigkeit.

So setzte Otto bereits Mitte der 80er Jahre Umweltschutz als ausdrückliches Unternehmensziel fest. Außerdem prüft der Konzern die Arbeitsbedingungen bei seinen Lieferanten, fördert Bio-Baumwolle in der Türkei und leistet mit dem Projekt „Cotton made in Africa" Entwicklungshilfe. (...)

Das Thema Nachhaltigkeit zahle sich langfristig für die Unternehmen aus. „Neben den Konsumenten achten auch die Analysten sehr stark darauf, wie sich ein Unternehmen positioniert", sagte Otto. So listet der Dow Jones Sustainability-Index (Nachhaltigkeit) bereits jetzt Unternehmen, die sozial und umweltfreundlich agieren.

„Hält sich ein Unternehmen nicht an die Regeln, kann es sehr schnell ins Abseits geraten, wenn Fehlverhalten aufgedeckt wird", sagte Otto. Das führe dann zu Umsatzrückgang und enormem Image-Schaden.

Weinheimer Nachrichten/Odenwälder Zeitung, 5. 11. 2007

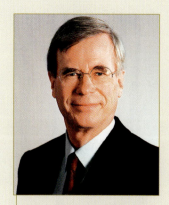

Der Unternehmer Michael Otto setzt bei der Produktentwicklung auf Nachhaltigkeit.

Erläutern Sie, wie der Unternehmer Michael Otto ethisches und umweltbewusstes Handeln für Unternehmen beurteilt.

Unternehmensführung in sozialer und ökologischer Verantwortung

Gesellschaftliche Verantwortung von Unternehmen hat in Deutschland eine lange Tradition. Bereits während der Industrialisierung im 19. Jahrhundert gab es viele Unternehmerpersönlichkeiten, die sich durch ein hohes gesellschaftliches Engagement auszeichneten. Sie traten als Mäzene und Stifter auf und kümmerten sich um die Verbesserung der Arbeits- und Lebensbedingungen ihrer Mitarbeiter. Für Unternehmen wächst heute aufgrund veränderter Umweltbedingungen (Globalisierung, verbesserte Informations- und Kommunikationstechnologie, verändertes Konsumentenverhalten) der Druck, sich wieder zunehmend mit dieser Thematik auseinanderzusetzen.

Der Begriff *Corporate Social Responsibility* (CSR) bzw. Unternehmenssozialverantwortung steht für freiwilliges sozial und ökologisch verantwortliches unternehmerisches Handeln, das über die Einhaltung gesetzlicher Bestimmungen (Compliance) hinausgeht. Dabei geht es neben Umweltaspekten auch um die Beziehungen zu den eigenen Mitarbeitern und um den Austausch mit den relevanten Anspruchsgruppen (Stakeholdern). Dies können beispielsweise Eigen- und Fremdkapitalgeber, Arbeitnehmer und Gewerkschaften, Kunden und Lieferanten, Anwohner, Verbraucher- und Umweltschutzverbände sowie die Medien oder allgemein die Öffentlichkeit sein.

Für den Begriff Corporate Social Responsibility gibt es unterschiedliche Definitionen. Vor allem im angloamerikanischen Sprachgebrauch wird er häufig mit Corporate Responsibility, aber auch mit *Corporate Citizenship* gleichgesetzt.

Die Europäische Kommission definiert Corporate Social Responsibility als ein „Konzept, das den Unternehmen als Grundlage dient, auf freiwilliger Basis soziale Belange und Umweltbelange in ihre Unternehmenstätigkeit und in die Wechselbeziehungen mit den Stakeholdern zu integrieren". Erweitert man diesen Ansatz um die ökonomischen Belange, erhält man die drei Dimensionen der Nachhaltigkeit, nämlich Ökonomie, Ökologie und Soziales (vgl. S. 46).

Da die Öffentlichkeit sensibler darauf reagiert, unter welchen Bedingungen und mit welchen Folgekosten (z. B. für die Menschen in Entwicklungs- und Schwellenländern) Produkte hergestellt werden, sind die Unternehmen bemüht, soziale und ökologische Belange in ihre Unternehmensphilosophie zu integrieren. Die Selbstver-

Ausgewählte Produktsiegel

pflichtung zu den Grundsätzen der Nachhaltigkeit betrifft die gesamte Wertschöpfungskette. Bei weltweit agierenden Konzernen umfasst diese auch die Arbeit in den Zuliefererbetrieben und Tochterunternehmen.

Nutzen für die Unternehmen

Kein internationales Unternehmen kann es sich noch leisten, dass seine Geschäftstätigkeit massiven Widerstand in der Öffentlichkeit hervorruft. Proteste gegen Umweltverschmutzung, Kinderarbeit, Lohndumping oder fehlende Arbeitsschutzregeln machen dies immer wieder deutlich. Corporate Social Responsibility ist deshalb eine strategische Investition in das eigene Image, von dem die soziale Akzeptanz und das Vertrauen der Kunden, Investoren und Anteilseigner entscheidend abhängen.

Typische Corporate Social Responsibility-Maßnahmen von Unternehmen sind zum Beispiel:

- Bürgerschaftliches Engagement und Engagement für die Wissenschaft (Stiftungen, Unterstützung von Bildungseinrichtungen durch Spenden und Sponsoring, Freistellung von Mitarbeitern),
- Engagement für Umwelt- und Klimaschutz (Lebenswerte Architektur, Energieeinsparung, CO_2-Reduktionsziele, Mülltrennung und -recycling),
- Engagement für die Mitarbeiter (Aus- und Weiterbildung, Vereinbarkeit von Beruf und Familie, Chancengleichheit, Arbeitssicherheit und Gesundheit),
- Engagement für den Jugendschutz (Verhaltenskodex, Internetzugangsbeschränkungen).

Das durch Corporate Social Responsibility gewonnene Image kann sich auf unterschiedliche Bereiche im Unternehmen auswirken. Zum Beispiel erhöht es die Attraktivität des Unternehmens für qualifizierte Arbeitnehmer oder die Motivation der Mitarbeiter. Zudem kann die Qualität der Produkte steigen, wenn die Produktionsprozesse modernisiert und an neueste Umweltstandards angepasst werden. Corporate Social Responsibility führt aber auch zu direkten Kostensenkungen, weil z. B. Mitarbeiter aufgrund der positiven Unternehmenskultur seltener erkranken oder es weniger Unfälle gibt.

● **Corporate Citizenship** bezeichnet das bürgerschaftliche Engagement von Unternehmen, die sich über die eigentliche Geschäftstätigkeit hinaus als „guter Bürger" aktiv für die lokale Zivilgesellschaft oder z. B. für ökologische oder kulturelle Belange der Gesellschaft engagieren. Dabei integrieren sie das gesellschaftliche Engagement in ihre Unternehmensstrategie und machen es zu einem festen Bestandteil ihrer Unternehmenskultur.

M1 Umwelt- und Sozialstandards in Firmen steigern Rentabilität

In der vom Lehrstuhl für Internationales Management & Beschaffung der WHU Otto Beisheim School of Management durchgeführten Studie wurden Führungskräfte in China, Indien, Brasilien, Ungarn und Tschechien von mehr als 200 Großunternehmen zu dem Einfluss befragt, den soziale und ökologische Aspekte auf Unternehmensstrategie und Geschäftsergebnisse ausüben.

Unternehmen profitieren durch effiziente und ressourcenschonende Produktion, ein besseres Image, höhere Arbeitgeberattraktivität, mehr Innovationskraft und größere Akzeptanz bei lokalen Gemeinden und Behörden. Folgerichtig halten 70 Prozent der Top-Manager der befragten Unternehmen das Thema Nachhaltigkeit für eine Grundvoraussetzung für einen langfristigen Erfolg.

Verantwortliches Handeln manifestiert sich im Kontext schnell wachsender Märkte in sieben Feldern: der Emissionsvermeidung, umweltfreundlicher Produktionstechnik, umweltbewusstem Einsatz von Rohstoffen und Vorprodukten, Arbeitssicherheit, Förderung der Mitarbeiter, Unterstützung von umliegenden Gemeinden und verantwortlichem Lieferantenmanagement. Nach der vorliegenden Studie zeigt jeweils ein Drittel der Firmen mit den höchsten Umsatzrenditen ein um durchschnittlich 13 Prozent höheres Engagement in diesen Feldern als jenes Drittel mit den niedrigsten Umsatzrenditen.

Auch wenn es um Image, Mitarbeiterbindung, Lernfähigkeit der Organisation oder operative Leistungen geht, schneiden engagierte Unternehmen besser ab.

Eine sorgfältige Auswahl und Förderung der Lieferanten sowie die Einhaltung von Mindeststandards haben erhebliche positive Image-Effekte und Auswirkungen auf die Qualität der Produkte des Zulieferers, so die Studie.

„Manager sollten bei Investitionen in Umwelttechnologie immer bedenken, dass sie auch Effektivität und Innovation gewinnen. Soziale Verantwortung hat einen starken Einfluss auf die Arbeitgeberattraktivität. Beide Aktivitäten haben über die geschilderten positiven operativen Effekte hinaus einen erheblichen positiven Einfluss auf das Unternehmensimage", fasst Lutz Kaufmann das Ergebnis der Studie zusammen.

http://www.glocalist.com (28.9.2008)

Aufgaben

1. „Ökologie und Ökonomie widersprechen sich". Diskutieren Sie diese These vor dem Hintergrund unternehmerischer Zielsetzungen, des Einstiegsmaterials und M1.

2. Erklären Sie, inwieweit der Corporate Social Responsibility-Ansatz zu einer nachhaltigen Entwicklung beitragen kann.

3. Informieren Sie sich im Internet über die konkreten Zielsetzungen der Institutionen, die die verschiedenen Siegel und Zertifikate herausgegeben haben (S. 62). Suchen Sie nach Produkten, die diese Siegel verwenden. Stellen Sie Ihre Ergebnisse dem Kurs vor.

4. Recherchieren Sie, wie ausgewählte Unternehmen den Corporate Social Responsibility-Ansatz in ihre Unternehmensstrategie aufgenommen haben.

2.3 Einflussfaktoren auf die Erreichung des Gewinnziels

E Dieser Bereich ist ein wenig außer Kontrolle ...

"AND WE FEEL THAT THIS AREA, HERE, IS STILL A BIT OUT OF CONTROL."

Karikatur: Carpenter

Stellen Sie die Faktoren, die den Gewinn eines Unternehmens beeinflussen, in einer Mindmap dar.

Ausbringungsmenge und Kosten

Bei allen ihren Entscheidungen werden Unternehmen in der Regel versuchen, den Gewinn zu maximieren. Der Erfolg eines Unternehmens wird dabei vorrangig von den Kosten und von den Erlösen bestimmt. Eine wichtige Einflussgröße auf Kosten und Erlöse stellt die Ausbringungsmenge dar. Dies ist die Menge von betrieblichen Leistungen, die während eines bestimmten Zeitraums am Markt verwertet wird.

Was sind Kosten?

Die Begriffe Ausgaben, Aufwendungen und Kosten werden häufig synonym benutzt, sollten aber klar voneinander abgegrenzt werden. Ausgaben stellen einen Abfluss von Zahlungsmitteln dar, ändern also nur den Geldvermögensbestand in der Bilanz. Aufwendungen stellen einen Werteverzehr dar und verursachen somit eine Minderung des Eigenkapitals. Kosten sind ein Teil der Aufwendungen, nämlich der Teil, der durch die Leistungserstellung im Betrieb verursacht wird.

Die *fixen Kosten* (beschäftigungsunabhängige Kosten) sind der Teil der gesamten Kosten, der unabhängig von der Menge der im Betrieb erzeugten Produkte konstant bleibt wie z. B. Abschreibungen, Miet- oder Zinsaufwendungen.

Teilt man die fixen Kosten durch die Ausbringungsmenge (x), so ergeben sich die fixen Stückkosten ($k_f = K_f/x$), die bei steigender Ausbringungsmenge einen degressiven Verlauf aufweisen.

Die *variablen Kosten* (beschäftigungsabhängige Kosten) ändern sich mit der Menge der erzeugten Produkte. Dazu zählen z. B. Fertigungslöhne oder

Massenproduktion
Das Gesetz der Massenproduktion (Gesetz der Kostendegression) bringt die für manche Güter zutreffende Eigenschaft zum Ausdruck, dass mit steigender Produktionsmenge die Stückkosten sinken (so genannte steigende oder zunehmende Skalenerträge = economies of scale).

Produktion von Küchen-
geräten. Die Kosten für die
Produktionshalle zählen zu
den Fixkosten. Materialkosten
und Löhne werden den
variablen Kosten zugerechnet.

Fertigungsmaterialkosten. Unterstellt man einen linearen Verlauf, so ändern sich die variablen Gesamtkosten (K_v) im selben Verhältnis wie die Ausbringungsmenge. Die variablen Stückkosten (k_v) bleiben konstant ($k_v = K_v/x$).

Welche Kosten als variabel oder fix angesehen müssen, hängt von der konkret zu beurteilenden Situation sowie vom betrachteten Zeithorizont ab. Mit der Länge des Betrachtungshorizonts nimmt die Variabilität zu. Bei einer sehr langfristigen Betrachtung können alle Kosten als variabel angesehen werden.

Die *Gesamtkosten* – in Abhängigkeit von der Ausbringungsmenge (x) – ergeben sich aus den fixen und den variablen Gesamtkosten: $K = K_f + K_v$.

Die fixen Gesamtkosten (K_f) sind – zumindest innerhalb eines bestimmten Zeitraums – konstant. Die variablen Gesamtkosten (K_v) nehmen mit der Ausbringungsmenge zu. Ein linearer Gesamtkostenverlauf zeichnet sich durch ein konstantes Steigungsmaß aus, das mit den variablen Stückkosten (k_v) identisch ist. Die Gesamtkosten (K) beginnen dabei auf Basis der fixen Gesamtkosten (K_f) (Fixkostensockel).

Der Anteil der fixen Kosten an den Stückkosten (k_f) fällt mit steigender Produktionsmenge (x), da sich die gesamten Fixkosten auf immer mehr Stück verteilen. Die Kurve verläuft parabelförmig ($k_f = K_f/x$) und nähert sich mit steigendem x der Mengenachse an. Die variablen Stückkosten ($k_v = K_v/x$) verlaufen konstant parallel zur Mengenachse, da für jedes weitere produzierte Stück immer genau diese Kosten anfallen. Damit entsprechen die variablen Stückkosten auch den so genannten Grenzkosten (K'). Sie bilden die 1. Ableitung der Gesamtkostenfunktion. Die gesamten Stückkosten (k) nähern sich demnach mit steigender Menge asymptotisch den variablen Stückkosten.

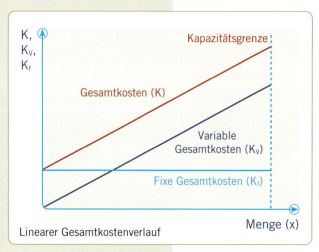

Linearer Gesamtkostenverlauf

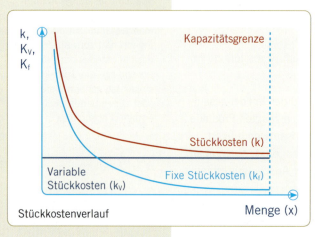

Stückkostenverlauf

Erlöse und Break-even-Point

Neben den Kosten sind die Erlöse die zweite wichtige Bestimmungsgröße des betrieblichen Erfolgs. Der *Erlös* (E) oder der *Umsatz* sind die Einnahmen aus dem Verkauf der Produkte eines Unternehmens. Er errechnet sich aus dem Produkt aller in einer Periode verkauften Waren und Dienstleistungen mit ihren jeweiligen Verkaufspreisen (p): $E = p \cdot x$

Der Umsatz wird in der Gewinn- und Verlustrechnung ausgewiesen.

Der *Break-even-Point* (Gewinnschwelle oder Kostendeckungspunkt) ist der Punkt, ab dem die Kosten eines Unternehmens bzw. eines Produkts durch die Erlöse, die das Unternehmen bzw. das Produkt erzielt, gedeckt werden. Es wird an diesem Punkt weder ein Gewinn noch ein Verlust erwirtschaftet. Bei Überschreitung des Break-even-Points (größere Ausbringungsmenge) wird ein Gewinn, bei Unterschreitung (geringere Ausbringungsmenge) ein Verlust erwirtschaftet.

Zur Ermittlung des Break-even-Points werden folgende Informationen benötigt:

- Der Erlös je abgesetzter Einheit. Hierbei sind eventuelle Erlösminderungen wie Rabatte, Frachten und Provisionen vom Verkaufspreis abzuziehen.
- Die variablen Kosten je Einheit (k_v) wie zum Beispiel Rohstoffkosten und Fertigungslöhne.
- Die fixen Kosten pro Periode (K_f), also kurzfristig nicht veränderbare Kosten wie Gehälter, Abschreibungen oder Miete.

Die Bestimmung des Break-even-Points kann rechnerisch oder zeichnerisch erfolgen. Neben dem mengenmäßigen Break-even-Point, der in Einheiten (Stück) ausgedrückt wird, kann auch ein wertmäßiger Break-even-Point berechnet werden, der ausdrückt, ab welchem Umsatz ein Gewinn erwirtschaftet wird.

Das Grundmodell einer Break-even-Analyse geht von einem Ein-Produkt-Unternehmen mit linearen Kosten- und Erlösverläufen aus. Hierbei lassen sich Auswirkungen von Preis-, Kosten- und Beschäftigungsveränderungen verdeutlichen. Damit ermöglicht die Break-even-Analyse einen Überblick über die betriebliche Kosten- und Erfolgssituation.

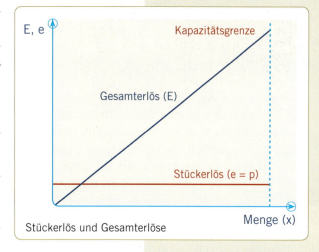

Stückerlös und Gesamterlöse

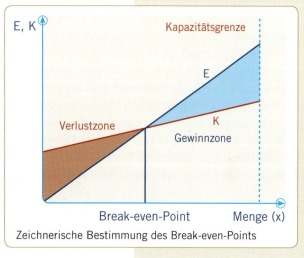

Zeichnerische Bestimmung des Break-even-Points

"We're under capitalized. As soon as we reach the break even point we'll buy a lemon."

Karikatur: Shirvanian

M1 **Über fixe und variable Kosten in der Gastronomie**

Stellen Sie sich vor, Sie beschäftigen einen Koch, und dieser hat den ganzen Tag nichts zu tun. Den Koch müssen Sie trotzdem bezahlen. Das sind Ihre Fixkosten, sie bleiben ungeachtet Ihres Umsatzes
5 gleich. Wenn jetzt der Koch zehn Schnitzel zubereitet und ein Schnitzel einen Wareneinsatz von Euro 2,– hat, dann haben Sie einen Wareneinsatz von Euro 20,–. Wenn er 100 Schnitzel zubereitet, einen Wareneinsatz von Euro 200,–. Das sind Ihre
10 variablen Kosten. Stellen Sie sich vor, Sie bezahlen pro Monat Euro 727,– Pacht. Diese Pacht sind für Sie Fixkosten.

Wäre alles so leicht zu ermitteln, d. h. ob es sich um variable oder um fixe Kosten handelt, dann wäre
15 dieser Artikel schon zu Ende und man könnte sich anderen betriebswirtschaftlichen Größen zuwenden. Dem ist aber nicht so, denn zwischen fixen Kosten und variablen Kosten gibt es eine breite Palette von so genannten semi-variablen Kosten. Das sind alle
20 jene, die weder umsatzabhängig noch vollkommen unabhängig davon sind. Sie weisen aber eine gewisse Wechselbeziehung zum Umsatz auf. Hier wäre der Personalaufwand ein gutes Beispiel. Die gesamten Kosten für unsere Mitarbeiter sind nämlich nicht
25 fix. Das resultiert aus den Überstundenzuschlägen, aus den Urlaubs- und Weihnachtsgeldzahlungen, aus Prämien und aus den Bedienungsprozenten. Diese werden nämlich nicht fix ausbezahlt, sondern orientieren sich an verschiedenen anderen Gründen.
30 *Fixkosten:* Wie schon erwähnt, bleiben diese ungeachtet der Höhe des Umsatzes gleich und sind daher die „gefährlichen" Kosten. Sie haben sie, schon bevor Sie Ihren Betrieb am Morgen aufschließen, und ob Sie sie decken werden, hängt vom nicht voraus-
35 zusehenden Geschäftsgang ab. Daher wird der betriebswirtschaftlich denkende Unternehmer seine Fixkosten analysieren und nur die unbedingt nötigen belassen. Z. B. ist es nötig, eine eigene Wäscherei zu betreiben (Fixkosten), oder wäre es nicht sinnvoller,

die Wäsche außer Haus zu geben (semi-variable Kosten)? Ist ein serviertes Frühstück nicht sinnvoller (variable Kosten) und über ein Frühstücksbuffet (semi-variable Kosten) zu stellen?

Semi-variable Kosten: Dies sind alle Aufwendungen, die in Relation zu den Gästen stehen, aber nicht in einem genauen Verhältnis zu den Umsätzen: Z. B. ein Gast, der eine Gulaschsuppe für Euro 3,– bestellt, braucht eine Serviette, ein anderer Gast, der ein Tournedo für Euro 11,– ordert, ebenfalls. Hier brauchen Sie zwar bei mehr Gästen mehr Servietten, der Aufwand steht aber von Gast zu Gast nicht im gleichen Verhältnis zu den Erträgen. Das gleiche gilt für die Heizung auf den Gästezimmern. Der eine Gast liebt es wärmer, der andere etwas kühler, und im Winter sind die Heizkosten in der Relation zu den Gästen höher als im Sommer.

Sprung-fixe Kosten: Nennt man alle jene, die bei sinkendem oder steigendem Umsatz sprunghaft steigen oder fallen. Ein Beispiel dafür wäre etwa der extra Kellner oder Koch, der eingestellt oder gekündigt wird, wenn das Geschäft besser oder schlechter wird. Hier steigen oder sinken die Personalkosten sprunghaft.

Variable Kosten: Wie schon mehrmals erwähnt, ist die Charakteristik der variablen Kosten ihre hundertprozentige Bindung an den Umsatz. Die größte Portion der variablen Kosten findet man im Wareneinsatz, obwohl man auch hier eine gewisse Variabilität berücksichtigen muss. Kundenanzahl und -struktur, Jahreszeit, Käuferverhalten und Einkaufspreise bewirken, dass auch der Wareneinsatz über das Jahr gesehen leichten Schwankungen unterworfen ist. Eine weitere Position sind die Personalaufwände, die vom Bedienungsgeld, das ja umsatzabhängig ist und in Prozenten berücksichtigt wird, zu berechnen sind.

Österreichischer Wirtschaftsverlag Ges.m.b.H., http://www.gast.at/ireds-2870.html (10.4.2003)

Betriebswirtschaftler und alt gediente Praktiker werden natürlich müde abwinken, da ihnen dieses Thema selbstverständlich ist und auch sein muss. Der Existenzgründer allerdings wird sich notwendigerweise mit der Frage beschäftigen müssen, wo für sein Unternehmen der Break-even-Point liegt. Spätestens im Bankgespräch wird er auf die Frage eine Antwort geben müssen.

Der Break-even-Point bedeutet dem Sinn entsprechend übersetzt: Kostendeckungspunkt. Gemeint ist damit die Ausbringungsmenge an Gütern oder Dienstleistungen, die einen genügend großen Umsatz generiert, um sämtliche Kosten zu decken.

Dies sei an einem einfachen Beispiel verdeutlicht: Schreinermeister Hoblig beschließt, zukünftig einen Designerstuhl zu produzieren und zu vertreiben. Unterstellen wir einmal vereinfachend folgende Kostenstruktur:

Miete pro Jahr:	24.000,00 €
Herstellkosten pro Stuhl:	500,00 €
geplanter Verkaufspreis pro Stuhl:	800,00 €

Es stellt sich nun die Frage: Wie viele Stühle muss unser Schreinermeister verkaufen, um zumindest kostendeckend zu arbeiten.

Um diese Frage zu beantworten, müssen wir zunächst einmal seine Kosten aufteilen in so genannte Fixkosten und die variablen Kosten. Die Fixkosten fallen an, ob er Stühle produziert oder nicht. In unserem Beispiel ist dies nur die Miete. Natürlich fallen hierunter auch die Gehälter von Festangestellten, Leasingraten usw. Die variablen Kosten (in unserem Falle die Produktionskosten) sind abhängig von der produzierten Menge. Es handelt sich in der Praxis meist um Materialverbrauch, Produktionslöhne usw.

Hieraus ergibt sich in unserem Beispiel folgende Tabelle (siehe unten).

Unterstellen wir, dass unser Schreinermeister sämtliche produzierten Stühle auch verkauft, so liegt sein Kostendeckungspunkt (Break-even-Point) bei einer Menge von 80 Stühlen. Ab dem 81igsten Stuhl macht Hoblig Gewinn.

http://www.breakeven.de/breakeven.cfm?do=as&sID=1&ID=20 (8.1.2008)

produzierte Stühle	Fixkosten	variable Kosten	Gesamtkosten	Verkaufserlös	Gewinn/Verlust
0	24.000	0	24.000	0	−24.000
1	24.000	500	24.500	800	−23.700
10	24.000	5.000	29.000	8.000	−21.000
80	24.000	40.000	64.000	64.000	0
100	24.000	50.000	74.000	80.000	6.000
1.000	24.000	500.000	524.000	800.000	276.000

Aufgaben

1. Erläutern Sie die unterschiedlichen Kostenarten aus M1. Finden Sie jeweils eigene Beispiele.

2. In einem Fertigungsbetrieb wird die Produktionsmenge von 500 auf 800 Stück erhöht. Dadurch steigen die Gesamtkosten von 12.000 Euro auf 15.000 Euro. Ermitteln Sie die Funktion der Gesamtkosten für diesen Produktionsprozess.

3. Ermitteln Sie die Kostenfunktion, die der Stuhlproduktion in der Schreinerei Hoblig (M2) zugrunde liegt. Belegen Sie die im Beispiel ermittelte Break-even-Menge grafisch.

4. Der Großbäckereibetrieb „Schäffner" beabsichtigt die Markteinführung von „Petit Pain", einem halb ausgebackenen Baguettebrot, das vom Endverbraucher in wenigen Minuten fertig gebacken werden kann und eine lange Haltbarkeit besitzt, in den neuen Bundesländern. Zuvor sind umfangreiche Modernisierungsarbeiten in den dafür erworbenen Gebäuden durchzuführen. Ausführliche Planungsrechnungen der Abteilungen Produktion und Einkauf sowie ausgiebige Marktstudien führten zu folgenden Absatz- und Kostenschätzungen:

   • Erzielbarer Preis je Dreierpackung: 2,50 €
   • Variable Stückkosten je Dreierpackung: 1,30 €
   • In Periode 0 einmalige anfallende produktspezifische Investitionen in die Entwicklung und in die Produktionsanlagen sowie in den Absatzmarkt: 818.000 €
   • Einmalige Schutzgebühr für das Markenzeichen: 12.000 €
   • Absetzbare Mengen (je Dreierpackung):
   Periode 1: 160.000 Stück
   Periode 2: 240.000 Stück
   Periode 3: 450.000 Stück

   a) Bestimmen Sie den Break-even-Point, den dort erzielten Umsatz und die Periode, in der der Break-even-Point erreicht wird.
   b) Firmenchef Schäffner setzt für eine Investition in den neuen Markt eine Mindest-Umsatzrentabilität von 3 Prozent sowie die Erreichung der Break-even-Points innerhalb der ersten drei Jahre voraus. Bei einer Überprüfung der Marktforschungsergebnisse stellt sich zudem heraus, dass die Zahlen für die absetzbaren Dreierpackungen wie folgt zu korrigieren sind:
   Periode 1: 120.000 Stück
   Periode 2: 180.000 Stück
   Periode 3: 200.000 Stück.
   Berechnen Sie unter Beachtung des Rentabilitätsziels die Break-even-Absatzmenge. Zeigen Sie unter Einsatz der Break-even-Analyse, bei welchen Werten für die fixen Kosten bzw. für die variablen Stückkosten das Rentabilitätsziel erreicht wird.
   nach: Reiner Kleine-Doepke u. a., Management-Basiswissen, 3. Aufl. München 2006, S. 77 f.

5. Skizzieren Sie – analog zur Darstellung (S. 67) – allgemein die Ermittlung des Break-even-Points anhand einer Stückkosten- und Stückerlösbetrachtung.

2.4 Einflussfaktoren auf Investitionsentscheidungen

E VW-Konzern investiert bis 2010 fast 30 Milliarden Euro

Volkswagen will stärker wachsen: In den kommenden drei Jahren wird der Konzern deswegen 28,9 Milliarden Euro investieren – in neue Modelle und Werke. Bis 2018 will VW-Chef Winterkorn so eine andere, gigantische Rekordmarke knacken.

Der Aufsichtsrat habe die Investitionsplanung des Konzerns für die Jahre 2008 bis 2010 am Freitag in Wolfsburg erörtert, teilte das Unternehmen mit. Mit rund 13,8 Milliarden Euro soll die Produktpalette erweitert und modernisiert werden. 7,1 Milliarden fließen in die Werke, unter anderem in den Aufbau der neuen Standorte Russland und Indien. Damit sollen die wachsenden Märkte mit Autos aus lokaler Produktion versorgt werden. Von den insgesamt 20,9 Milliarden Euro Sachinvestitionen werde aber über die Hälfte in Deutschland anfallen. Hinzu kommen Entwicklungskosten und Investitionen in Finanzanlagen.

VW-Chef Martin Winterkorn will bis 2018 mehr als zehn Millionen Autos im Jahr bauen. In diesem Jahr sollen es über sechs Millionen sein, nach 5,7 Millionen 2006 – dies hatte einem Weltmarktanteil von 9,7 Prozent entsprochen. Winterkorn hatte schon kurz nach seinem Amtsantritt als VW-Chef Anfang 2007 für den Konzern das Ziel ausgegeben, den erfolgreichsten Autobauer Toyota zu überrunden.

Der Betriebsrat begrüßte den angekündigten Wachstumskurs. Vorstand und Arbeitnehmervertreter seien sich einig, dass die Produktivität und zugleich der Absatz gesteigert werden müssten, um die Beschäftigung zu sichern. „Die geplanten Investitionen sind hierfür die Grundlage", sagte Betriebsratschef Bernd Osterloh. *(dpa) Die Welt, 16.11.2007*

VW-Werk in Wolfsburg.

Arbeiten Sie aus dem Text die Investitionsmotive des VW-Konzerns heraus.

Was ist eine Investition?

Unternehmerische Tätigkeit ist ganz allgemein dadurch kennzeichnet, dass zu einem bestimmten Zeitpunkt finanzielle Mittel eingesetzt werden, um in der Zukunft einen Rückfluss an finanziellen Mitteln zu erhalten, der möglichst höher ist, als der Mitteleinsatz.

Als *Investition* bezeichnet man in der Betriebswirtschaftslehre also im weiteren Sinne die Verwendung finanzieller Mittel in einer Unternehmung, um damit zusätzliche oder höhere zukünftige Erträge zu erwirtschaften. In einem sehr weiten Sinn spricht man auch bei langfristig erfolgswirksamen Ausgaben von Investitionen, so etwa bei Ausbildungsinvestitionen oder bei Investitionen in Forschung und Entwicklung.

Im bilanztechnischen Sinne bedeutet Investition die Anlage von Kapital (Passivseite, Eigen- oder Fremdkapital, Mittelherkunft) in Vermögen (Aktivseite, Sach-, Finanz- oder sonstiges Vermögen, Mittelverwendung).

Schweißroboter in der Automobilindustrie. Investitionen in neue Maschinen sind meist mit Rationalisierungseffekten verbunden.

Im engeren Sinn beschränkt sich der betriebswirtschaftliche Investitionsbegriff auf das Anlagevermögen und hier insbesondere auf langfristige, das Geschäftsjahr überdauernde Sachanlagen. Dazu gehören Produktionsmittel wie Immobilien, Geschäftsfahrzeuge, Maschinen und Werkzeuge und die Büro- und Geschäftsausstattung.

Arten von Investitionen

Eine *Ersatzinvestition* wird dann getätigt, wenn zum Beispiel die technische und/oder wirtschaftliche Lebensdauer einer Anlage abgelaufen ist und diese durch eine neue, gleichartige Anlage ersetzt wird.

Erfolgt der Austausch von alten, noch funktionsfähigen Anlagen im Hinblick auf eine mögliche Kostensenkung, zum Beispiel durch Energieeinsparung, oder im Hinblick auf eine Qualitätsverbesserung bei den erzeugten Produkten, so spricht man von *Rationalisierungsinvestitionen*.

Die Unterscheidung zwischen einer Ersatz- und einer Rationalisierungsinvestition ist in der Praxis fließend. Es gibt kaum eine Ersatzinvestition, die nicht gleichzeitig einen Rationalisierungseffekt hat.

Eine *Erweiterungsinvestition* liegt dann vor, wenn zusätzliche Anlagen beschafft werden, um die Betriebskapazität zu steigern.

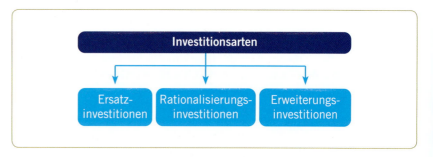

Betriebswirtschaftliche Investitionsplanung

Die meisten Investitionen sind dadurch charakterisiert, dass sie kaum ohne einen hohen finanziellen Aufwand wieder rückgängig gemacht werden können, also im Unternehmen langfristig Kapital binden. Außerdem beinhalten sie, da sie zukunftsorientiert sind, eine Vielzahl von Unsicherheiten bzw. Risiken bezüglich der mit der Investition verbundenen Folgekosten und der zu erwartenden Erträge.

Im Unternehmen muss zunächst der Investitionsbedarf festgestellt werden. Anstöße können hierbei zum Beispiel vom Absatzmarkt (größere Nachfrage nach den Produkten), aus der Forschung und Entwicklung (neue Produkte), aus Fertigung (Kapazitätsengpässe, Qualitätsmängel, Alter der Anlagen) oder aus dem Rechnungswesen (zu geringe Rentabilität, zu hohe Produktionskosten) kommen. In einer Machbarkeitsstudie wird das Investitionsvorhaben auf seine Realisierbarkeit hin überprüft. Neben technischen und gegebenenfalls sozialen Aspekten (zum Beispiel wegen eines Arbeitsplatzabbaus bei Rationalisierungsinvestitionen) ist hierbei auch der Kapitalbedarf zu ermitteln und eine Wirtschaftlichkeitsprüfung durchzuführen. Bei mehreren Investitionsalternativen kommen finanzmathematische Methoden der Investitionsrechnung zum Einsatz. Die Investitionsentscheidung erfolgt dann unter Berücksichtigung der wirtschaftlichen Vorteilhaftigkeit der Investition und deren Beitrag zur Zielerreichung des Unternehmens.

Die volkswirtschaftliche Perspektive

Gesamtwirtschaftlich gesehen verändern Investitionen den Bestand an Produktionsmitteln (Kapitalstock) einer Volkswirtschaft. In einer evolutorischen, das heißt wachsenden, Volkswirtschaft wird der Kapitalstock durch die sogenannten *Nettoinvestitionen* (Neuinvestitionen) erweitert (vgl. S. 86). Die *Ersatzinvestitionen* dienen dazu, den Produktionsappa-

Bruttoinvestionen	
Nettoinvestitionen (Neuinvestitionen)	**Ersatzinvestitionen**

rat, der dem Verschleiß und der Veralterung unterliegt, zu erhalten. Um Neuinvestitionen tätigen zu können, muss in einer Volkswirtschaft gespart werden. Die Unternehmen haben nur dann Produktionsfaktoren für die Herstellung von Investitionsgütern zur Verfügung, wenn die Haushalte auf Konsumgüter verzichten, also sparen. Die Ersatzinvestitionen werden durch die in den Unternehmen getätigten Abschreibungen finanziert. Zusammen mit den Nettoinvestitionen bilden die Ersatzinvestitionen die so genannten *Bruttoinvestitionen*. Diese sind ein wesentlicher Bestandteil des Bruttoinlandsprodukts.

Warum investieren Unternehmen?

Wie erwähnt, versprechen sich die Unternehmen durch Investitionen höhere Gewinne in der Zukunft, das heißt, die Erträge aus der Investition sollten die Kosten der Investition übersteigen. Sowohl die *Investitionskosten* als auch die *Investitionserträge* werden jedoch nicht nur durch *innerbetriebliche Faktoren* bestimmt, sondern auch entscheidend von den *gesamtwirtschaftlichen Rahmendaten* beeinflusst.

Bei guter Konjunkturlage, also bei hohen Zuwachsraten des Bruttoinlandsprodukts, ist die Investitionsneigung der Unternehmen tendenziell höher als im Abschwung oder in der Depression. Eine wichtige Komponente des Bruttoinlandsprodukts ist die private Nachfrage nach Konsumgütern. Steigt die Konsumgüternachfrage bei bereits ausgelasteten Kapazitäten, wird sich dies positiv auf die Investitionsgüternachfrage auswirken, ebenso wie bei einer steigenden Nachfrage des Staates oder des Auslands nach Gütern.

Da Investitionen in die Zukunft gerichtet sind, spielen auch die Erwartungen, die die Investoren für die zukünftige wirtschaftliche Entwicklung haben, eine große Rolle. Im Falle zunehmend optimistischer Zukunftseinschätzung der Unternehmen steigt die Investitionsbereitschaft und umgekehrt.

Bau einer neuen Lagerhalle. Investitionen erhöhen den Kapitalstock einer Volkswirtschaft.

Bestimmungsgrößen privater Investitionen

Konjunkturlage	Erwartungen	Wirtschaftspolitik	Kapitalkosten
• BIP • Nachfrage nach Konsumgütern, Investitionsgütern, Exportgütern	bezüglich • Marktentwicklung • Gewinne • Preise • Kosten	• Steuerpolitik • Abschreibungsmöglichkeiten • Investitionsförderung	• Zinsniveau • Kreditkosten • alternative Anlagemöglichkeiten

Betriebswirtschaftliche Rentabilität

Die Investitionstätigkeit in einer Volkswirtschaft wird auch maßgeblich von der Wirtschaftspolitik mit beeinflusst. Während sich niedrige Unternehmenssteuern, günstige Abschreibungsmöglichkeiten oder gewährte Investitionszuschüsse positiv auf das Investitionsklima auswirken, kann eine weniger unternehmerfreundliche Politik trotz sonst günstiger Rahmenbedingungen die Investitionsneigung hemmen.

Da Investitionsgüter in der Regel langlebige Wirtschaftsgüter sind und damit Kapital auch über einen längeren Zeitraum binden, ist bei Investitionsentscheidungen immer auch das Zinsniveau zu berücksichtigen, von dem wiederum die Kapitalkosten abhängig sind. Hierbei sind zwei Aspekte zu betrachten: Zum einen sind Investitionen häufig mit Krediten finanziert, sodass die Höhe der dafür zu entrichtenden Fremdkapitalzinsen entscheidenden Einfluss darauf hat, ob eine Investition rentabel ist oder nicht. Zum anderen hätte ein Unternehmen auch die Möglichkeit, freies Kapital gewinnbringend am Kapitalmarkt anzulegen, anstatt es direkt in Produktionsmittel zu investieren. Damit sich eine Investition für ein Unternehmen also rentiert, müssen die Rückflüsse aus der Investition die Kapitalerträge aus einer alternativen Anlageform übersteigen. Damit stellt das Zinsniveau in einer Volkswirtschaft, das durch geldpolitische Maßnahmen beeinflusst werden kann, einen nicht unwesentlichen Aspekt für die Investitionsbereitschaft der Unternehmen dar. Sind die Zinssätze niedrig, erhöht sich die Investitionsneigung und umgekehrt.

Kompetent in Wirtschaft & Recht ●
erweitern – vertiefen – anwenden

M1 Entwicklung der Investitionen

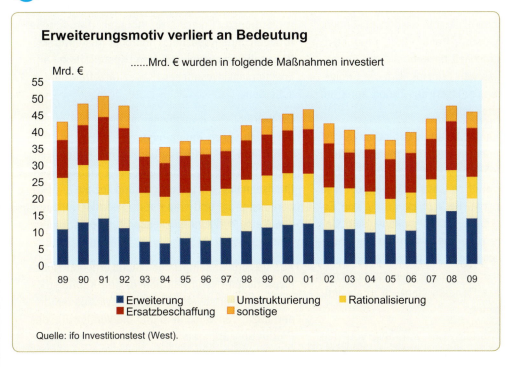

Erweiterungsmotiv verliert an Bedeutung

......Mrd. € wurden in folgende Maßnahmen investiert

Mrd. €

- ■ Erweiterung
- ■ Ersatzbeschaffung
- ■ Umstrukturierung
- ■ sonstige
- ■ Rationalisierung

Quelle: ifo Investitionstest (West).

Aufgaben

1. Erläutern Sie die Bedeutung von Investitionen aus betrieblicher und volkswirtschaftlicher Perspektive.

2. Stellen Sie allgemein die Auswirkungen von Zinsveränderungen auf das Investitionsverhalten von Unternehmen dar.

3. Das ifo-Institut für Wirtschaftsforschung (http://www.cesifo-group.de) veröffentlicht regelmäßig den ifo Investitionstest Westdeutschland, der der Grafik M1 zugrunde liegt. Erläutern Sie, wie sich das Investitionsverhalten der Unternehmen verändert, und nennen Sie mögliche Gründe dafür.

Z Bestimmungsgrößen betriebswirtschaftlicher Entscheidungen in der Sozialen Marktwirtschaft

In einem Unternehmen werden komplexe **Zielsysteme** entwickelt, um den unterschiedlichen Erwartungen und Interessen, die an ein Unternehmen herangetragen werden, gerecht werden zu können. **Erfolgsziele** wie Gewinn, Rentabilität, Produktivität und Wirtschaftlichkeit basieren auf der Anwendung des ökonomischen Prinzips. Um die Erfolgsziele zu erreichen, müssen aus ihnen konkrete **Sachziele** abgeleitet werden.

Aufgrund einer sensibilisierten Öffentlichkeit ist es für Unternehmen heute nicht mehr möglich, soziale und ökologische Aspekte bei der Produktion unberücksichtigt zu lassen. Da ein positives Unternehmensimage die Verwirklichung von Erfolgszielen maßgeblich befördern kann, sind Unternehmen heute zunehmend bemüht, das Konzept der **Corporate Social Responsibility**, das für freiwilliges sozial und ökologisch verantwortliches unternehmerisches Handeln steht, in ihren Zielkatalog aufzunehmen.

Der **Unternehmenserfolg** wird vorrangig von den **Kosten** und **Erlösen** bestimmt. Diese sind von der **Ausbringungsmenge**, also der Menge der während einer Periode im Betrieb erzeugten und am Markt verwerteten Produkte abhängig.

Die **Gesamtkosten** zerfallen in einen Anteil **fixer Kosten**, diese sind von der Ausbringungsmenge unabhängig, und einen Anteil **variabler Kosten**, die abhängig von der Ausbringungsmenge sind.

Der **Break-even-Point** (Gewinnschwelle) ist der Punkt, ab dem die Erlöse die Kosten übersteigen, ab dem also Gewinn erzielt wird.

In der Betriebswirtschaftslehre steht der **Investitionsbegriff** für die Verwendung finanzieller Mittel, um dadurch zukünftig höhere Erträge zu erwirtschaften.

Nach dem Investitionsmotiv lassen sich **Ersatzinvestitionen** (Ersatz alter Anlagen durch neue Anlagen ohne Kapazitäts- und/oder Kosteneffekt), **Rationalisierungsinvestitionen** (Kosteneffekt) und **Erweiterungsinvestitionen** (Kapazitätseffekt) unterscheiden.

Da betriebliche **Investitionen** in der Regel mit einer langfristigen Kapitalbindung einhergehen und durch ihre Zukunftsorientierung mit hohen Risiken behaftet sind, bedarf es einer genauen **Investitionsplanung**, die technische und soziale Aspekte berücksichtigt und eine Kapitalbedarfsermittlung sowie eine Wirtschaftlichkeitsprüfung einschließen muss.

Aus gesamtwirtschaftlicher Sicht erhöhen **Nettoinvestitionen** (Neuinvestitionen) den Kapitalstock einer Volkswirtschaft. Die **Ersatzinvestitionen** dienen dazu, den Verschleiß und die Veralterung des Produktionsapparats auszugleichen. Neuinvestitionen und Ersatzinvestitionen ergeben zusammen die **Bruttoinvestitionen**.

Wesentliche **Einflussfaktoren auf die private Investitionstätigkeit** sind

- die **Konjunkturlage**, die wiederum von der gesamtwirtschaftlichen Nachfrage bestimmt wird,
- die **Erwartungen der Unternehmen** bezüglich ihrer zukünftigen Geschäftsentwicklung,
- die staatliche **Wirtschaftspolitik**, insbesondere die Steuerpolitik und die Investitionsförderung
- sowie die **Kapitalkosten**, die wiederum vom Zinsniveau abhängig sind.

3. Wirtschaftliche Problemlagen: Analyse volkswirtschaftlicher Schwankungen

1. Ordnen Sie die Bilder den Daten des Einstiegsmaterials (S. 78) zu.

2. Recherchieren Sie den jeweiligen wirtschafts- und gesellschafts-
   politischen Hintergrund.

3.1 Das Auf und Ab der Wirtschaft

E Fette Jahre, magere Jahre ...

„Siehe, sieben reiche Jahre werden kommen in ganz Ägyptenland. Und nach ihnen werden sieben Jahre des Hungers kommen, sodass man vergessen wird alle Fülle in Ägyptenland. Und der Hunger wird das Land verzehren, dass man nichts mehr wissen wird von der Fülle im Lande vor der Hungersnot, die danach kommt; denn sie wird sehr schwer sein."

Genesis, 41, 29–31

Beschreiben Sie die Entwicklung der deutschen Wirtschaft von 1951 bis zur Gegenwart.

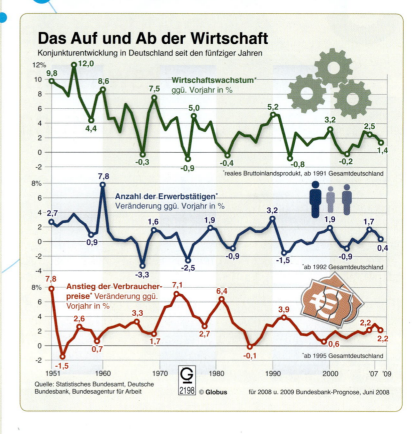

Das Auf und Ab der Wirtschaft
Konjunkturentwicklung in Deutschland seit den fünfziger Jahren

Quelle: Statistisches Bundesamt, Deutsche Bundesbank, Bundesagentur für Arbeit — © Globus 2198 — für 2008 u. 2009 Bundesbank-Prognose, Juni 2008

Konjunkturschwankungen als mittelfristige Veränderungen der gesamtwirtschaftlichen Lage

Das Phänomen ist dem Menschen seit jeher bekannt: Ob in der Bundesrepublik Deutschland oder weltweit – die wirtschaftliche Entwicklung vollzieht sich nicht stetig, sondern unterliegt einem Auf und Ab. Die Auswirkungen dieser Schwankungen bekommt jeder Einzelne von uns zu spüren, sei es durch gute oder schlechte Chancen am Arbeitsmarkt, durch steigende oder fallende Löhne oder wechselnde Kaufkraft des Einkommens.

Die Dauer der wirtschaftlichen Schwankungen ist unterschiedlich. Man unterscheidet langfristige, kurzfristige und mittelfristige Schwankungen. Langfristige Schwankungen werden durch bahnbrechende neue Technologien hervorgerufen. Kurzfristige Schwankungen sind jahreszeitlich bedingt. Mittelfristige Schwankungen mit einer Dauer von mehreren Jahren werden als Konjunkturschwankungen bezeichnet.

Der Begriff *Konjunktur* benennt ganz allgemein die gesamtwirtschaftliche Lage einer Volkswirtschaft, die sich aus der gleichzeitigen Betrachtung verschiedener ökonomischer Größen ableitet. Um die mittelfristigen Schwankungen einer Volkswirtschaft zu bestimmen, verwendet man zumeist die

Veränderung des realen (preisbereinigten) Bruttoinlandsprodukts (BIP), da es die umfassendste Größe für die Messung der wirtschaftlichen Aktivitäten innerhalb der geografischen Grenzen einer Volkswirtschaft darstellt.

Die Untersuchung der ökonomischen Entwicklung der Bundesrepublik zeigt, dass sich wirtschaftliche Schwankungen idealtypisch als Konjunkturzyklus darstellen lassen. Jeder vollständige Zyklus hat vier Phasen.

Der Konjunkturzyklus

Die Dauer der Zyklen ist unterschiedlich und bewegt sich für die Bundesrepublik zwischen vier bis sechs Jahren. Im Einzelnen lassen sich die *Konjunkturphasen* modellhaft wie folgt charakterisieren:

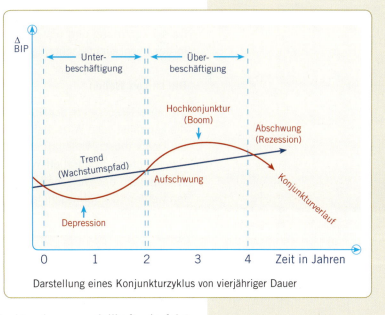

Darstellung eines Konjunkturzyklus von vierjähriger Dauer

- Die Phase des *Konjunkturaufschwungs* ist gekennzeichnet durch zunehmende Wachstumsraten des Bruttoinlandsprodukts, steigende Produktion und Investitionstätigkeit der Unternehmen, meist abnehmende Arbeitslosigkeit und Stärkung der Kaufkraft. Es überwiegt das Vertrauen in die positive wirtschaftliche Entwicklung eines Landes.
- In der *Hochkonjunktur (Boom)* führt die hohe Nachfrage zu Produktionsengpässen mit der Folge von Kosten- und Preissteigerungen.
- Auf die Hochkonjunktur folgt die Phase des *Konjunkturabschwungs (Rezession)* mit rückläufiger Produktion, sinkender Wachstumsrate, steigender Arbeitslosigkeit und schwacher gesamtwirtschaftlicher Nachfrage, die hinter den Produktionskapazitäten zurückbleibt.
- Im unteren Wendepunkt erreicht die Arbeitslosigkeit ihren höchsten Wert, das Bruttoinlandsprodukt stagniert und weist im Extremfall auch negative Wachstumsraten auf. Bei einer besonders schweren Wirtschaftskrise spricht man auch von einer *Depression*.

Saisonale Schwankungen

Haben die oben beschriebenen Konjunkturschwankungen mittelfristigen Charakter, sind die jährlich auftretenden saisonalen Ausschläge des Wirtschaftsprozesses mit einer Dauer von meist ein bis drei Monaten von kurzfristiger Natur. Sie betreffen nur Teilbereiche der Volkswirtschaft und haben ihre Ursachen in erster Linie im Wechsel der Jahreszeiten: Während im Winter die Tätigkeiten auf dem Bau meist deutlich eingeschränkt werden, herrscht im Sommer in der Bauwirtschaft Hochbetrieb. Auch vom Verbraucherverhalten werden kurzfristige Schwankungen ausgelöst. So stei-

Kaufhaus in der Vorweihnachtszeit – viele Branchen unterliegen starken saisonalen Schwankungen.

gen die Einzelhandelsumsätze während des Weihnachtsgeschäfts stark an. Da sie kurzfristig und planbar sind, wirken sich saisonale Schwankungen in der Regel nicht nachteilig auf die Volkswirtschaft aus.

Die langen Wellen

Im Jahre 1926 stellte der Russe N. D. Kondratieff die Theorie auf, dass sich die kapitalistische Wirtschaft in Form „langer Wellen" fortentwickle, wobei die Dauer dieser Wellen rund 50 bis 60 Jahre beträgt. Die Ursachen dieser sogenannten „Kondratieff-Wellen" liegen in tief greifenden strukturellen Wandlungen der Wirtschaft, die durch technische Neuerungen hervorgerufen werden (Dampfmaschine, Eisenbahn, Raumfahrt, Computer, …).

Ursachen von Konjunkturschwankungen

Unterschiedliche Konjunkturtheorien versuchen, die zyklische Entwicklung der gesamtwirtschaftlichen Aktivitäten zu erklären.

Monetäre Theorien gehen davon aus, dass Geldmengen- und Zinsveränderungen ursächlich verantwortlich für die Auf- und Abwärtsbewegungen des Bruttoinlandsprodukts sind. Demnach führt eine Ausdehnung der Geldmenge zu einem Aufschwung, der dann in die Rezession mündet, wenn die Zentralbank bei einer Gefährdung des Preisniveaus aufgrund hoher Konsumgüternachfrage die Geldmenge begrenzt und die Zinsen erhöht.

Die *Unterkonsumtionstheorie* begründet eine Rezession damit, dass die Konsumgüternachfrage hinter den Produktionsmöglichkeiten bleibt, da Löhne und Gehälter nicht im gleichen Umfang steigen wie Güterpreise und Gewinne. Da es den Haushalten an Kaufkraft fehlt, führt die zu geringe Nachfrage zum Abschwung, da die Unternehmen der Nachfragelücke mit Produktionseinschränkungen und der Freisetzung von Arbeitskräften begegnen.

Exogene (außerwirtschaftliche) *Theorien* sehen die Ursachen für konjunkturelle Schwankungen in Gründen, die nicht direkt durch das Wirtschafts-

Die langen Wellen der Konjunktur

geschehen beeinflusst werden. Dazu gehören Naturkatastrophen, Kriege, Erfindungen, neue Rohstoffquellen und vor allem psychologische Faktoren wie z. B. optimistische oder pessimistische Zukunftserwartungen.

Wahrscheinlich ist jedoch, dass Konjunkturschwankungen von einem komplexen Zusammenwirken mehrerer Faktoren ausgelöst werden.

Konjunkturindikatoren zur Bestimmung der wirtschaftlichen Lage

Zur Beschreibung und Prognose der gesamtwirtschaftlichen Lage werden Indikatoren herangezogen. *Indikatoren* sind Messgrößen, mit deren Hilfe eine möglichst fundierte Einschätzung der ökonomischen Entwicklung eines Landes ermöglicht werden soll. Nach dem zeitlichen Ablauf lassen sich Früh-, Präsens- und Spätindikatoren unterscheiden.

Als charakteristische *Früh-* (oder vorauslaufende) *Indikatoren* gelten die Auftragseingänge und der Index des Geschäftsklimas (S. 83). Aber auch die Anzahl der erteilten Baugenehmigungen kann früh Aufschluss über die zu erwartende konjunkturelle Entwicklung geben.

Präsens- (oder gleichlaufende) *Indikatoren*, wie etwa die Im- und Exporte, die Kapazitätsauslastung der gewerblichen Wirtschaft oder die Herstellung im Produzierenden Gewerbe, beschreiben die aktuelle wirtschaftliche Lage.

Spät- (oder nachlaufende) *Indikatoren* folgen erst mit einer gewissen zeitlichen Verzögerung der konjunkturellen Entwicklung. Zu ihnen zählen etwa die Veränderung des Preisniveaus und die Entwicklung auf dem Arbeitsmarkt, denn bei anziehender Konjunktur stellen Unternehmen nicht sofort Arbeitskräfte ein. Erst werden die Betriebe versuchen, durch Überstunden oder Abbau von Kurzarbeit auf die steigende Nachfrage zu reagieren. Präsens- und Spätindikatoren können dabei auch zeigen, inwieweit die Ziele der Stabilitätspolitik erreicht worden sind (vgl. Kapitel 1).

● Saisonbereinigung

Bei ökonomischen Zeitreihen besteht das Problem, dass die Daten einer Zeitreihe von rein jahreszeitlich bedingten Entwicklungen beeinflusst und damit verzerrt werden. So ist zum Beispiel im Winter die Zahl der Bauarbeiter ohne Beschäftigung besonders hoch, weil bei Frost und Nässe am Bau nicht gearbeitet werden kann. Diese Personen werden statistisch erfasst, obwohl sie eigentlich nur kurzfristig ohne Job sind. Dadurch wird der zu beobachtende Trend der betreffenden Größe verzerrt. Um den eigentlichen Trend der Zeitreihe herausfiltern zu können, hat die Statistikwissenschaft die Methodik der Saisonbereinigung entwickelt. Kurzfristige Einflüsse werden aus den Reihen herausgerechnet. Übrig bleibt die „saisonbereinigte Zahl", die erheblich aussagekräftiger ist als die absolute Zahl.

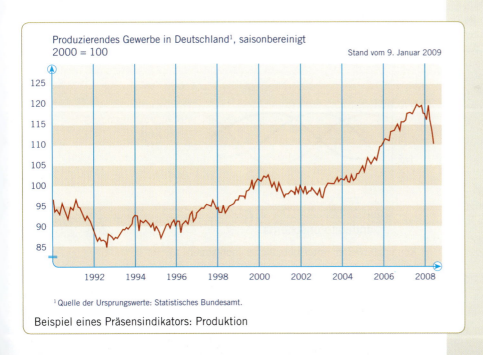

Produzierendes Gewerbe in Deutschland[1], saisonbereinigt
2000 = 100
Stand vom 9. Januar 2009

[1] Quelle der Ursprungswerte: Statistisches Bundesamt.

Beispiel eines Präsensindikators: Produktion

Arbeitslose in Deutschland, saisonbereinigt in Tausend[1]

Stand vom 7. Januar 2009

[1] Quelle der Ausgangsdaten: Bundesagentur für Arbeit. Gebietsstand: Deutschland

Beispiel eines Spätindikators: Arbeitslose

Es ist auch eine andere Einteilung der Indikatoren möglich. So werden beispielsweise auch Mengen- (z. B. Auftragseingang, Lagerhaltung) und Preisindikatoren (z. B. Löhne, Lebenshaltung) unterschieden.

Je nach Wahl der einzelnen Konjunkturindikatoren ergeben sich unterschiedliche Konjunkturwellen.

Für alle Indikatoren gilt, dass eine fundierte Aussage zur wirtschaftlichen Entwicklung einer Volkswirtschaft nur dann getroffen werden kann, wenn mehrere, in die gleiche Richtung laufende Indikatoren zur Beurteilung herangezogen werden.

Konjunkturelle Gesamtindikatoren

Sie sollen eine objektivere und transparentere Konjunkturbeobachtung ermöglichen. Eventuell gegensätzliche Entwicklungen verschiedener Zeitreihen werden in der Aggregation zum Gesamtindikator harmonisiert, sodass die tatsächliche konjunkturelle Lage besser erfasst werden kann.

[1] Bei einem „Lag" (engl. = zeitliche Verzögerung) handelt es sich um das Nachlaufen einer sonst gleichgerichteten Zeitreihe (z. B. Präsensindikator) hinter einer (oder mehreren) anderen Zeitreihen (z. B. Frühindikator).

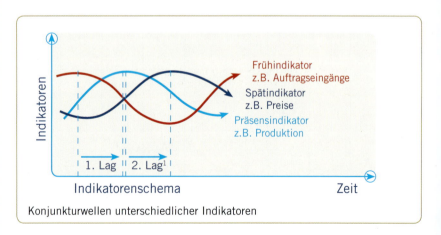

Konjunkturwellen unterschiedlicher Indikatoren

Häufig werden einzelne Indikatoren auch kombiniert. Man spricht dann von einem *Gesamtindikator* oder *Diffusionsindex* (z. B. der Euroland-Indikator der Süddeutschen Zeitung).

M1 Zur Bedeutung und Aussagekraft von Frühindikatoren

Wissen ist Macht, Wissensvorsprung so gut wie Geld. Haben nicht die Rothschilds ein Vermögen daraus gemacht, dass einer ihrer Boten Napoleons Niederlage bei Waterloo als Erster und exklusiv nach London meldete? Also her mit den Frühindikatoren.

Halbwegs solide sollten sie schon sein. Solider jedenfalls als die Erkenntnis, die mancher Statistik-Professor seinen Erstsemestern auftischt: dass die Ansiedlung von Störchen ein zuverlässiger Frühindikator für die Zunahme der Geburtenrate sei. Reizvoll, aber wenig ökonomisch auch diese Erkenntnis: Je kürzer die Röcke, desto optimistischer die Erwartungen. Ein bisschen plausibler klingt die Taxifahrerweisheit, dass höhere Einnahmen Vorläufer für bessere Zeiten sind. Auch Börsianer haben ihren Frühindikator: Der Börsenhausse folgt ein Konjunkturaufschwung in sechs bis neun Monaten. Aber das sind allemal Angaben ohne Gewähr. Beispiel Aktienkurse: Steigen sie wirklich, weil Anleger eine bessere Nase haben? Oder hat einfach eine Reihe günstiger Frühindikatoren die Stimmung verbessert? Manche Auguren behaupten, eine Umkehrung der Zinsstruktur kündige Unheil in ein paar Monaten an. Auf Deutsch: Wenn die Zinsen am Geldmarkt höher sind als am Kapitalmarkt, dann dräut Unheil. Schwer einzusehen, aber gelegentlich ein

Treffer. Einsichtiger ist da schon, dass die Auftragseingänge von heute die Produktion (und damit die Konjunktur) von morgen sind. Logisch auch dies: Steigt die Zahl der Baugenehmigungen, dann lässt sich der Konjunkturfrühling erahnen.

Häufig sind Frühindikatoren das Resultat von Umfragen. Da wird nicht gerechnet, sondern nach Einschätzungen gefragt. Hausfrauen geben zu Protokoll, ob sie vom Haushaltsgeld mehr zu sparen oder mehr auszugeben gedenken. Unterm Strich lässt sich dann das Konsumklima ablesen. Ähnlich verhält es sich mit dem Investitionsklima. Das ermittelt zum Beispiel der Deutsche Industrie- und Handelskammertag (DIHK) dreimal im Jahr. Dann fragen die 82 Kammern im Lande ihre Mitglieder nach Plänen für künftige Investitionen, Einstellungen und Entlassungen, Erwartungen für Export und Geschäftsentwicklung (...). Die Konjunkturexperten des DIHK sind davon überzeugt, dass solche Umfragen weitaus komplizierteren makroökonomischen Modellen überlegen sind. Nach ihrer Erfahrung lässt sich der untere Wendepunkt des Konjunkturzyklus ein „gutes halbes Jahr" im Voraus aus seiner Umfrage herauslesen (...).

Höchste Beachtung findet der vom Münchner Ifo-Institut schon seit den siebziger Jahren ermittelte

Der Geschäftsklima-index zählt zu den wichtigsten Frühindikatoren.

Geschäftsklimaindex. Monat für Monat wertet eine Truppe von rund zwanzig Mitarbeitern die Antworten von über 7.000 Unternehmen auf elf (teils stark differenzierte) Standardfragen aus. Ifo-Experten sind von der Zuverlässigkeit ihres Index überzeugt. „Unser Indikator ist besonders flexibel in der Zusammensetzung." Vor allem warten Wirtschaft und Politik stets ungeduldig auf die neuen Zahlen aus München.

Sie wissen: Nach den bisherigen Erfahrungen kündigt eine Verbesserung des Klimas in den Unternehmen die Wende zum Besseren binnen drei Monaten an.

Die Ifo-Experten versichern: „Erfahrungsgemäß sind die einfach gestrickten Indikatoren am treffendsten". Da gibt es durchaus Widerspruch. Manche Auguren setzen auf „multidimensionale Indikatoren".

Das Handelsblatt zum Beispiel kombiniert fünf Einzelindikatoren (unter Einschluss der Ifo-Zahlen) und mixt daraus einen eigenen Frühindikator (...). Doch Vorsicht, die Interpretation von Frühindikatoren erlaubt allenfalls Schätzungen, keine Prognosen. Streng genommen ist alles, was über ein Quartal hinausreicht, problematisch (...). Paul A. Samuelson, der große Weise unter den Ökonomen, klagt: „Leider Gottes besitzt die theoretische Volkswirtschaft nicht die klassische Einfachheit der Physik oder Mathematik." Also doch lieber auf Damenröcke schielen?

Klaus-Peter Schmid, Frau Metzger und der Indikator, in: Die Zeit, 8.11.2001, S. 24

M2 Konjunkturprognosen-Stopp gefordert

Die Vorhersagen für die Wirtschaftsentwicklung in Deutschland werden immer schlechter – deshalb hat Klaus Zimmermann, Chef des Deutschen Instituts für Wirtschaftsforschung (DIW), beim Krisengipfel im Kanzleramt eine Prognose-Pause gefordert: „Wir haben im Kanzleramt darüber gesprochen, dass Ökonomen alle verwirren, wenn sie ständig neue Zahlen in die Welt setzen", sagte Klaus Zimmermann der „Financial Times Deutschland".

Zimmermann sagte dem Blatt zufolge, dass man sich vorstellen könne, eine Zeit lang keine Prognosen vorzulegen. „Das ist eine Frage der intellektuellen Redlichkeit." In den meisten Modellen, die Ökonomen für ihre Vorhersagen nutzen würden, kämen schließlich keine Finanzkrisen vor. „Und wenn sie vorkommen, dann ist diese Krise so spezifisch, dass wir sie nicht erfassen können. Wir können sagen, da passiert was Schlimmes, aber wie schlimm es wird, können wir nicht sagen." (...)

Der DIW-Forscher fürchtet „sich selbst erfüllende Prophezeiungen. Das wäre hier der Fall." Wie Politiker generell keinen Subventionswettlauf machen sollten, um jeden Betrieb vor der eigenen Haustür zu retten, sollten auch Konjunkturbeobachter keinen Wettlauf um die schlechtesten Zahlen machen, sagte Zimmermann.

cvk/ddp/dpa-AFX/AFP, Spiegel-online, 16.12.2008

Aufgaben

1. Identifizieren Sie im Einstiegsmaterial die einzelnen Konjunkturzyklen und deren Phasen.

2. Beschreiben Sie, wie sich Produktion, Arbeitslosigkeit, Löhne, Zinsen und Preise in den einzelnen Konjunkturphasen entwickeln.

3. Beurteilen Sie die gegenwärtige Konjunkturlage mit Hilfe geeigneter Indikatoren.

4. Erläutern Sie die Notwendigkeit von Konjunkturprognosen zur Beurteilung der gesamtwirtschaftlichen Entwicklung für die politischen Entscheidungsträger. Berücksichtigen Sie dabei auch den Vorwurf, Konjunkturprognosen seien „sich selbst erfüllende Prophezeiungen" (M1, M2).

3.2 Das Modell des Wirtschaftskreislaufs zur Analyse gesamtwirtschaftlicher Prozesse

E Ein Wirtschaftskreislauf

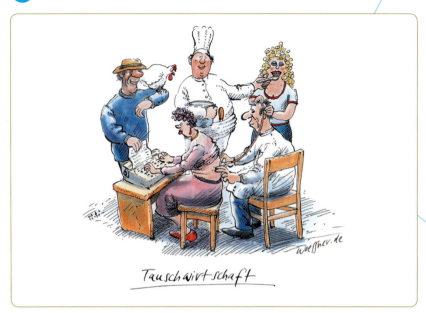

Tauschwirtschaft

Karikatur: Wössner

Erläutern Sie, inwiefern der im Cartoon abgebildete Wirtschaftskreislauf von der Realität abweicht.

Wiederholung: Der einfache Wirtschaftskreislauf

Der einfache Wirtschaftskreislauf stellt zunächst die wirtschaftlichen Beziehungen zwischen zwei Wirtschaftssektoren – den *Unternehmen* als Produktionseinheiten und den *Haushalten* als Konsumeinheiten – dar. Die zwischen den Sektoren stattfindenden Transaktionen werden als Ströme bezeichnet. Für den *einfachen Wirtschaftskreislauf* gelten folgende *Prämissen*:

- Der Kreislauf ist geschlossen. Die Summe der Zuströme entspricht der Summe der Abströme.
- Die Wirtschaft ist staatsfrei.
- Es bestehen keine Beziehungen zum Ausland (geschlossene Wirtschaft).
- Haushalte und Unternehmen sparen nicht, d.h. die Wirtschaft ist stationär.

Die Haushalte stellen den Unternehmen Faktorleistungen zur Verfügung (Boden, Kapital, Arbeit). Die Unternehmen produzieren damit Güter und stellen diese den Haushalten zur Verfügung (Güterstrom). Die Haushalte beziehen von den Unternehmen Faktoreinkommen (F_e) (Löhne, Zinsen, Miete, Gewinn) aus der Überlassung der Faktorleistungen. Dafür bezahlen sie mit diesem Einkommen die von den Unternehmen produzierten Güter (Geldstrom). In Geldwirt-

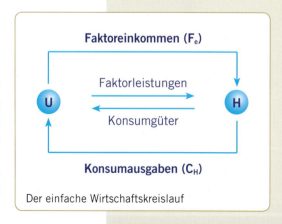

Faktoreinkommen (F_e)

Faktorleistungen

U → H

Konsumgüter

Konsumausgaben (C_H)

Der einfache Wirtschaftskreislauf

schaften entspricht jedem realen Strom ein monetärer Strom, weswegen in komplexeren Modellen nur die Geldströme erfasst werden. Um den abnutzungsbedingten Verschleiß alter Produktionsanlagen auszugleichen, werden von anderen Unternehmen Produktionsgüter (Maschinen, Werkzeuge, Produktionsanlagen) gekauft. Sie werden Ersatzinvestitionen (I^e) oder Abschreibungen (D) genannt. Durch Ersatzinvestitionen wird das Vermögen im Unternehmenssektor nicht erhöht. Erst wenn darüber hinaus zusätzliche Investitionen, die Nettoinvestitionen (I^n), getätigt werden, steigt das Vermögen im Unternehmenssektor. Die Summe aus den Ersatzinvestitionen und den Nettoinvestitionen ergibt die Bruttoinvestition. Es gilt:

$$I^{br} = I^n + I^e \text{ (D)}$$

Wiederholung: Die evolutorische Wirtschaft

Für den einfachen Wirtschaftskreislauf gilt, dass die mit der Produktion entstehenden Einkommen (F_e) in voller Höhe für den Konsum (C_H) ausgegeben werden. Es gilt:

$$F_e = C_H$$

Tatsächlich verwenden aber die Haushalte nur einen Teil ihres Einkommens für Konsumgüter, einen Teil sparen sie. Es gilt:

$$F_e = C_H + S_H$$

Die Gleichung gibt an, wie die Haushalte ihr Einkommen verwenden und wird daher als Einkommensverwendungsgleichung bezeichnet.

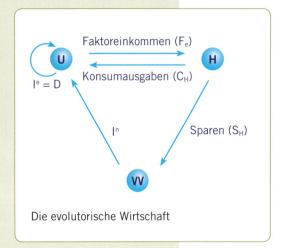

Die evolutorische Wirtschaft

Unternehmen produzieren nicht nur Konsumgüter, sondern auch Investitionsgüter, mit denen sie ihren Kapitalstock erweitern. Es gilt:

$$F_e = C_H + I^n$$

Die Gleichung beschreibt, dass die an die Haushalte gezahlten Einkommen durch die Produktion von Konsum- und Investitionsgütern entstehen. Sie wird daher als Einkommensentstehungsgleichung bezeichnet.

Da in beiden Gleichungen F_e und C_H gleich groß sind, ist die Summe aller Nettoinvestitionen gleich der Summe aller Ersparnisse:

$$I^n = S_H$$

Durch das Sparen der Haushalte (S_H) und die Investitionstätigkeit der Unternehmen (I^n) findet ein Vermögenszuwachs in der Volkswirtschaft statt. Eine solche, sich entwickelnde Wirtschaft wird als *evolutorisch* bezeichnet. Im Kreismodell wird dies durch die Einführung eines weiteren Sektors, der *Vermögensveränderung*, berücksichtigt. Die Ersatzinvestitionen (I^e), die nur den abnutzungsbedingten Verschleiß alter Produktionsanlagen ausgleichen, werden in der Kreislauftheorie als In-Sich-Strom des Sektors Unternehmen dargestellt. Sie werden auch als *Abschreibungen* (D von engl. Depreciation) bezeichnet.

Warum gilt die Gleichheit von Nettoinvestitionen und Sparen?

„Die unter den Annahmen des 3-Sektoren-Modells sich ergebende Gleichheit von I und S überrascht zunächst, da es äußerst unwahrscheinlich ist, dass die Sparabsichten der Millionen Haushalte und die Investitionsabsichten der zahlreichen Unternehmen in ihrer Summe genau gleich groß sind. Zum besseren Verständnis muss dabei darauf hingewiesen werden, dass sich die Gleichheit nicht bei den im Vorhinein – ex-ante – geplanten Größen, sondern im Nachhinein – ex-post – ergeben; d.h. am Ende einer Wirtschaftsperiode sind die realisierten Ersparnisse genauso hoch wie die realisierten Investitionen (...). Die formelmäßige Gleichheit von I und S lässt sich auch sachlich nachvollziehen. Hierzu wird das einfache Zahlenbeispiel verwendet:

Die Unternehmen produzieren Produktions- und Konsumgüter; da der Staat (noch) nicht beteiligt ist, entstehen nur Kosten für die Produktionsfaktoren (Löhne, Mieten, Zinsen, Gewinn). Der Produktionswert entspricht also den Produktionskosten; sie sollen im Zahlenbeispiel 100 GE betragen. Die Kosten der Unternehmen sind für die Eigentümer der Produktionsfaktoren Einkommen. Der Produktionswert aller Güter ist also so hoch wie die Summe der Einkommen, das Volkseinkommen. Daher ergibt sich im Zahlenbeispiel auch ein Einkommen von 100 GE. Die Haushalte verwenden ihr Einkommen entweder für den Kauf von Gütern oder für Ersparnisse. Der Produktionswert aller an die Haushalte verkauften Güter entspricht den Ausgaben der Haushalte für Konsumgüter. Wenn die Haushalte für 80 GE Güter kaufen, verkaufen die Unternehmen für 80 GE Konsumgüter an die Haushalte. Als Investitionen schließlich gelten alle hergestellten Güter, die nicht als Konsumgüter an die Haushalte verkauft werden. Im Beispiel beträgt die Ersparnis der Haushalte 20 GE. Da sie dieses Geld nicht für Konsumgüter ausgeben, leisten sie in Höhe der Ersparnis Konsumverzicht. Man kann auch sagen: In Höhe der Ersparnis verzichten die Haushalte auf die Inanspruchnahme der Produktionskapazitäten. Die so frei bleibenden Produktionskapazitäten können für die Herstellung von Produktionsgütern (Investitionsgütern) verwendet werden. Im Beispiel bleibt ein Wert von 20 GE. Er ist zwangsläufig genauso hoch wie der Verzicht der Haushalte auf Konsumgüter." *Albers 1997, S. 39*

Wiederholung: Die offene Volkswirtschaft mit staatlicher Aktivität

Werden die wirtschaftlichen Aktivitäten des *Staates* (Bund, Länder, Gemeinden und deren Gemeinschaftseinrichtungen wie Hochschulen, Schulen oder die Bundeswehr) im Kreislaufmodell berücksichtigt, sind weitere Transaktionen zu unterscheiden:

Fahrzeuge werden für den Export vorbereitet. Eine moderne Volkswirtschaft unterhält eine Vielzahl wirtschaftlicher Beziehungen zum Ausland.

- Direkte Steuern (T_{dir}): Einkommens- und Ertragssteuern und (aus Vereinfachungsgründen) auch die Sozialversicherungsbeiträge.
- Indirekte Steuern (T_{ind}): Mehrwertsteuer und Verbrauchssteuern (z. B. Mineralölsteuer), die von den Unternehmen in die Produktpreise eingerechnet werden.
- Staatlicher Konsum (C_{St}): Kauf von Sachgütern und Dienstleistungen bei Unternehmen und Erfassung von Gemeinschaftsgütern (Bildung, Sicherheit, Gesundheit etc.)
- Transferzahlungen an die Haushalte (Z_H): Unterstützungsleistungen wie Kindergeld, Pensionen oder Sozialversicherungsleistungen.
- Subventionen an Unternehmen (Z_U): Geldleistungen, z. B. für Forschungszwecke, für den Agrarsektor oder die Steinkohle.

Die positive Differenz aus Einnahmen und Ausgaben des Staates wird als Ersparnis des Staates (S_{St}) bezeichnet. Übersteigt dagegen der Ausgabenstrom die Einnahmen, gleicht der Staat den Fehlbetrag durch Kreditaufnahme (Kr_{St}) aus.

Moderne Volkswirtschaften verfügen über eine Vielzahl von Wirtschaftsbeziehungen zum *Ausland*. Ein nicht unerheblicher Teil der inländischen Produktion wird vom Ausland nachgefragt und als Exporte (X) bezeichnet. Im Gegenzug importiert (M) die inländische Volkswirtschaft Güter aus dem Ausland, die im Inland entweder weiterverarbeitet (Rohstoffe) oder konsumiert werden. Durch die Einführung des Sektors Ausland im Kreislaufmodell können die grenzüberschreitenden Transaktionen erfasst werden.

Sind die Exporte größer als die Importe, erhöhen sich im Umfang des Ausfuhrüberschusses die Forderungen des Inlands gegenüber dem Ausland (Fo_{Ausl}). Umgekehrte Vermögenseffekte treten ein, wenn die Exporte kleiner als die Importe sind ($Verb_{Ausl}$). Mit der Einführung des Sektors Ausland ist auch der Saldo der Erwerbs- und Vermögenseinkommen aus der übrigen Welt abzüglich der Erwerbs- und Vermögenseinkommen an die übrige Welt (Fe_{Ausl}) als Geldstrom zum Inland – genauer: zum Sektor Unternehmen – zu berücksichtigen.

Erweitert wird das Kreislaufmodell zusätzlich durch Gewinne der Unternehmen mit eigener Rechtspersönlichkeit (z. B. die Aktiengesellschaften oder die GmbH), die nicht vollständig an die Eigentümer ausgeschüttet werden, sondern zur Rücklagenbildung dienen. Sie erhöhen das Vermögen im Unternehmenssektor und werden als Strom (G_{unv}) an den Sektor Vermögensveränderung erfasst.

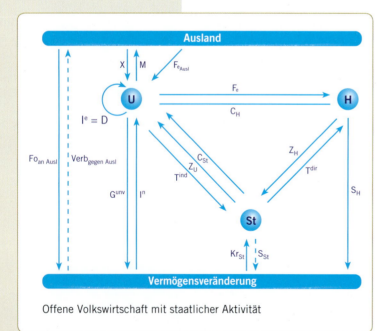

Offene Volkswirtschaft mit staatlicher Aktivität

Vom Wirtschaftskreislauf zur Volkswirtschaftlichen Gesamtrechnung

Bruttoinlandsprodukt, Bruttonationaleinkommen und Volkseinkommen sind häufig genutzte Größen, die die Leistungsfähigkeit einer Volkswirtschaft beschreiben. Sie werden im Rahmen der Volkswirtschaftlichen Gesamtrechnung (VGR) ermittelt. Die VGR liefert ein quantitatives Bild des ökonomischen Geschehens einer Volkswirtschaft. Sie steht in enger Beziehung zum Wirtschaftskreislauf. Die VGR greift die gesamtwirtschaftlichen Konzepte der Kreislaufbetrachtung auf, erweitert sie und füllt sie mit Zahlen inhaltlich auf. Die VGR ist ein umfassendes Instrument der Wirtschaftsbeobachtung und ein Informationssystem für die wirtschaftspolitischen Entscheidungsträger.

Bei der Volkswirtschaftlichen Gesamtrechnung handelt es sich um eine rückblickende Betrachtung des wirtschaftlichen Geschehens. Man spricht von einer ex-post-Betrachtung. Sie ist dadurch gekennzeichnet, dass sich am Ende einer Wirtschaftsperiode das gesamtwirtschaftliche Angebot und die gesamtwirtschaftliche Nachfrage immer entsprechen müssen. Wegen der ex-post-Gleichheit der beiden Marktseiten spricht man in der VGR nicht mehr vom gesamtwirtschaftlichen Angebot oder der gesamtwirtschaftlichen Nachfrage, sondern vom Bruttoinlandsprodukt.

Die Berechnung des Bruttoinlandsprodukts

Das *Bruttoinlandsprodukt* (BIP) ist die zentrale Größe der VGR. Es lassen sich drei Grundformen der Berechnung des Bruttoinlandsprodukts unterscheiden:

Die *Entstehungsrechnung* zeigt, wo das BIP entstanden ist. Es wird aus den verfügbaren Daten über die Produktion von Sachgütern und Dienstleistungen ermittelt und ergibt sich aus der Summe der Produktionswerte der Wirtschaftssektoren. Um Doppelzählungen zu vermeiden, müssen jeweils die Vorleistungen abgezogen werden. Dabei handelt es sich um Güter, die von anderen Unternehmen bezogen und in der gleichen Wirtschaftsperiode im Produktionsprozess eingesetzt werden. Bei der Ermittlung des Bruttoinlandsprodukts zu Marktpreisen geht man vom Inlandskonzept aus: Erfasst werden die Leistungen, die in der Bundesrepublik Deutschland erbracht werden, gleichgültig, ob es sich um inländische oder ausländische Unternehmen handelt. Mit dem BIP wird also das Produktionsergebnis innerhalb der geografischen Grenzen der Volkswirtschaft gemessen.

Die *Verteilungsrechnung* errechnet den Wert der hergestellten Güter aus den Informationen über die bei der Produktion entstandenen Einkommen, die sich auf das Arbeitnehmerentgelt sowie die Unternehmens- und Vermögenseinkommen aufteilen.

Die *Verwendungsrechnung* fragt, für welche Zwecke die produzierten Güter verwendet werden. Wurden sie investiert, konsumiert oder exportiert? Die Verwendungsrechnung nimmt also die vorhandenen Informationen über die einzelnen Nachfragekomponenten und aggregiert diese zur gesamtwirtschaftlichen Nachfrage. Die Gesamtnachfrage lässt sich aus den Daten der VGR ermitteln und setzt sich aus folgenden Kreislaufgrößen zusammen:

● **Gesamtwirtschaftliches Angebot**

Das gesamtwirtschaftliche Angebot (A_{ges}) setzt sich aus den Gütermengen zusammen, die die Anbieter des Inlands und des Auslands auf den Märkten der Volkswirtschaft zu gegebenen Marktpreisen in einer Wirtschaftsperiode anbieten. Das Gesamtangebot ergibt sich durch die Addition der um die Vorleistungen verminderten Produktionswerte und den Importen.

● **Gesamtwirtschaftliche Nachfrage**

Die gesamtwirtschaftliche Nachfrage (N_{ges}) bezeichnet die Höhe der Ausgaben, die Haushalte, Unternehmen, der Staat und das Ausland in einer Wirtschaftsperiode auf den Märkten des Inlands zu gegebenen Marktpreisen tätigen. Die Gesamtnachfrage lässt sich aus den Daten der Volkswirtschaftlichen Gesamtrechnung ermitteln. Sie setzt sich aus den folgenden Kreislaufgrößen zusammen:

$$N_{ges} = C_H + C_{St} + I^{br} + X$$

a) Private Konsumausgaben (C_H)

b) Konsumausgaben des Staates (C_{ST})

c) Bruttoinvestitionen (I^{br})

d) Exporte (X)

Die privaten und staatlichen Konsumausgaben sowie die Bruttoinvestitionen bezeichnet man als „letzte inländische Verwendung". Addiert man die Exporte, also die Nachfrage des Auslands, gelangt man zur „letzten Verwendung". Bei dieser Größe stellt sich das Problem, dass die darin enthaltenen Sachgüter und Dienstleistungen nicht ausschließlich im Inland erstellt wurden, sondern zumindest teilweise aus dem Ausland stammen. Um die Nachfrage nach den im Inland produzierten Güter zu ermitteln, muss man also von der letzten Verwendung die Importe abziehen. Auf diese Weise gelangt man dann über die Verwendungsrechnung zum Bruttoinlandsprodukt:

$$BIP = C_H + C_{St} + I^{br} + (X - M)$$

Entstehung, Verwendung und Verteilung des Bruttoinlandsprodukts 2007

in Mrd. Euro 2.422,9

Entstehung	=	Verwendung	=	Verteilung
Land- und Forstwirtschaft, Fischerei 20,0		Konsumausgaben der privaten Haushalte 1.337,4		Arbeitnehmerentgelt 1.183,6
Produzierendes Gewerbe ohne Baugewerbe 572,1				
Baugewerbe 87,2		Konsumausgaben der privaten Organisationen ohne Erwerbszweck 36,3		Unternehmens- und Vermögenseinkommen 643,5
Handel, Gastgewerbe und Verkehr 382,4				
Finanzierung, Vermietung und Unternehmensdienstleister 634,8		Konsumausgaben des Staates 435,6		+
				Produktions- und Importabgaben an den Staat abzüglich Subventionen vom Staat 278,4
Öffentliche und private Dienstleister 474,7		Bruttoinvestitionen 442,6		+
				Abschreibungen 358,8
+		+		−
Gütersteuern abzüglich Gütersubventionen 251,7		Außenbeitrag (Exporte abzüglich Importe) 171,0		Saldo der Primäreinkommen aus der übrigen Welt 41,3

(Spaltenbeschriftungen: Bruttowertschöpfung | private Konsumausgaben | Volkseinkommen)

Volkswirtschaftliche Gesamtrechnung. Wichtige Zusammenhänge im Überblick, Statistisches Bundesamt, Wiesbaden 2007, S. 10

Kompetent in Wirtschaft & Recht ●
erweitern – vertiefen – anwenden

M1 Aus den Wirtschaftsnachrichten

Die schwache Binnennachfrage 2008 hat die deutsche Wirtschaft im zweiten Quartal 2008 schrumpfen lassen. Die Verbraucher hielten sich mit dem Konsum zurück, während die Unternehmen weniger investieren.

www.wiwo.de, 26.8.2008

Noch vor wenigen Monaten galt die deutsche Wirtschaft als erstaunlich robust. Finanzkrise? US-Rezession? Ölpreisboom? Eine Belastung, gewiss. Kommt jetzt die Rezession? Wie schlimm steht es wirklich um die deutsche Wirtschaft? „Wir können uns nicht von der Welt abkoppeln", sagt Peter Hohlfeld, Konjunkturchef am gewerkschaftsnahen Institut IMK. „In den USA häufen sich die negativen Meldungen, die Hoffnung auf einen glimpflichen Ausgang der Finanzkrise schwindet zusehends." Das bedeutet: Setzen die USA ihren Abschwung fort, leidet die Exportnation Deutschland. Die USA kaufen weniger Waren ein. Dadurch leidet nicht nur Deutschland, sondern auch andere Handelspartner der Vereinigten Staaten, etwa China oder Indien. Die wiederum ordern in einem zweiten Schritt ebenfalls weniger Maschinen oder Schrauben in Deutschland.

www.focus.de, 6.8.2008

Der Wirtschaftsweise Peter Bofinger oder der Hamburger Wirtschaftsforscher Thomas Straubhaar plädieren für eine einmalige Steuerrückzahlung, um den Konsum zu stützen. Bofinger hält einen Betrag von 125 Euro für angemessen.

Der Spiegel, 18.8.2008

Im Bundeswirtschaftsministerium will man mindestens zehn Milliarden Euro in die Hand nehmen, um der schwächelnden Wirtschaft neue Impulse zu geben (...). Bei solchen ersten Vorüberlegungen geht es um steuerliche Entlastungen.

www.focus.de, 26.7.2008

Aufgaben

1. Fassen Sie die Gründe der konjunkturellen Risiken für die Bundesrepublik Deutschland im Sommer 2008 zusammen (M1).

2. Ordnen Sie einzelne Aussagen in den Texten von M1 den Geldströmen des Kreislaufmodells zu.

3. Zeigen Sie mit einer schlüssigen Argumentationskette die Wirkungen eines steigenden Ölpreises auf die Wirtschaftssektoren.

4. Analysieren Sie anhand des Kreislaufmodells die beabsichtigte Wirkung einer „einmaligen Steuerrückzahlung" (M1). Beurteilen Sie dabei auch Chancen und Risiken einer solchen Maßnahme.

5. Interpretieren Sie aktuelle Wirtschaftsnachrichten mit Hilfe des Kreislaufmodells.

6. Beschreiben Sie am Beispiel des Sektors Staat die Vorgehensweise bei der Erstellung des Kreislaufmodells und begründen Sie allgemein die Notwendigkeit des Arbeitens mit Modellen in der Volkswirtschaftslehre.

7. Beurteilen Sie, ausgehend vom Kreislaufmodell, die Auswirkungen einer Senkung der direkten Steuern auf private Haushalte, Unternehmen und Staat.

3.3 Zur Bedeutung der Kreislaufgrößen Sparen und Konsum

E Weltweit gespart

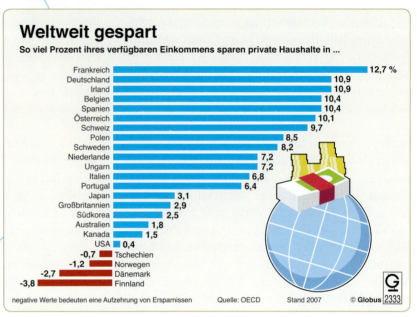

Weltweit gespart

So viel Prozent ihres verfügbaren Einkommens sparen private Haushalte in ...

Frankreich	12,7 %
Deutschland	10,9
Irland	10,9
Belgien	10,4
Spanien	10,4
Österreich	10,1
Schweiz	9,7
Polen	8,5
Schweden	8,2
Niederlande	7,2
Ungarn	7,2
Italien	6,8
Portugal	6,4
Japan	3,1
Großbritannien	2,9
Südkorea	2,5
Australien	1,8
Kanada	1,5
USA	0,4
Tschechien	-0,7
Norwegen	-1,2
Dänemark	-2,7
Finnland	-3,8

negative Werte bedeuten eine Aufzehrung von Ersparnissen   Quelle: OECD   Stand 2007   © Globus 2333

Überlegen Sie Gründe für die unterschiedlichen Sparquoten der einzelnen Länder.

Sparen oder Konsumieren? Die Bestimmungsgründe für das Sparverhalten sind vielfältig.

Grundsätzliche Zusammenhänge

„Der volkswirtschaftliche Produktionsfaktor Kapital umfasst alle Produktionsgüter, die als Gebrauchsgüter wie Gebäude, Werkzeuge und Maschinen oder als Verbrauchsgüter wie Roh-, Hilfs- und Betriebsstoffe im Produktionsprozess benötigt werden. Unter Geldkapital werden in diesem Zusammenhang alle finanziellen Mittel verstanden, die der Unternehmung für den Erwerb von Realkapital zur Verfügung stehen. Realkapital muss erst selbst produziert werden, um anschließend eine Verbesserung des Produktionsergebnisses herbeizuführen. Hierbei muss kurzfristig auf die Produktion von Konsumgütern und damit auf Konsum zugunsten der Herstellung von Produktionsgütern verzichtet werden. Dieser Konsumverzicht bedeutet volkswirtschaftlich *Sparen*. Werden die Produktionsgüter im Produktionsprozess als Realkapital eingesetzt, so spricht man von *Investieren*. Sparen und Investieren sind volkswirtschaftlich unabdingbar. Da Produktionsgüter durch Nutzung verschleißen, müssen sie ersetzt werden, damit in Zukunft eine mindestens ebenso hohe Güterproduktion wie in der Gegenwart sichergestellt ist. Soll die zukünftige Güterproduktion über das gegenwärtige Niveau hinaus angehoben werden, so müssen die Produktionsgüter ersetzt und darüber hinaus zusätzliche Produktionsgüter hergestellt werden. Die Höhe der gegenwärtigen Investitionen entscheidet über die Höhe der zukünftigen Güterproduktion."

nach: Albers 1997, S. 21 f.

Bestimmungsgrößen des Sparens und des Konsums der privaten Haushalte

Den Wirtschaftssubjekten stehen prinzipiell zwei Möglichkeiten offen, ihr verfügbares Einkommen zu verwenden: Sie können es sparen oder für den Konsum verwenden, also z. B. für Nahrungsmittel, Kleidung oder Luxusartikel.

Das *Sparverhalten* folgt vielen Motiven. Es kann zunächst als spezifische Form des Vorsorgeverhaltens, insbesondere zur Altersvorsorge, gesehen werden. Vorsorgeverhalten ist allem Anschein nach auf angeborene Verhaltensdispositionen gegründet, denn ohne Vorsorge wären die Menschen nicht überlebensfähig. Zukunftsangst bildet den mächtigen Antrieb für vorsorgende Aktivitäten, und im Vorsorgemotiv ist ein eigenständiges Bedürfnis zu sehen. Es kann die Befriedigung der unmittelbaren lebenswichtigen Bedürfnisse zwar nicht verdrängen, wohl aber lebensunwichtige Konsumwünsche beiseite schieben.

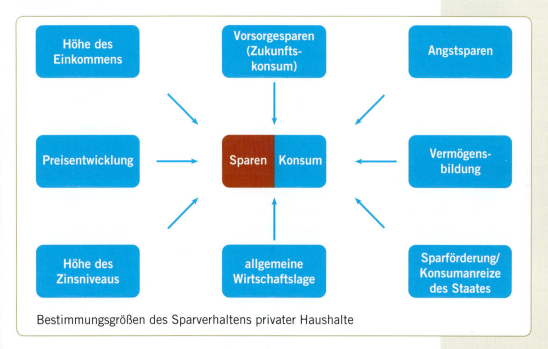

Bestimmungsgrößen des Sparverhaltens privater Haushalte

Würde ein privater Haushalt sein gesamtes Einkommen ausschließlich für den Konsum ausgegeben, so läge seine Konsumneigung bei 100 %. Dies ist aber aller Wahrscheinlichkeit nach nur in Haushalten so, die ein relativ geringes Einkommen haben: Sie benötigen ihr gesamtes Einkommen für lebensnotwendige Ausgaben und können nichts auf die hohe Kante legen. Haushalte mit hohem Einkommen können es sich dagegen leisten – neben dem Konsum von lebensnotwendigen Gütern und Luxusgütern – Geld zur Seite zu legen.

Bestimmungsgrößen des Konsums in der wissenschaftlichen Theorie

„Der britische Nationalökonom John Maynard Keynes (1883–1946) formulierte in seiner absoluten Einkommenshypothese, dass der Konsum mit steigendem Einkommen zunimmt – es werden mehr Spielsachen gekauft,

Wenn es nur
so einfach wäre ...

Das Sparmotiv eines Lords

Wie die Anekdote berichtet, meinte der steinreiche englische Lord auf die Bemerkung eines guten Freundes, er sollte sich doch endlich einen neuen Anzug leisten: „Warum, hier kennt mich doch jeder". Der besorgte Freund war mit der Antwort nicht zufrieden und verwies auf die häufigen Reisen des Lords. Der äußerte sich nur erstaunt: „Aber da kennt mich doch keiner".

Karl Georg Zinn, Die Wirtschaftskrise, Mannheim 1994, S. 71 f.

aufwendigere Urlaube gemacht, häufiger ein Restaurant aufgesucht oder aber ein größeres Auto gekauft. Eine besondere Rolle spielt hierbei die Grenzneigung zum Konsum, ausgedrückt durch die marginale Konsumquote: Sie beschreibt dabei, um welchen Betrag der Konsum steigt, wenn sich das Einkommen um eine Einheit erhöht. Eine marginale Konsumquote von 0,75 würde somit ausdrücken, dass pro einem mehr verdienten Euro die Konsumausgaben der Familie um 75 Cent steigen. Die anderen 25 Cent werden gespart.

Der oben beschriebene Zusammenhang zieht das Einkommen als maßgeblichen Einflussfaktor für das Konsumverhalten heran. Andere Untersuchungen zeigen darüber hinaus, dass die Konsumenten zwischen langfristiger und kurzfristiger Einkommensentwicklung unterscheiden und darauf ihr Verhalten abstimmen. Beispielsweise wird eine Familie geneigt sein, von einer einmalig gezahlten Prämie des Arbeitgebers deutlich mehr als nur ein Viertel zu sparen. Die Familie fragt sich also: „Ist unser derzeitiges Einkommen nur durch eine Prämienzahlung so hoch, oder können wir sogar langfristig mit einer Gehaltsverbesserung rechnen? Der amerikanische Nationalökonom und Nobelpreisträger Milton Friedman (1912–2006) unterscheidet demnach zwischen permanentem und transitorischem (vorübergehendem, später wegfallendem) Einkommen. Seine permanente Einkommenshypothese unterstellt einen proportionalen Zusammenhang zwischen permanentem Einkommen (Verzinsung des Vermögens einschließlich des künftigen Arbeitseinkommens) und Konsum. Einkommen und Konsum werden hierbei um transitorische Komponenten (Zufallsgrößen, z. B. Prämienzahlung) bereinigt.

Haushalte reagieren auf kurzfristige Einkommensschwankungen nicht unmittelbar. Nur im Falle einer langfristigen Einkommensverbesserung ist es wahrscheinlich, dass der Haushalt einen großen Teil des Einkommenszugewinns für den Konsum verwenden wird. Kurzfristige Einkommensgewinne werden überwiegend gespart. Nach der Lebenszyklushypothese des amerikanischen Ökonomen und Nobelpreisträgers Franco Modigliani (1918–2003) versuchen die Haushalte, aufgrund ihres erwarteten Lebenseinkommens die Konsumausgaben möglichst optimal auf die verschiedenen Lebensabschnitte zu verteilen. Ein wichtiger Bestimmungsfaktor für das aktuelle Konsumverhalten von heute ist somit die Erwartung bezüglich einer bereits gesicherten Altersversorgung.

Andere das Konsumverhalten beeinflussende Faktoren sind beispielsweise das bereits angesammelte Vermögen eines Haushalts oder das aktuelle Zinsniveau auf dem Kapitalmarkt. Das Konsumverhalten wird zudem durch den Keil belastet, der durch Steuern und Sozialabgaben zwischen das Brutto- und das Nettoeinkommen geschoben wird."

Buscher 2007, S. 38

Kompetent in Wirtschaft & Recht
erweitern – vertiefen – anwenden

M1 Konsumieren und Sparen

Das Auskommen mit dem Einkommen

Monatliche Durchschnittsbeträge je Haushalt in Deutschland
im 1. Halbjahr 2003 in Euro

So viel Geld...

	...stand zur Verfügung*	...wurde ausgegeben	...wurde gespart
Selbstständige (mit Freiberuflern u. Landwirten)	4 505 Euro	3 576	929
Beamte	4 444	3 917	528
Pensionäre	4 052	3 730	323
Angestellte	3 471	3 012	458
Arbeiter	2 682	2 351	330
Rentner	1 986	1 865	121
Arbeitslose	1 573	1 514	59

rundungsbedingte Differenzen

Quelle: Statistisches Bundesamt   *verfügbares Einkommen aller Haushaltsmitglieder aus allen Quellen   © Globus 9517

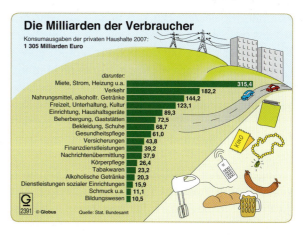

Die Milliarden der Verbraucher

Konsumausgaben der privaten Haushalte 2007:
1 305 Milliarden Euro

darunter:

Miete, Strom, Heizung u.a.	315,4
Verkehr	182,2
Nahrungsmittel, alkoholfr. Getränke	144,2
Freizeit, Unterhaltung, Kultur	123,1
Einrichtung, Haushaltsgeräte	89,3
Beherbergung, Gaststätten	72,5
Bekleidung, Schuhe	68,7
Gesundheitspflege	61,0
Versicherungen	43,8
Finanzdienstleistungen	39,2
Nachrichtenübermittlung	37,9
Körperpflege	26,4
Tabakwaren	23,2
Alkoholische Getränke	20,3
Dienstleistungen sozialer Einrichtungen	15,9
Schmuck u.a.	11,1
Bildungswesen	10,5

© Globus 2391   Quelle: Stat. Bundesamt

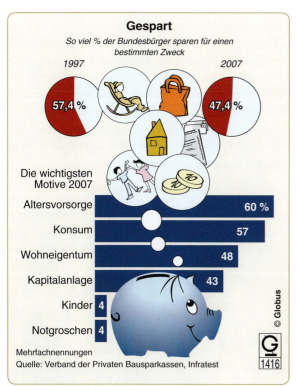

Gespart

So viel % der Bundesbürger sparen für einen bestimmten Zweck

1997 — 57,4 %   2007 — 47,4 %

Die wichtigsten Motive 2007

Altersvorsorge	60 %
Konsum	57
Wohneigentum	48
Kapitalanlage	43
Kinder	4
Notgroschen	4

Mehrfachnennungen

Quelle: Verband der Privaten Bausparkassen, Infratest

© Globus 1416

Ein neuer Spar-Rekord

Ersparnisse der privaten Haushalte in Deutschland

in Mrd. Euro

1993	1994	1995	1996	1997	1998	1999	2000	2001	2002	2003	2004	2005	2006	2007	2008
135	132	132	129	125	128	123	123	131	139	147	152	156	158	167	181

in % des verfügbaren Einkommens (= Sparquote)

| 12,1 | 11,4 | 11,0 | 10,5 | 10,1 | 10,1 | 9,5 | 9,2 | 9,4 | 9,9 | 10,3 | 10,4 | 10,5 | 10,5 | 10,8 | 11,4 |

© Globus 1888   Quelle: Stat. Bundesamt

a) Sparen die Deutschen die Wirtschaft kaputt?

Selten hielten die Bundesbürger ihr Geld so sehr zusammen wie derzeit. Die Sparquote – also der Anteil des verfügbaren Einkommens, der auf die hohe Kante gelegt wird – lag mit 14,8 Prozent im ersten
5 Quartal 2008 so hoch wie seit 15 Jahren nicht mehr. Gleichzeitig beklagt der Einzelhandel sinkende Umsätze. Bei Karstadt oder Kaufhof kriselt es, und Ketten wie Wehmeyer, SinnLeffers und Hertie melden Insolvenz an. Begründung: Flaute an der Registrier-
10 kasse.

Angesichts der aktuellen Zahlen scheint Konsumverweigerung zunächst nicht eben abwegig. Mit 3,3 Prozent markiert die Inflationsrate ein 15-Jahres-Hoch, tagtäglich erleben Verbraucher an der Tank-
15 stelle oder im Supermarkt, dass ihr Euro weniger wert ist. Zum Schock kommt die Wut: Weil sie auf Benzin und Essen nicht verzichten können, fühlen sich die Deutschen abgezockt und sparen anderweitig. Statt in die Ferne geht es im Urlaub in den Harz,
20 und das alte Auto tut es noch ein paar Jahre länger.

Nicht nur die Teuerung hält den Bürger vom Kaufen ab. Die globale Finanzkrise schürt die Angst vor einem Crash, der Konjunktureinbruch ist unübersehbar, die Wirtschaft schrumpft. Damit grassiert
25 wieder die Angst vor dem Jobverlust, die Menschen sind verunsichert. „Gerade dieses Gefühl der Verunsicherung löst verstärkte Sparanstrengungen aus – dieser Zusammenhang ist vielfach belegt", erklärt Thomas Straubhaar, Präsident des Hamburgischen
30 Weltwirtschaftsinstituts (HWWI). Es gilt der Satz: Spare in der Zeit, so hast du in der Not.

Unternehmen reagieren inzwischen ähnlich: Wenn (...) sogar ein DAX-Schwergewicht wie die Allianz eine Gewinnwarnung herausgibt, schieben
35 auch Mittelständler Investitionen auf, kürzen Ausgaben für Werbung und Marketing und setzen bei Dienstreisen den Rotstift an.

Doch ist „Vorsorgesparen" wirklich das richtige Rezept im drohenden Abschwung? Schafft es die Si-
40 cherheit, die den Deutschen so wichtig ist? Oder beschleunigt es am Ende gar den Marsch in die Rezession, in der Entlassungen zum Alltag gehören?

b) Amerika shoppt in der Not!

Es ist ein altbekanntes Elend, das Gewerkschafter, Arbeitgeber, Ökonomen und Politiker in Deutschland beklagen: die lahmende Binnenkonjunktur. Während in den USA rund drei Viertel der Wirtschaftsleistung aus dem Konsum kommen, trägt der private Verbrauch hierzulande nur 56,7 Prozent zum Bruttoinlandsprodukt bei.

Doch die Zeiten ändern sich. Zum einen scheint auch in Amerika plötzlich mehr gespart zu werden. Nachdem die US-Bürger lange weniger als ein Prozent ihres verfügbares Einkommens zur Seite gelegt hatten, schnellte die Sparquote im zweiten Quartal 2008 signifikant nach oben – auf 2,8 Prozent. Dennoch wird trotz Immobilienkrise, einer Inflation von zuletzt 4,1 Prozent und Hiobsbotschaften vom Bankensektor munter weiter konsumiert.

Preisbereinigt sank der US-Konsum im Juni [2008] nur um 0,2 Prozent im Vergleich zum Vormonat; von April bis Mai hatte er sogar um 0,3 Prozent zugelegt. Und das trotz gleichbleibend schwacher Lage am Arbeitsmarkt. Sogar die Steuerschecks, die jedem Bürger Hunderte von Dollars bescheren, werden zum Großteil umgehend ausgegeben – kein Wunder angesichts steigender Preise.

Doch was sind die Gründe für die ungebrochene Kauflust? Schließlich stehen in den Gärten vieler Vorstadthäuser Verkaufsschilder, und Ikonen der US-Wirtschaft wie GM oder Ford taumeln am Rand der Pleite. Und müsste die Angst angesichts von Hire-and-fire-Mentalität und niedrigem Kündigungsschutz in den USA nicht größer sein als in Deutschland? Hätte (...) der Durchschnittsamerikaner da nicht allen Grund, jeden Cent dreimal umzudrehen?

Am Ladentisch offenbart sich ein Zug der US-Bürger, der Deutsche oft befremdet: Wo sie Risiken sehen, wittern Amerikaner Chancen. Und finden Arbeitnehmer mit hoher Wahrscheinlichkeit rasch wieder eine Anstellung, verliert der Stellenabbau viel von seinem Schrecken. Und genau das ist in Amerika offensichtlich der Fall, wie aktuelle Zahlen der OECD belegen. Schlechte Nachrichten vom Immobilien- oder Finanzmarkt verfolgt man daher von New York bis San Francisco offenbar relativ gelassen. Bei Umfragen bezeichneten Anfang August [2008] 63 Prozent der Befragten ihre private Finanzsituation als „sehr gut" oder „okay". Sieben Prozent meinten, sie „rutschen ab", und vier Prozent sahen sich „in Not". Überraschend: Die Werte hatten sich seit 2001 kaum verändert. Und bei einer Befragung von Kleinverdienern fanden 78 Prozent, ihr Job sei sicher. Rund zwei Drittel der Amerikaner sind privat zufrieden. Ganz anders in der Bundesrepublik: Hier glauben fast zwei Drittel der Bürger, dass es wirtschaftlich bergab gehen wird, ergab vor Kurzem eine Forsa-Umfrage. Optimistisch sind nur 14 Prozent.

Thomas Wolf, Focus, 17.8.2008, Bild: Barbara Kruger, Untitled (I shop therefore I am), 1987

Aufgaben

1. Stellen Sie die wesentlichen Fakten zum Sparverhalten der Deutschen zusammen (M1).

2. Überprüfen Sie die These, dass die Sparquote mit zunehmendem Einkommen steigt. Berechnen Sie hierzu die jeweiligen Sparquoten der angegebenen Haushalte. Erläutern Sie Ihre Ergebnisse (M1).

3. Erläutern Sie die Ursachen für die hohe Sparquote in Deutschland (M1, M2a).

4. Erarbeiten Sie aus M2 Bestimmungsfaktoren für das Konsumverhalten.

5. Stellen Sie dar, warum die Konsumbereitschaft der US-Bürger – trotz wirtschaftlicher Krise – hoch ist (M2b).

6. „Nur wer konsumiert, nützt der Gesellschaft." Beurteilen Sie diese Aussage.

3.4 Gesamtwirtschaftliche Ungleichgewichte

E Aus den Wirtschaftsnachrichten

Verluste in der Finanzkrise –
Goldman Sachs sieht schwarz

Düsteres Szenario: In der Finanzkrise wurden bisher Hunderte von Milliarden verbrannt. Doch ein Ende der riesigen Verluste ist nach Ansicht der Bank Goldman Sachs noch lange nicht in Sicht.

Finanzkrise hat Arbeitsmarkt noch nicht erreicht

Die Folgen der Finanzmarktkrise haben den deutschen Arbeitsmarkt noch nicht erreicht. Die Zahl der Arbeitslosen in Deutschland sank im Oktober 2008 auf unter drei Millionen. Wie die Bundesagentur für Arbeit mitteilte, waren 2,997 Millionen Menschen arbeitslos gemeldet.

Absatz von Neuwagen bricht ein

Der Absatz der Auto-Branche bricht um bis zu 27 % ein. Viele Autos stehen auf Halde. Branche muss voraussichtlich bis zu 35.000 Stellen streichen.

Handel droht 2009 Pleitewelle

Für den deutschen Einzelhandel könnte es ein schwieriges Jahr werden: Branchenvertreter und Marktbeobachter erwarten ab Februar eine Welle von Insolvenzen.

Neufahrzeuge stehen im November 2008 auf Halde, weil sie keine Abnehmer mehr finden.

Beschreiben Sie die wirtschaftliche Lage im November 2008 und ihre möglichen Auswirkungen auf Haushalte, Unternehmen und Staat.

Zusammenstellung des Autors, November 2008

Der gesamtwirtschaftliche Gleichgewichtsbegriff

In der Wirtschaftspolitik und in der Wirtschaftstheorie spielt der Gleichgewichtsbegriff eine bedeutsame Rolle. Ganz allgemein wird unter Gleichgewicht ein Zustand ohne Änderungstendenz verstanden, die das Gleichgewicht stören könnte. Ein Haushalt oder ein Unternehmen befindet sich im Gleichgewicht, wenn er (es) seine Wirtschaftspläne realisieren kann, sodass keine Notwendigkeit für Planänderungen besteht. Ein einzelner Markt befindet sich im Gleichgewicht, wenn bei einem bestimmten Preis das Angebot und die Nachfrage übereinstimmen, also sowohl die Anbieter als auch die Nachfrager ihre Pläne in Bezug auf das betreffende Gut realisieren können. In der Volkswirtschaft würde Gleichgewicht herrschen, wenn die gesamtwirtschaftliche Nachfrage genauso groß wäre wie das gesamtwirtschaftliche Angebot, also so viel nachgefragt wie produziert würde:

$$A_{ges} = N_{ges}$$

Gesamtwirtschaftliche Ungleichgewichte

Die Gleichgewichtssituation ist die Ausnahme, da die Wirtschaftsplanung in marktwirtschaftlichen Ordnungen nicht durch eine staatliche Planungsbehörde koordiniert wird, sondern dezentral erfolgt und die Unternehmen aufgrund ihrer beschränkten Kenntnis hinsichtlich der Wirtschaftspläne der Haushalte die beabsichtigte Nachfrage nicht zutreffend voraussehen können. Der Normalfall ist daher das Ungleichgewicht:

$$N_{ges} > A_{ges} \text{ oder } N_{ges} < A_{ges}$$

Für die Differenzen zwischen dem gesamtwirtschaftlichen Angebot und der gesamtwirtschaftlichen Nachfrage gibt es eine Vielzahl von Gründen. So kann die Nachfrage die angebotene Gütermenge übersteigen, weil die privaten Haushalte aufgrund positiver Zukunftserwartungen ihre Nachfrage ausweiten, die Unternehmen mehr investieren, der Staat wegen hoher Steuereinnahmen seine Ausgaben erhöht oder es zu einer hohen Exportnachfrage kommt.

Genauso gut kann aber auch die Nachfrage geringer sein als die von den Unternehmen angebotene Gütermenge, etwa weil es zu einem Exporteinbruch kommt, die privaten Haushalte wegen drohender Beschäftigungsrisiken ihre Käufe einschränken und damit auch die Unternehmen nur noch zögerlich investieren oder der Staat seinen Verbrauch zurückfährt.

Aufgabe der Wirtschaftspolitik ist es zu untersuchen, wie sich die Teilströme des Gesamtangebots und der Gesamtnachfrage entwickeln, um davon ausgehend durch geeignete Maßnahmen die Wirtschaftsentwicklung positiv zu beeinflussen und den Konjunkturverlauf zu stabilisieren.

Ansatzpunkt ist dabei vorrangig die gesamtwirtschaftliche Nachfrage, die kurz- und mittelfristig eher veränderbar ist, als das weniger elastische gesamtwirtschaftliche Angebot.

Zu unterscheiden sind zwei unterschiedliche Ausgangslagen:

Die gesamtwirtschaftliche Nachfrage steigt

Bei freien Produktionskapazitäten führt die steigende Nachfrage, etwa ausgelöst durch staatliche Konjunkturprogramme oder durch eine gestiegene Exportnachfrage, idealtypisch zu steigender Produktion und steigenden Gewinnen. Bei anhaltender Nachfrage werden zusätzliche Arbeitskräfte benötigt und die Einkommen werden zunehmen. Das Volkseinkommen steigt und führt zu weiterer Nachfrage. Die Nachfragesteigerung führt zu einem *expansiven Effekt*.

Sind die Produktionskapazitäten ausgelastet, führt ein anhaltender expansiver Effekt zu negativen Wirkungen: Übersteigt die Nachfrage die Produktionsmöglichkeiten der Unternehmen, werden die Güterpreise erhöht und es kann zu inflationären Effekten kommen, die dann verstärkt werden, wenn es zumindest in einzelnen Branchen zu Überbeschäftigung kommt, die zu höheren Lohn- und Gehaltsforderungen führen kann.

Die gesamtwirtschaftliche Nachfrage sinkt

Umgekehrte Wirkungen treten ein, wenn die gesamtwirtschaftliche Nachfrage sinkt. Es kommt zu fallender Produktion, Gewinneinbußen bei den

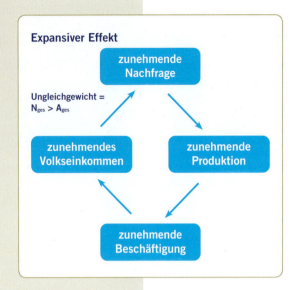

Expansiver Effekt

Ungleichgewicht =
$N_{ges} > A_{ges}$

zunehmende
Nachfrage

zunehmendes
Volkseinkommen

zunehmende
Produktion

zunehmende
Beschäftigung

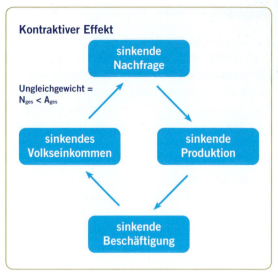

Kontraktiver Effekt

Ungleichgewicht =
$N_{ges} < A_{ges}$

sinkende
Nachfrage

sinkendes
Volkseinkommen

sinkende
Produktion

sinkende
Beschäftigung

Unternehmen, die Arbeitskräfte entlassen müssen. Die gesamtwirtschaftliche Beschäftigung sinkt, wenn die Produktionskapazitäten nicht mehr ausgelastet werden können. Es werden weniger Löhne und Gehälter gezahlt, sodass auch das Volkseinkommen abnimmt. Die rückläufige Nachfrage führt zu einem *kontraktiven Effekt*, bei meist fallenden Inflationsraten.

Die Multiplikatortheorie

„Die Multiplikatortheorie zeigt an, wie sich zusätzliche Investitionen auf Volkseinkommen und Konsumgüternachfrage auswirken.

Steigen die Investitionsausgaben, so bleiben davon die übrigen Teilströme der Nachfrage nicht unberührt: Die zusätzlichen Ausgaben bewirken nämlich zunächst eine Steigerung des Sozialprodukts und damit auch wieder zugleich des Volkseinkommens. Nehmen wir weiter an, dass die privaten Haushalte einen bestimmten Teil ihres gewachsenen Einkommens wieder konsumieren, so steigt im zweiten Schritt auch der Konsum, der wiederum zu einer entsprechenden Sozialprodukts- und Einkommenserhöhung mit nachfolgendem weiterer Konsumanstieg führt. Die gesamte Nachfragesteigerung geht also über den ursprünglichen Impuls hinaus, vervielfacht ihn und führt zu entsprechenden Verstärkereffekten (‚Multiplikatoreffekten‘). Natürlich läuft in der Realität ein solcher Multiplikatorprozess niemals ‚rein‘ und ungestört ab. Berücksichtigt man nur, dass aus dem wachsenden Volkseinkommen auch wachsende Steuern zu zahlen sind, so dass also weniger für den Konsum verbleibt, und dass ferner ein Teil der zusätzlichen Nachfrage auf Importe entfällt und insoweit nicht das Sozialprodukt des eigenen Landes erhöht, so wird der Gesamteffekt bereits viel geringer ausfallen, ganz abgesehen davon, dass der Ablauf des skizzierten Verstärker-Prozesses Zeit erfordert. Dennoch wird hier ein in nahezu allen Konjunkturerklärungen verwandtes Prinzip sichtbar, das dazu beiträgt, eine einmal eingeschlagene (positive oder negative!) Entwicklung der Volkswirtschaft zu verstärken."
Czada 1994, S. 93 ff.

M1 **Gesamtwirtschaftliche Ungleichgewichte: die Weltwirtschaftskrise 2008/2009**

a) Die Ursprünge der Finanzkrise

Der Ursprung der Finanzkrise liegt viele Jahre zurück und beginnt mit den US-Immobilien. In großem Umfang kaufen sich seit dem Jahr 2000 Amerikaner mit geringer Bonität (wenig Sicherheiten) Eigenheime und finanzieren diese mit zinsgünstigen, aber auch zinsflexiblen Darlehen. Üblicherweise ganz ohne Eigenkapital. Dies führt zu einem Kreislauf: Der Wert der Immobilien in den Boomgebieten steigt stark. Über diesen gesteigerten Wert nehmen sich die Immobilienbesitzer erneut einen Kredit, um sich Wünsche zu erfüllen. Solange der Wert der Immobilien steigt und die Zinsen stabil (niedrig) bleiben, kann sich dieser Kreislauf ungehindert weiterentwickeln. Der sogenannte Subprime-Markt, früher nur ein recht kleiner Bereich in der Immobilienfinanzierung, vervielfacht sein Volumen innerhalb von wenigen Jahren. Immobilienfinanzierer schicken ihre Vertriebsleute zu den einkommensschwachen „Subprime"-Bürgern und bringen immer mehr Kredite unter das US-Volk. Und sie fahren damit hohe Zinsgewinne ein. Zinsgewinne, von denen beispielsweise deutsche Banken wegen des margenschwachen und hart umkämpften Inlandsgeschäftes nur träumen können, aber nicht wollen: Sie kaufen deshalb über ihre Töchter oder Fondsgesellschaften von Investmentbanken meist indirekt Pfandbriefe dieses Sektors. Vermehrte Zahlungsausfälle 2007 bei Hypothekenkrediten in den USA lenken die Aufmerksamkeit auf diese spezielle Art der Suprime-Darlehen, die im Laufe der Jahre zu Hunderttausenden an nichtsolvente Hausbauer und -besitzer vergeben wurden. Finanzpapiere, die von Bankkonzernen unter Einbeziehung solcher Darlehen ausgeschüttet und gehandelt wurden, verlieren schlagartig an Wert. Die sogenannte Subprime-Krise beginnt. Ziemlich schnell stellt sich heraus, dass die Immobilienwerte selbst im ehemaligen Boomgebieten absacken, die US-Reihenhäuser stehen reihenweise leer. Damit platzen weitere Kredite, die im Vertrauen auf einen sicheren Wert des Eigenheims an deren Besitzer ausgezahlt wurden. *Karras, Stuttgarter Zeitung, 1. 9. 2007*

b) Die Wirtschaftskrise erreicht Deutschland

Seit Herbst 2008 hat sich der Abschwung in Deutschland in einem Maße verschärft, welches über eine zyklische Rezession hinausgeht. Der Hauptgrund ist die Finanz- und Wirtschaftskrise. Im ersten Quartal 2009 dürfte der Rückgang des realen Bruttoinlandsprodukts kaum schwächer als im Schlussquartal 2008 gewesen sein, als er auf Jahresrate hochgerechnet 8 % betrug. Der Einbruch bei Öl- und anderen Rohstoffpreisen hat den Preisauftrieb gedämpft – zuletzt betrug die Inflationsrate ein Prozent – und Deflationsbefürchtungen aufkommen lassen. Mittlerweile ist auch auf dem Arbeitsmarkt die Wende eingetreten, was sich in dem Anstieg der Arbeitslosenzahlen und mehr noch in der steilen Zunahme der – geförderten – Kurzarbeit widerspiegelt.

Die Wirtschaftskrise betrifft nahezu alle Bereiche, besonders aber den Export, da mehr und mehr die Wirtschaftskrise durchschlägt. Bei der Binnennachfrage hat vor allem die der Unternehmen nach Investitionsgütern deutlich nachgegeben.

Da die Entwicklung dieser Krise nicht mit früheren vergleichbar ist, besteht große Unsicherheit über ihren Fortgang. Inzwischen haben die meisten Länder geld- und fiskalpolitische Maßnahmen ergriffen, um der Krise entgegenzusteuern. In Deutschland wurde ein zweites Konjunkturpaket aufgelegt, das sich für 2009/2010 auf 50 Mrd. Euro belief. Zusammen mit dem Ende 2008 aufgelegten Konjunkturprogramm wird die deutsche Wirtschaft 2009/2010 von dieser Seite mit rund 80 Mrd. Euro gestützt. Überdies wird sie durch den Preiseinbruch bei Öl und anderen Rohstoffen in diesem Jahr um rund 30 Mrd. Euro entlastet. Die Konjunktur erhält damit erhebliche Impulse, die dem Abwärtstrend entgegenwirken und die Wirtschaft allmählich stabilisieren. Für die Entwicklung in nächster Zeit wird von Bedeutung sein, inwieweit die Unternehmen die Unterauslastung statt durch Entlassungen durch Kurzarbeit zu überbrücken versuchen. (...) Sollte die Talfahrt jedoch noch drastischer als erwartet auf den Arbeitsmarkt durchschlagen, bestünde die Gefahr einer Abwärtsspirale von Beschäftigung, Einkommen und Konsumnachfrage (...).

45 Der Einbruch der Auslandsnachfrage wird die Exporte weiter dämpfen. Die Unternehmen werden angesichts der verschlechterten Absatz- und Ertragslage sowie der gedrückten Auslastung, aber auch wegen schwieriger Finanzierungsbedingungen,
50 ihre Investitionen reduzieren.

Der private Konsum wird aufgrund vorsichtigeren Ausgabeverhaltens schwach bleiben und lediglich der Staat wird Konsum und Investitionen ausweiten, wozu die Konjunkturmaßnahmen beitragen.
55 (...) Bei der beschriebenen Entwicklung wird das reale Bruttoinlandsprodukt 2009 um knapp 4% niedriger als 2008 sein. Die Beschäftigung wird sinken. Die Zahl der Arbeitslosen wird im Jahresverlauf um etwa eine dreiviertel Million zunehmen. (...)

Die konjunkturellen Unwägbarkeiten bleiben immens, es überwiegen weiterhin die Abwärtsrisiken. Weitere „Nachbeben" im Finanzsektor würden die Realwirtschaft weiter nach unten ziehen. Es droht eine Ausweitung der Krise und möglicherweise ein Abrutschen in die Depression.

nach: Jörg Hinze, Konjunkturschlaglicht: Deutschland in der Krise, in: Zeitschrift für Wirtschaftspolitik 3/2009, S. 202 f.

Karikatur: Greser und Lenz

Eckdaten für Deutschland (Veränderungen in % gegenüber dem Vorjahr)

	2006	2007	2008	2009	2010
Bruttoinlandsprodukt[1]	3,0	2,5	1,3	-3,8	1,0
Private Konsumausgaben	1,0	-0,4	-0,1	-0,5	0,9
Konsumausgaben des Staates	0,6	2,2	2,0	1,6	1,5
Anlageinvestitionen	7,7	4,3	4,4	-5,7	0,5
Ausrüstungen	11,1	6,9	5,9	-10,0	-0,0
Bauten	5,0	1,7	3,0	-2,2	0,8
Sonstige Anlagen	8,0	8,0	6,6	-0,5	1,9
Inlandsnachfrage	2,1	1,1	1,7	-1,2	0,6
Ausfuhr	12,7	7,5	2,7	-11,5	4,0
Einfuhr	11,9	5,0	4,0	-6,5	3,4
Arbeitsmarkt					
Erwerbstätige	0,6	1,7	1,4	-1,2	-1,2
Arbeitslose (Mio. Personen)	4,49	3,78	3,27	3,62	4,04
Arbeitslosenquote[2] (in %)	10,3	8,7	7,5	8,3	9,3
Verbraucherpreise	1,6	2,3	2,6	0,3	1,0
Finanzierung des Staates (in % des BIP)	-1,5	-0,2	-0,1	-3,0	-4,0
Leistungsbilanzsaldo[3] (in % des BIP)	6,1	7,5	6,5	4,7	5,1

[1] Preisbereinigt. [2] Arbeitslose in % der inländischen Erwerbspersonen (Wohnortkonzept). [3] In der Abgrenzung der Zahlungsbilanzstatistik

Quellen: Statistisches Bundesamt; Deutsche Bundesbank; Bundesagentur für Arbeit; 2009 und 2010; Prognose des HWWI

Aufgaben

1. a) Beschreiben Sie anhand einer Wirkungskette, wie steigende Exporte einen expansiven Effekt auslösen können.
   b) Erläutern Sie je zwei mögliche Wirkungshemmnisse auf Seiten der privaten Haushalte und der Unternehmen, die einem idealtypischen Ablauf entgegenstehen.

2. a) Untersuchen Sie, wie sich die Teilströme der gesamtwirtschaftlichen Nachfrage in der gegenwärtige Konjunkturlage (M1, M2) entwickeln.
   b) Erläutern Sie davon ausgehend das Verhältnis von Gesamtangebot und Gesamtnachfrage.

3. a) Die Multiplikatortheorie ist ein Beispiel für ökonomische Modellbildung. Zeigen Sie anhand von M1, dass Multiplikatoreffekte auch kontraktive Wirkungen haben können.
   b) Stellen Sie Unterschiede zwischen Modell und Realität dar.

4. Erklären Sie die grundsätzlichen Zusammenhänge zwischen den gesamtwirtschaftlichen Größen Sparen, Konsum und Investition in der in M1 und M2 dargestellten Konjunkturlage.

● Methode: Informationen verständlich präsentieren

Kommunikation bestimmt unser Leben

... in der Familie ...

... in der Politik ...

... im Unterricht ...

... im Beruf ...

Waltraud u. Dieter-W. Allhoff, Rhetorik und Kommunikation, Regensburg 1996, S. 14 f.

Vorüberlegungen bei einer Präsentation

Was ist Ziel einer Präsentation?
Wer sind die Adressaten?
Welcher Informationsstand kann vorausgesetzt werden?
Welche Inhalte sollen weitergegeben werden?
Welche Möglichkeiten der Veranschaulichung kommen in Frage?

Aufbau einer Präsentation

Die Dreigliederung – Einleitung, Hauptteil, Schluss – bewährt sich als Grundriss eines Vortrags.

Einleitung:
Wichtig ist, beim Zuhörer Interesse und Neugier für das Vortragsthema zu wecken, z. B. durch eine witzige, themenbezogene Anekdote, eine überraschende Frage, eine provozierende Aussage oder eine passende Karikatur. In der Einleitung sollte auch die Zielsetzung des Vortrags genannt werden.

Hauptteil:
Die Informationen müssen strukturiert werden, so dass ein „roter Faden" erkennbar wird. Die Zuhörer müssen den Ausführungen folgen können. Zwischenüberschriften etwa auf einer Folie oder Tafel sind hilfreich.

Schluss:
Eine Kurzzusammenfassung und ein Rückgriff auf die in der Einleitung aufgeworfenen Fragen runden den Vortrag ab. Provokative Aussagen können eine sich anschließende Diskussion in Gang bringen.

Medieneinsatz

Informationen werden in erster Linie über die Augen aufgenommen.

Visuelle Informationen wie Diagramme, Tabellen oder Karikaturen, die auf sorgfältig erstellten Overhead-Folien präsentiert werden, machen den Vortrag anschaulich und unterstützen den Vortrag. Durch die Möglichkeit, Informationen zu digitalisieren, ist mit dem Computer ein Medium entstanden, das unterschiedliche Darstellungsformen auf eine Plattform vereinigt und in einer multimedialen Präsentation zusammenführt. Texte, Bilder, Ton und Video können am Computer bearbeitet und mit einem Präsentationsprogramm den Zuhörern vorgeführt werden. Neben dem Computer ist ein Video-Beamer erforderlich.

Rhetorische Grundregeln

- Die Zuhörer benötigen Zeit zur Aufnahme der Informationen. Es ist daher auf ein langsames Sprechtempo und deutliche Aussprache zu achten. Wichtiges lässt sich durch Änderung der Sprechgeschwindigkeit (schnell/langsam) oder der Lautstärke (laut/leise) hervorheben. Gelegentliche Sprechpausen erhöhen die Aufmerksamkeit.

- Freie Rede ist zwingend notwendig. Das Manuskript sollte nur Stichworte enthalten.
- Augenkontakt mit wechselnden Personen erhöht die Aufmerksamkeit.
- Brille zurückschieben, Nase reiben, auf die Lippen beißen, spielen mit dem Kugelschreiber: Situationsunabhängige, häufig wiederkehrende Körperbewegungen, die meist unbewusst ausgeführt und selbst nicht wahrgenommen werden, irritieren den Zuhörer. Durch Videoaufnahmen und Selbstkontrolle kann dies verhindert werden.
- Auch der Körper „spricht". Natürliche, eher sparsame Mimik und Gestik machen glaubwürdig, überzogene Gestik wirkt aufgesetzt und peinlich. Eine aufrechte Körperhaltung strahlt Sicherheit aus. Einüben lässt sich Körpersprache durch bewusste Selbstwahrnehmung in Situationen, durch Beobachtung anderer oder Videoaufnahmen von selbst gehaltenen Referaten.

Beurteilungskriterien eines Vortrags/Referats Redner(in): _____ Thema: _____ Redeziel: _____		A	B	C	D	Redezeit ___ Minuten ☐ zu lang ☐ angemessen ☐ zu kurz
Blickkontakt	Jeder fühlt sich angesprochen, Rede möglichst frei					fehlt, unsicher, einseitig; stur vom Blatt abgelesen
Mimik	mit natürlichem Ausdruck, entspannt, freundlich					gekünstelt, angespannt, unfreundlich, ohne Ausdruck
Gestik/Haltung	unterstreicht die Aussage, öffnet sich den Zuhörern					blockiert, verschlossen, abgewandt, steif; übertrieben
Sprache	verständlich in der Artikulation, Wortwahl, Satzbau und Tempo					unverständlich, unangemessen, weder Pausen noch Variationen
Gliederung	klar erkennbar, zielgerichtet; Ohröffner					nicht nachvollziehbar, ungeschickt, assoziativ
Argumentation	vernünftig, treffend, überzeugend					unlogisch, Thesen oder Argumente nicht annehmbar
Sachwissen	fundiertes Wissen, gute Fragestellung und Schwerpunktsetzung					falsch, ungenau, irrelevant; schlecht vorbereitet
Redeziel (s. o.)	den eigenen Standpunkt klargemacht, Zuhörer überzeugt					Redeziel verfehlt, Meinung des Redners unklar
A: sehr gut; B: gut; C: kann verbessert werden; D: muss verbessert werden						

Stephan Gora, Grundkurs Rhetorik, Eine Einführung zum freien Sprechen. Lehrerheft, Stuttgart 1992, S. 52

Weltweit verläuft die **Wirtschaftsentwicklung** nicht stetig, sondern unterliegt Schwankungen. Unterscheiden lassen sich die Wirtschaftsschwankungen nach ihrer zeitlichen Dauer:

- strukturelle Veränderung in der Wirtschaft, z. B. durch grundlegende technische Neuerungen, sind langfristiger Natur
- saisonale Schwankungen sind kurzfristig und jahreszeitlich bedingt
- Konjunkturschwankungen sind mittelfristige Wachstumsschwankungen (Zyklendauer 4–6 Jahre)

Ein **Konjunkturzyklus** hat vier idealtypische Phasen:

- Aufschwung: steigende Wachstumsraten des BIP, die Arbeitslosigkeit nimmt ab
- Hochkonjunktur (Boom): stagnierende Wachstumsraten (auf hohem Niveau) und niedrige Arbeitslosigkeit
- Abschwung/Rezession: sinkende Wachstumsraten, stagnierende oder leicht zunehmende Arbeitslosigkeit
- Depression: negative Wachstumsraten, starker Anstieg der Arbeitslosigkeit

Veränderungen der Konjunktur wirken sich auf verschiedene ökonomische Größen aus, die als **Konjunkturindikatoren** für Konjunkturprognosen herangezogen werden können. Man unterscheidet Frühindikatoren (z. B. Geschäftsklimaindex), Präsensindikatoren (z. B. Bruttoinlandsprodukt) und Spätindikatoren (z. B. Arbeitslosenquote).

Arbeitsteilig organisierte Volkswirtschaften sind durch millionenfache Tauschvorgänge zwischen unterschiedlichen Wirtschaftssubjekten gekennzeichnet. Um eine Übersicht über dieses Beziehungsgeflecht zu erhalten, bedient man sich des **Kreislaufmodells**. Mit ihm können die zusammengefassten Geldströme zwischen den Sektoren privater Haushalte, Unternehmen, Staat, Ausland und dem Vermögensveränderungssektor bildhaft dargestellt und analysiert werden.

Die **Volkswirtschaftliche Gesamtrechnung** (VGR) greift das Konzept des Wirtschaftskreislaufs auf, erweitert ihn und füllt ihn mit Zahlen auf. Aus den Daten der VGR lässt sich das **gesamtwirtschaftliche Angebot** ermitteln, dass sich aus der Summe der Produktionswerte und der Import ergibt. Ihm gegenüber steht die **gesamtwirtschaftliche Nachfrage**. Sie besteht aus dem privaten und staatlichen Konsum, den Bruttoinvestitionen und den Exporten, also der Nachfrage des Auslands. Zieht man von der Gesamtnachfrage die Importe ab, erhält man die zentrale Größe der VGR, das **Bruttoinlandsprodukt**. Es erfasst alle Leistungen, die innerhalb der geographischen Grenzen Deutschlands erbracht werden, gleichgültig, ob es sich um inländische oder ausländische Unternehmen handelt (Inlandskonzept).

Die Wirtschaftssubjekte können ihr verfügbares Einkommen **sparen** oder für den **Konsum** verwenden. Beeinflusst werden beide Größen vor allem durch die Einkommenshöhe der privaten Haushalte und durch die Höhe der Sparzinsen. Heute spielt der Konsum der privaten Haushalte als größter Posten der Gesamtnachfrage eine bestimmende Rolle für die Höhe der Produktion und damit der Beschäftigung.

Werden alle von den Unternehmen angebotenen Güter auch nachgefragt, befindet sich die Volkswirtschaft im **Gleichgewicht**. Ein solches Gleichgewicht ist die Ausnahme und tritt nur kurzfristig auf. Der Normalfall ist das **Ungleichgewicht**. Ein Nachfrageüberhang, ausgelöst etwa durch steigende Exporte, führt idealtypisch zu einem **expansiven Effekt** mit einer Ausweitung der Produktion, steigender Beschäftigung und zunehmendem Volkseinkommen. Umgekehrte Wirkungen treten bei einem **kontraktiven Effekt** ein.

4 Wirtschaftliche Problemlagen: Grundlegende Konzepte der Wirtschaftspolitik

Märkte brauchen jetzt lockere Geldpolitik

Renaissance der Fiskalpolitik

Konsumforscher fordern zur Steuersenkung auf

Schwerste Finanzkrise seit den 30er-Jahren
Georg Soros zieht gegen das Laisser-faire zu Felde

Staatliche Allmachtsphantasie
Mit der Steuerung der gesamtwirtschaftlichen Nachfrage und Steigerung der Massenkaufkraft können in einer auf marktwirtschaftlichen Prinzipien beruhenden Wirtschaftsordnung keine dauerhaften Erfolge bei Wachstum und Beschäftigung erzielt werden.

Opposition hält Konjunkturpaket für „Nullnummer"

Die Marktwirschaft führt aus der Krise

Sinnloses Gegensteuern – gegen eine Abkühlung der Wirtschaft helfen keine Konjunkturprogramme

Mehr Freiraum wagen

Warum die Wirtschaft den Konsum braucht

Was wissen wir über Konjunkturprogramme?

1. Ordnen Sie die Schlagzeilen aus dem Jahr 2008 im Hinblick auf die Rolle des Staates (aktiv/passiv) in der Wirtschaftspolitik.

2. Markieren Sie eine „Positionslinie" in der Mitte des Klassenzimmers. Die beiden Hälften markieren die unterschiedlichen Meinungen bezüglich der Rolle des Staates in der Wirtschaftspolitik (aktiv/passiv). Stellen Sie sich entlang der Positionslinie auf und halten Sie das Ergebnis fest. (Am Ende der Unterrichtseinheit kann eine erneute Positionierung erfolgen.)

4.1 Die Nachfragetheorie

E Die Weltwirtschaftskrise 1929: das Ende der klassischen Finanzpolitik

1929 setzte ein wirtschaftlicher Niedergang ein, wie ihn die Welt im Industriezeitalter bis dahin nicht erlebt hatte. Deutschland zählte zu den Ländern, die von der Weltwirtschaftskrise kurz, aber hart getroffen wurden. 1929, 1930, 1931 und 1932 ging das Sozialprodukt pro Kopf um 5,0, 4,2, 12,1 und 5,0 % zurück. 1932 war es gegenüber 1928 um 26,3 % gefallen und lag ungefähr wieder auf dem Niveau der Jahrhundertwende. Die Industrieproduktion sank sogar um über 40 %. Auf dem Höhepunkt der Depression in den Wintern 1931/32 und 1932/33 machte die Arbeitslosenrate gut 30 % aus. (...) Insgesamt waren die Auswirkungen der Krise fast mit denen des Ersten Weltkrieges zu vergleichen – auch hinsichtlich der Not und des Elends.

Die Wirtschaftspolitik in der Weltwirtschaftskrise ist untrennbar mit dem Namen des damaligen Reichskanzlers Heinrich Brüning verbunden, der der Regierung vom März 1930 bis zum Mai 1932 vorstand. (...) Im Mittelpunkt seiner Politik standen die Konsolidierung der Staatsfinanzen und die Streichung der Reparationen. (...)

Über die Notwendigkeit, die Staatsfinanzen zu sanieren, bestand praktisch bei allen Parteien Konsens. Die Steuereinnahmen sanken, die Sozialausgaben stiegen, und die Verschuldung des Reiches überschritt im März 1930 die magische Grenze von 10 Mrd. RM. Um einen Ausgleich der öffentlichen Haushalte zu erreichen, wurden 1930/31 auf der Einnahmenseite Steuern und Abgaben erhöht bzw. neu eingeführt: direkte wie die Lohnsteuer, das „Notopfer" oder die „Bürgersteuer", die Beiträge zur Arbeitslosenversicherung, vor allem aber indirekte Steuern wie die Verbrauchssteuern auf Zucker, Tabak, Bier, Mineralöl etc., die Zölle und die Umsatzsteuer.

Auf der Ausgabenseite wurden folgende Aufwendungen zum Teil drastisch, d.h. um 20 % und mehr, gekürzt: die Gehälter, Löhne und Pensionen der öffentlich Bediensteten, die Zahlungen an Arbeitslose, Rentner und Kriegsopfer, die Diäten und Aufwandsentschädigungen. Zudem wurde der Kreis der Unterstützungsempfänger konsequent eingeschränkt. Der Bau öffentlicher Gebäude wurde gestoppt. Mit administrativen Reformen sollten Behörden verkleinert werden; der „schlanke Staat" wurde schon damals gefordert. Besonders wichtig war, dass die unbegrenzte Zuschusspflicht des Reiches zur Arbeitslosenversicherung aufgehoben und der Reichshaushalt von der Versicherung abgekoppelt wurden. Als Ergebnis dieser einschneidenden Maßnahmen nahm das Volumen des Reichshaushalts parallel zum Rückgang des Sozialproduktes ab. Auch der Trend zu einem wachsenden Defizit konnte gestoppt werden. Am Umfang der kurzfristigen Verschuldung änderte sich allerdings nichts. Ein Ausgleich des Haushalts wurde knapp verfehlt. Als Konsequenz dieser Politik ergab

Die Weltwirtschaftskrise stürzte weltweit Menschen in bittere Not. Arbeitsloser mit Brustplakat.

Deflation
Prozess stetiger Preissenkungen in der Volkswirtschaft, d.h., Waren und Dienstleistungen werden fortwährend billiger. Deflation liegt vor, wenn der gesamtwirtschaftlichen Gütermenge eine zu geringe Geldmenge gegenübersteht, die Gesamtnachfrage also geringer ist als das volkswirtschaftliche Gesamtangebot.

sich eine Umschichtung der öffentlichen Lasten, die von den wirtschaftlichen Interessenverbänden und den bürgerlichen Parteien so nachhaltig gefordert wurde: Lohnsteuerzahler und Verbraucher mussten trotz extremer Arbeitslosigkeit und stark fallender Kaufkraft einen immer höheren Anteil an den öffentlichen Einnahmen leisten, während der Anteil der Einkommenssteuerzahlen und Unternehmen permanent zurückging. (...)

Das zweite Maßnahmenbündel kann als Deflationspolitik bezeichnet werden, zielte es doch auf eine Senkung des Preis- und Lohnniveaus, um die Wettbewerbsposition der deutschen Unternehmen auf den internationalen Märkten zu verbessern. Zum einen bestand es aus immer wiederkehrenden Appellen an die Unternehmer, die Preise freiwillig zu senken. Daneben wurden aber viele – z. B. durch Kartelle oder Syndikate – gebundene Preise, öffentliche Tarife und Mieten, Gebühren und Provisionen im Bankgewerbe zwangsweise gesenkt. Trotz des anfänglichen Widerstands der Reichsbank konnten auch eine 1%ige Senkung des Diskontsatzes[1] im Zusammenhang mit der vierten Notverordnung vom Dezember 1931 und die gleichzeitige Herabsetzung aller anderen Zinssätze erreicht werden. Ein Kommissar für Preisüberwachung sollte dafür sorgen, dass die Preissenkungen von der Produktion über den Handel auch wirklich an die Verbraucher weitergereicht wurden. Schließlich senkte die Regierung die Tariflöhne und -gehälter, wozu sie die Zwangsschlichtung wieder einführte. (...) Von der 20%igen Deflation dürften bis zu 15% auf administrative Maßnahmen zurückzuführen sein.

Edward North, Deutsche Wirtschaftsgeschichte, München 2002, S. 316–319

1. Fassen Sie die Maßnahmen der Regierung Brüning zur Bekämpfung der Weltwirtschaftskrise zusammen.

2. Zeigen Sie Alternativen zu Brünings Wirtschaftspolitik in dieser Situation auf. Diskutieren Sie Möglichkeiten und Grenzen ihrer Vorschläge.

[1] Diskontsatz = Zinssatz, zu dem sich die Geschäftsbanken Geld bei der Reichsbank leihen konnten (heute: Basiszins).

John Maynard Keynes

Der britische Nationalökonom *John Maynard Keynes* wurde am 5.6.1883 in Cambridge geboren; er starb am 21.4.1946. Mit seinem Hauptwerk, die „Allgemeine Theorie der Beschäftigung, des Zinses und des Geldes" (1936) – einem leider schwer verständlichen Buch –, begründete Keynes die makroökonomische Theorie, indem er das Denken in gesamtwirtschaftlichen Kategorien einführte, die den Umgang mit aggregierten Größen (Investitionen, Konsum, Einkommen und Produktion) ermöglichten. Kennzeichnend für den britischen Wirtschaftswissenschaftler war eine enge Verzahnung von Theorie und Praxis. So arbeitete er für das britische Finanzministerium als Chefunterhändler für die Friedensverhandlungen in Versailles (1919), trat allerdings von dieser Position zurück, da er die alliierten Reparationsforderungen für volkswirtschaftlich nicht vertretbar hielt. Er war als Versicherungs- und Investmentmanager erfolgreich und lehrte an der Universität von Cambridge. In den vierziger Jahren nahm er für Großbritannien an den Verhandlungen über die Schaffung des Systems von Bretton Woods teil. Bis heute werden seine Thesen, die u. a. Eingang in die Wirtschaftspolitik von US-Präsident Franklin D. Roosevelt fanden, diskutiert und weiterentwickelt. Die „keynessche Revolution" stellte den größten Paradigmenwechsel in der Geschichte der Volkswirtschaftslehre dar.

John Maynard Keynes
(1883–1946)

„In the long run we are all dead. Economists set themselves too easy, too useless a task if in tempestuous seasons they can only tell us that when the storm is long past the ocean is flat again."

Tract on Monetary Reform, 1923

Keynes Antwort auf die Weltwirtschaftskrise: die Nachfragetheorie

„Angesichts der Weltwirtschaftskrise rieten die führenden Ökonomen den Regierungen, abzuwarten und bei den öffentlichen Ausgaben zu sparen. (…) John Maynard Keynes hingegen forderte genau das Gegenteil. Er empfahl der britischen Regierung, sich bei den Banken Geld zu leihen und damit Aufträge an die Industrie zu finanzieren. Die aufgenommenen Kredite könne man in der dann folgenden Boomphase, wenn bei hoher Beschäftigung die Steuern reichlicher fließen, wieder zurückzahlen.

Das keynessche Rezept des sogenannten *Deficit-Spending* bildet heute einen normalen Bestandteil der Fiskalpolitik. Damals jedoch war es ein Frontalangriff gegen die herrschende Lehre der Klassiker, die staatliche Interventionen in den Wirtschaftsablauf ablehnten und darauf vertrauten, dass sich auf lange Sicht automatisch ein Gleichgewicht bei Vollbeschäftigung einstellen werde. Die von Keynes darauf gegebene Antwort ist Legende: ‚In the long run‘, bemerkte er, ‚we are all dead.‘ Keynes stellte die Grundpfeiler des klassischen Systems in Frage: Das Saysche Theorem könne unter anderem deshalb nicht funktionieren, da die Leute Geld nicht nur halten, um damit Güter zu kaufen oder Wertpapiere zu erwerben (deren Gegenwert dann als Kredit den Investoren zufließt), sondern auch als Wertaufbewahrungsmittel in Form einer sogenannten Spekulationskasse. Durch dieses Horten von Geld kommt es zu einem effektiven Nachfrageausfall. Erschwerend tritt hinzu, dass die Löhne nach unten nicht flexibel sind, sondern starr. Dadurch ist der zweite von den Klassikern behauptete Mechanismus der Anpassung in Richtung eines Gleichgewichts bei Vollbeschäftigung blockiert. Vielmehr besteht die Gefahr, dass es zu einem Unterbeschäftigungsgleichgewicht kommt, aus dem sich die privaten Wirtschaftssubjekte alleine nicht befreien können (siehe Schaubild).

Es kann deshalb nach Keynes nur der Staat sein, der durch eine expansive Politik die fehlende gesamtwirtschaftliche Nachfrage erzeugt und damit einen multiplikativen Aufschwung in Gang setzt. Im Schaubild würde sich die Nachfragekurve nach rechts verschieben. Bei steigendem Preisniveau (und – damit verbunden – sinkenden Reallöhnen) nehmen die Produktion und die Beschäftigung zu. Dabei unterstellt Keynes (zumindest entsprechend der populären Interpretation der keynesschen Werke), dass die Arbeiter der Geldillusion unterliegen: Sie erkennen den vollen Umfang der Preisniveauerhöhung nicht und akzeptieren deshalb die entstehende Reallohnsenkung.

Fiskalpolitik

Einsatz der öffentlichen Finanzen (Einnahmen und Ausgaben) im Dienste der Konjunktur- und Wachstumspolitik.

Saysches Theorem

Nach dem französischen Nationalökonomen Jean Baptiste Say (1767–1832) bezeichneter ökonomischer Lehrsatz, bei dem angenommen wird, dass sich jedes volkswirtschaftliche Angebot seine eigene Nachfrage selbst schafft, da mit der Herstellung von Gütern gleichzeitig das Geld verdient wird, um diese Güter zu kaufen. Gesamtwirtschaftliches Angebot und Nachfrage haben danach die Tendenz zu einem Gleichgewichtszustand, bei dem Vollbeschäftigung herrscht.

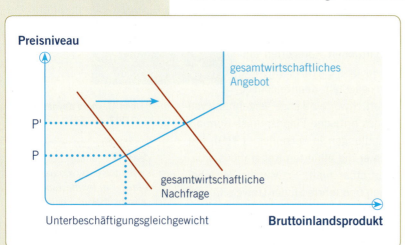

Um die Vorstellungen des Keynesianismus zu erläutern, können wir auf das Beispiel zurückgreifen, in dem ein Volk Güter im Wert von 1 Milliarde produziert und 100 Millionen des dabei entstehenden Einkommens spart. Anders als im System der Klassik ist nach Keynes jedoch keineswegs sichergestellt, dass das gesparte Geld bei der Bank angelegt (oder direkt investiert) wird. Vielmehr können die Sparer es für sinnvoll erachten, ihr Geld erst einmal liquide zu halten. Diese Mittel sind nicht für die kreditweise Finanzierung von Investitionen verfügbar, sodass es zu einem Nachfrageausfall kommt. Wenn also, um im Beispiel zu bleiben, von den 100 Millionen Ersparnis 10 Millionen gehortet und nur 90 Millionen investiert werden, dann findet eine Produktion von 10 Millionen keinen Käufer. Daraufhin werden Unternehmer künftig weniger produzieren, es entsteht Arbeitslosigkeit.

Die Existenz der Spekulationskasse ist ein Grund dafür, dass Keynesianer die Wirksamkeit der Geldpolitik skeptisch beurteilen. Wenn nämlich ein (seitens der Zentralbank) erhöhtes Geldangebot gehortet wird, kommt es zu keiner Zinssenkung und damit auch zu keiner Investitionszunahme. Diese Situation wird als Liquiditätsfalle bezeichnet. Daneben werden die Unternehmen selbst bei sinkenden Zinsen nicht zu Neuinvestitionen bereit sein, wenn sie pessimistische Erwartungen hinsichtlich der zu erzielenden Gewinne hegen (sogenannte Investitionsfalle). Grafisch äußert sich die Situation der Liquiditäts-, ebenso wie die der Investitionsfalle in einer im Extremfall senkrechten, also völlig starren Nachfragekurve.

Auswirkungen der keynesschen Theorie auf die Wirtschaftspolitik

Die Gedanken des von Keynes und seinen Anhängern entwickelten Keynesianismus haben die Theorie und die Wirtschaftspolitik nach dem Zweiten Weltkrieg so nachhaltig beeinflusst, dass man von der ‚keynesschen Revolution' sprach. Das Konzept der keynesschen Globalsteuerung fand beispielsweise im deutschen Stabilitätsgesetz von 1967 seinen Niederschlag. Es bildet die Grundlage dafür, dass der Staat von Fall zu Fall (diskretionär) in den Wirtschaftsablauf eingreift. Als Mittel der Stabilisierungspolitik kommen insbesondere fiskalpolitische Maßnahmen – also die Variation von Steuern bzw. Staatseinnahmen und Staatsausgaben – in Frage. Auch die Geldpolitik kann bzw. soll nach keynesscher Vorstellung zum Zwecke der Konjunktursteuerung eingesetzt werden. Wie gesagt, wird ihre Durchschlagskraft aber bezweifelt." *Sperber 2007, S. 127 ff.*

● **Klassik/Klassiker**
Die nationalökonomischen Klassiker (Adam Smith, David Ricardo, John Stuart Mill u. a.) gingen davon aus, dass eine dem freien Spiel der Marktkräfte überlassene Volkswirtschaft zu einem Optimum tendiert, d. h. zu einen Gleichgewicht von Angebot und Nachfrage bei Vollbeschäftigung. Dabei ist die entscheidende Triebfeder der Eigennutz, der ganz von selbst dem Gemeinwohl dient. Der Staat sollte in das gesamtwirtschaftliche Geschehen nicht eingreifen.

M1 Die Grenzen staatlicher Konjunktursteuerung

Fiskal- und Geldpolitik haben heute die Mittel, tiefe Rezessionen und übermäßige Inflation zu vermeiden. Diese Instrumente und die Bereitschaft, sie auch einzusetzen, sind ein wichtiger Grund dafür, dass Konjunkturschwankungen in den vergangenen 50 Jahren schwächer geworden sind. Die Menschen können sich heute relativ sicher sein, dass wir nicht wieder Inflations- und Deflationsdebakel wie in den 20er und 30er Jahren des 20. Jahrhunderts erleben werden.

Schwieriger sieht es mit einer Feinsteuerung der Wirtschaft aus. (…)

Eine aktive Konjunkturpolitik mit dem Ziel, die Produktionskapazitäten in jedem Moment voll auszulasten, birgt Probleme. Zum einen ist nur schwer zwischen mangelnder Nachfrage und tieferen Strukturproblemen zu unterscheiden. Es gibt zudem kaum Beweise, dass eine aktive Fiskalpolitik die Wirtschaft stabilisieren kann.

Veränderungen bei der Besteuerung und den Staatsausgaben können eingesetzt werden, sind aber nicht sonderlich effektiv. Ausgabenimpulse versickern zum Teil über höhere Importe ins Ausland. Im Fall von Steuersenkungen besteht die Gefahr, dass diese nicht die Nachfrage, sondern nur die Ersparnis erhöhen. Eine Ausweitung der Staatsbeschäftigung oder eine zeitweilige Veränderung der indirekten Besteuerung

ist effektiver. Durch die erste Maßnahme steigt die Erwerbstätigkeit und damit die Lohnsumme. Eine solche Politik ist aber nur schwer schnell umzusetzen. Die zweite Option verleitet Verbraucher dazu, Anschaffungen vorzuziehen. Jedoch drohen beide Instrumente bei häufiger Verwendung die Unsicherheit in der Wirtschaft zu steigern und damit das Wachstumspotenzial zu verringern.

Auch die Geldpolitik kann kaum alle Schwankungen abfangen. Eine Zinssenkung mag Verbraucher verleiten, Anschaffungen vorzuziehen, aber der Effekt ist nicht stark. Schätzungen zufolge kann eine Lockerung um einen Prozentpunkt über ein Jahr das BIP um 0,2 bis 0,6 Prozent erhöhen. Häufige Änderungen des Zinssatzes bergen allerdings ebenfalls das Risiko, die Wirtschaft durch höhere Unsicherheit zu destabilisieren.

Die Politik sollte deshalb akzeptieren, dass eine Feinsteuerung der Konjunktur die Kosten nicht wert ist. Kleinere Veränderungen im geld- oder fiskalpolitischen Kurs haben kaum Auswirkungen. Umfangreiche Zinssenkungen oder Ausgabenprogramme können die Wirtschaft stabilisieren, sind jedoch nur erforderlich, wenn eine ernste Krise droht.

Ray Barrell, Financial Times Deutschland, 9.9.2003

M2 Was die Erfahrung lehrt

Seit in der sozial-liberalen Regierungsära trotz zahlreicher Konjunkturprogramme Arbeitslosigkeit und Staatsschulden massiv stiegen, ist Nachfragepolitik hier zu Lande in Misskredit geraten, ihr werden nur noch schuldentreibende „Strohfeuereffekte" zugetraut. Verwiesen wird auch oft auf den kreditfinanzierten Wiedervereinigungsboom und als Gegenbeispiel auf die Konsolidierungspolitik der 80er Jahre.

Diese Urteile orientieren sich jedoch jeweils nur am Endergebnis dieser Politikperioden, ohne die Ursachen zur Kenntnis zu nehmen. So gelang es in der Rezession von 1974/75 mit zwei Investitions-

programmen sowie einer Steuersenkung durchaus, den Anstoß zu einem kräftigen Wirtschaftswachstum von 5,3 Prozent im Jahre 1976 zu geben. Die expansiven Maßnahmen wurden jedoch durch die „Doppelstrategie" einer schon 1976 einsetzenden Sparpolitik unterlaufen. Der Aufschwung erschlaffte, bevor er auf den Arbeitsmarkt hatte durchschlagen können, sodass 1977 und 1978 „nachgebessert" werden musste. In der Rezession um 1982 übertrafen Ausgabenkürzungen und Steuererhöhungen das gleichzeitige Beschäftigungsprogramm sogar um ein Mehrfaches. „Redlich zwar, vergaßen sie nun aus lauter Angst die ganze Keynes'sche Lehre", so „Zeit"-Verleger Gerd Bucerius 1982.

Übersehen wird auch, dass die Rezession von 1967 von der damaligen Großen Koalition mit einem Konjunkturprogramm rasch überwunden und ein starker, bis 1973 anhaltender Aufschwung mit Wachstumsraten von bis zu 7,5 Prozent (Schnitt fünf Prozent) eingeleitet werden konnte. Dieser Erfolg verführte allerdings etliche Politiker zu dem Irrglauben, Vollbeschäftigung sei bereits mit globaler Nachfragepolitik zu sichern. Moderate Lohnsteigerungen, Angebotspolitik sowie Konjunkturdämpfung und Schuldenrückzahlung in Boomjahren seien unwichtig. Sprudelnde Steuerquellen verleiteten alle Parteien zu zusätzlichen Staatsausgaben.

Der letztliche Misserfolg der sozial-liberalen Nachfragepolitik ist folglich nicht dem Konzept zuzuschreiben, sondern einem Versagen der Politik, nämlich einer inkonsequenten, einseitigen, halbherzigen und kurzatmigen Umsetzung. Insbesondere setzte die Gegenfinanzierung viel zu früh ein, und es kam zu einer falschen Lohnpolitik.

Immerhin konnte aber bis 1980 der Beschäftigungseinbruch der Jahre 1974 bis 1976 in Höhe von 1,2 Millionen Personen fast ganz ausgeglichen werden. Wäre nicht das Erwerbspersonenpotenzial seit 1974 etwa im gleichen Umfang gestiegen, hätte 1980 wieder Vollbeschäftigung geherrscht. Wegen der Fixierung auf die Saldogröße Arbeitslosigkeit wird dies zumeist übersehen.

Das Strohfeuer des Wiedervereinigungsbooms ist keineswegs das Ergebnis antizyklischer Nachfragepolitik – diese war verfemt –, sondern prozyklischer Parallelpolitik sowie extremer Lohnsteigerungen. Die unerlässlichen Transferzahlungen für Ostdeutschland erwiesen sich auch als ein riesiges Konjunkturprogramm für Westdeutschland. Dieses befand sich aber bereits im Boom, 1990 erreichte das Wachstum 5,7 Prozent. Nachfragepolitisch hätte das Transferprogramm zu diesem Zeitpunkt nicht mehr kreditfinanziert werden dürfen. Stattdessen begann die Regierung erst in der Abschwungphase, Steuern zu erhöhen und Ausgaben zu kürzen. (...)

Das Strohfeuerargument hält näherer Analyse also nicht Stand. Dieses Fazit wird übrigens auch durch die Erfahrungen der USA und anderer Länder mit antizyklischer Finanzpolitik spätestens seit den 90er Jahren bestätigt.

Wolfgang Klauder, Financial Times Deutschland, 1.12.2003

Aufgaben

1. Erläutern Sie, wie im Rahmen der Nachfragetheorie Wachstum und Beschäftigung gesteigert werden sollen und welche Grundannahmen dabei erfüllt sein müssen.

2. Arbeiten Sie wesentliche Schwächen bei der praktischen Umsetzung der Nachfragetheorie nach Keynes heraus (M1, M2).

3. Zur Vertiefung: Analysieren Sie die Weltwirtschaftskrise (1929–1933) mit Hilfe des Kreislaufmodells (Wirkungskette, Verstärkereffekte, vgl. Kapitel 3).

4. Referatvorschlag: Vergleichen Sie zwei wirtschaftspolitische Reaktionen auf die Weltwirtschaftskrise miteinander: Brünings Wirtschaftspolitik in der Weimarer Republik und Roosevelts Wirtschaftspolitik des New Deal in den Vereinigten Staaten.

5. Referatvorschlag: Stellen Sie Leben und Werk von John Maynard Keynes vor.

4.2 Die Angebotstheorie

E   Die Geburt der Angebotstheorie

Der Sachverständigenrat übergibt im Jahr 2007 sein Gutachten an die Bundesregierung.

Es war Mitte der siebziger Jahre, als der Sachverständigenrat zur Begutachtung der gesamtwirtschaftlichen Entwicklung den Schwerpunkt seiner wirtschaftspolitischen Aussagen auf die Angebotsseite verlegte. Das war ein Paradigmenwechsel, manche sprachen von einer kopernikanischen Wende. Nicht mehr Geld- und Fiskalpolitik standen im Fokus der Wirtschaftspolitik. Ins Visier rückten vielmehr Kosten, Steuern, Sozialabgaben, Arbeitsbeziehungen und Investitionshemmnisse aller Art. Der Staat war nicht mehr die Lösung, sondern zum Problem geworden. Denn das Grundvertrauen in das Zusammenspiel von Staat und Markt war gestört.

Noch im Jahresgutachten 1975 mochte sich der Rat mit dieser Sicht nicht anfreunden. Im Vordergrund stand die Globalsteuerung der Konjunktur. Die These, dass ein beschleunigter Strukturwandel durch die Aufwertung der D-Mark, den Ölpreisanstieg und den Übergang zur Dienstleistungsgesellschaft das Produktionspotenzial – also die Angebotsseite der Wirtschaft – nachhaltig beeinträchtigt hatte, wurde verworfen. Der Rat sprach von „unechten Strukturproblemen": „(...) so scheinen die Sorgen vor ‚strukturellen Problemen' mehr einem allgemeinen Unbehagen, einer allgemeinen Unsicherheit, möglicherweise auch dem Gefühl zu entspringen, unbekannten Aufgaben der Zukunft, wie sie der ganz normale Strukturwandel der Wirtschaft ständig mit sich bringt, weniger als früher gewachsen zu sein, als einem realen Problembefund" (Ziffer 316). Auf dem Boden dieser Diagnose war angebotsseitiger Handlungsbedarf nicht zu erkennen.

Im Jahresgutachten 1976 näherte sich der Sachverständigenrat dann den Problemen des Strukturwandels explizit an. Er forderte ausdrücklich, dass „die nachfrageorientierte Globalsteuerung durch eine mittelfristig angelegte, angebotsorientierte Therapie ergänzt werden" müsse (Ziffer 284). Und in Ziffer 286 heißt es: „Die Wirtschaftsgeschichte lehrt, dass oft die primären Impulse für die Expansion vom Angebot ausgehen, das selbst die Nachfrage hervorruft. Auch für die nächsten Jahre muss man erwarten, dass Produkt- und Verfahrensinnovationen einen wichtigen Beitrag zum zukünftigen Wachstum zu leisten vermögen. Das hat man sich vor allem so vorzustellen, dass sich ein verbessertes Angebot an Gütern und Technologien den Markt selbst schafft."

In dieser Aussage schimmerten Saysches Theorem, nach dem sich jedes Angebot seine Nachfrage schafft, und schumpetersches Gedankengut, der den dynamischen Unternehmer in den Mittelpunkt seiner Betrachtungen stellte, durch. Damit sorgte man in der keynesianisch geprägten ökonomischen Profession für Aufruhr. Olaf Sievert, seinerzeit Vorsitzender des Gremiums, meint dazu, der Rat habe damit den größten Teil des Faches gegen sich aufgebracht. Rückblickend sagte Sievert einmal: „Nicht zu unserem Missvergnügen, denn der Aufruhr war ja unentbehrlich, wenn die

Sachverständigenrat zur Begutachtung der gesamtwirtschaftlichen Entwicklung
Er setzt sich aus fünf Wirtschaftsexperten („fünf Wirtschaftsweise") zusammen. Das Gremium wurde im Jahr 1963 eingesetzt und befasst sich wissenschaftlich mit der gesamtwirtschaftlichen Entwicklung Deutschlands. Ziel ist die unabhängige Beratung aller wirtschaftspolitisch verantwortlichen Instanzen und der Öffentlichkeit in Deutschland. Zu diesem Zweck wird jährlich ein Gutachten erstellt.

Köpfe sich reinigen sollten." (...) Ausdrücklich haben die Ratsmitglieder eine selektiv steuernde Strukturpolitik abgelehnt. Es ging einzig und allein um Maßnahmen, welche das Investieren für alle erleichtern, um eine Entlastung von Kosten, von Steuern und hohen Staatsdefiziten. Insbesondere waren die Tarifparteien gefordert. Die Lohnpolitik sollte ein Kernpunkt der Angebotspolitik sein – und durch Mäßigung für bessere Investitionsbedingungen sorgen.

Gerhard Fels, Die Geburt der Angebotspolitik, iwd Nr. 26, 24.6.2004, S. 4 f.

Erläutern Sie die Ursachen für den Wechsel von der Nachfrage- zur Angebotsorientierung.

Milton Friedman

Schon zu Lebzeiten gehörte Milton Friedman zu den berühmtesten und einflussreichsten Ökonomen der Welt. Er wurde 1912 in New York geboren und war von 1948–1983 Professor für Volkswirtschaftslehre an der Universität von Chicago. Mit seinem Buch „Kapitalismus und Freiheit", in dem er die Geldmenge als zentrale Größe zur Steuerung der Wirtschaft identifizierte, stellte er sich 1962 gegen die herrschende Meinung seiner Professorenkollegen. Diese als Monetarismus bekannt gewordene Theorie ist untrennbar mit seinem Namen verbunden geblieben. Der Staat sollte sich Friedman zufolge möglichst aus dem Wirtschaftsgeschehen heraushalten und lediglich dafür sorgen, dass sich die Marktkräfte frei entfalten konnten. Friedman starb 2006 in San Francisco.

***Milton Friedman
(1912–2006)***

Die Gegenreaktion auf Keynes: die Angebotstheorie

„Die britische Zeitschrift ‚Economist' bezeichnete den 1,55 Meter großen Gelehrten, der 1976 den Nobelpreis für Ökonomie erhielt, als ‚verrückten Gnom'. Wahrscheinlich rührt das daher, dass Friedman eine kompromisslos kapitalistische Linie vertrat. (...) Friedman gilt als Begründer des *Monetarismus*. Dessen Anhänger, die in der Tradition der Klassik stehenden Monetaristen, sind davon überzeugt, dass das marktwirtschaftliche System stabil ist, das heißt zur Vollbeschäftigung tendiert. In der Wirtschaftstheorie subsumiert man den Monetarismus häufig unter dem Begriff der Neoklassik, deren Vertreter (v. a. Walras, Fisher und Pigou) in der zweiten Hälfte des 19. Jahrhunderts die Theorie der Klassik weiterentwickelten. Die Möglichkeit der Arbeitslosigkeit wird von den Monetaristen bzw. Neoklassikern zwar nicht geleugnet; eine Ankurbelung der Wirtschaft, etwa durch höhere Staatsausgaben, hat aber ihrer Meinung nach nur eine sehr begrenzte, wenn nicht sogar negative Wirkung auf die Beschäftigung. Denn der Staat muss sich das zur Ausgabenfinanzierung nötige Geld auf dem Kapitalmarkt leihen. Dadurch steigen die Zinsen und kreditfinanzierte private Investitionen werden zurückgedrängt *(Crowding-out-Effekt)*. Im Falle von Crowding-out verschiebt eine Staatsausgabenerhöhung die Nachfragekurve nicht oder nur in geringerem Maße nach rechts. Ein ähnlicher Effekt stellt sich ein, wenn die erhöhten Staatsausgaben durch Steuern finanziert werden. Und wenn sich der Staat das Geld direkt bei der Zentralbank besorgt, so bewirkt die damit verbundene Geldschöpfung früher oder später Inflation.

Monetarismus

Der Begriff steht für eine Position in der Wirtschaftstheorie sowie in der Wirtschaftspolitik, nach der die Regulierung der Geldmenge die wichtigste Stellgröße zur Steuerung des Wirtschaftsablaufes darstellt. Eine zu starke Ausdehnung der Geldmenge führt demnach zu Inflation, eine zu starke Bremsung des Geldmengenwachstums zu Deflation. Kurzfriste Eingriffe des Staates zur punktuellen Steuerung der Wirtschaft werden abgelehnt.

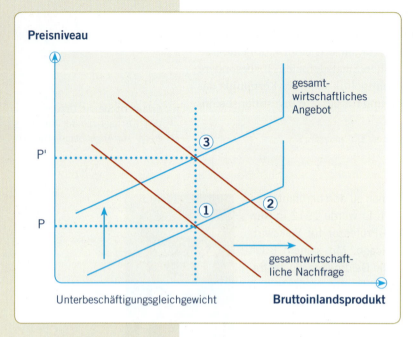

Preisniveau

gesamt-
wirtschaftliches
Angebot

③

P'

① ②

P

gesamtwirtschaft-
liche Nachfrage

Unterbeschäftigungsgleichgewicht

Bruttoinlandsprodukt

Die Monetaristen vertreten außerdem die Ansicht, dass es in jeder Volkswirtschaft eine gewisse natürliche Arbeitslosigkeit gibt, weil sich nicht alle Arbeitnehmer an veränderte Strukturen anpassen können oder wollen bzw. bei den geforderten Reallöhnen die Arbeitsnachfrage der Unternehmen zu gering ist.

Diese Art der Arbeitslosigkeit lasse sich mittels einer expansiven Wirtschaftspolitik, also einer staatlichen Ausgabenerhöhung oder Geldmengenausdehnung, grundsätzlich nicht überwinden (siehe Schaubild): Ausgehend von Situation 1 kommt es (wenn kein spürbarer Crowding-out-Effekt eintritt) durch die Verschiebung der Nachfragekurve nach rechts zwar kurzfristig zu einer Mehrproduktion und zu Neueinstellungen (Situation 2, ‚kurzfristig‘, sagte Friedman gerne, ‚sind wir alle Keynesianer‘).

Sobald die Gewerkschaften aber bemerken, dass auch die Preise gestiegen sind, werden sie als Ausgleich höhere Löhne fordern (Angebotskurve verschiebt sich nach oben). In der Folge sinken Produktion und Beschäftigung wieder auf ihr altes ‚natürliches‘ Niveau zurück, während sich das Preisniveau insgesamt von P auf P' erhöht hat (Situation 3).

Aufgrund umfangreicher empirischer Studien kam Friedman zu dem Schluss, dass die Geldmenge das nominale Volkseinkommen bzw. Inlandsprodukt beeinflusst. Und zwar wirkt sich eine Geldmengenerhöhung kurzfristig auf das reale Inlandsprodukt aus, langfristig schlägt sie aber praktisch immer auf das Preisniveau durch, wirkt also inflationstreibend. Diese These ist heute überwiegend akzeptiert. Auf ihrer Basis plädieren die Monetaristen für eine sogenannte potenzialorientierte Geldmengenpolitik[1]. Eine aktive, von Fall zu Fall praktizierte Stabilisierungspolitik à la Keynes lehnen sie ab." *Sperber 2007, S. 130 ff.*

[1] potenzialorientierte Geldmengenpolitik = das Geldmengenziel der Zentralbank orientiert sich mittelfristig an der Wachstumsrate des Produktionspotenzials

M1 **Die Grenzen der Angebotspolitik**

Deutschlands Ökonomen brauchen dringend neues Werkzeug. Mit den alten Dogmen lässt sich weder die jüngste Erfahrung erklären noch liefern sie die richtigen Rezepte gegen die aktuellen Konjunktur-
5 turbulenzen.

Drei Jahrzehnte lang haben diejenigen das große wirtschaftspolitische Denken geprägt, denen zufolge es zur Rettung Deutschlands reicht, die Angebots-bedingungen fürs Wirtschaften zu verbessern, alles
10 Mögliche zu reformieren, zu sparen, zu entregeln und (vor allem) den Druck auf Arbeitslose zu erhö-hen. Was selbst jetzt noch manchen Tag und Nacht zu bewegen scheint.

Die Frage ist nur, ob sich die jüngsten deutschen
15 Krisen und Aufschwünge noch mit den Mustern der alten Angebotslehre erklären lassen. Und ob künf-tige Krisen mit dem Dogma der 70er und 80er Jahre zu lösen sind. Eine ziemlich akute Frage. Für Deutschlands Wald-und-Wiesen-Ökonomie bestün-
20 de dringender Reform- und Aufholbedarf.

Suche nach neuen Erklärmustern
Reichlich bemüht wirken die rührenden Versuche, den (unvorhergesehenen) Aufschwung 2006 im Nachhinein so zu erklären, dass es tolle Reformen,
25 also Angebotspolitik, gegeben habe. Nüchterne Schät-zungen etwa der Bundesbank deuten auf eine Reform-dividende hin, nur ist die bestenfalls ein kleines Plus.

Der enorme Rückgang der Arbeitslosigkeit muss hauptsächlich andere Ursachen haben, was dazu
30 passt, dass Topexperten international schon seit Jah-ren nach neuen Erklärmustern suchen. Der frühere Reagan-Berater und Monetarist Martin Feldstein empfiehlt Regierungen mittlerweile, in konjunktu-rellen Krisen mit Steuersenkungen gegenzusteuern.
35 Ähnliches gilt für den früheren US-Notenbankvize Alan Blinder. Der Fed[1] legte Feldstein derweil vor Kurzem nahe, die Zinsen rasch um einen Prozent-punkt zu senken, um zu verhindern, dass sich die Finanzkrise auf die Realwirtschaft überträgt.
40 Mit Monetarismus hat das nicht mehr viel zu tun. Ebenso wenig wie die Forschungen des Chefs am

Kieler Institut für Weltwirtschaft, Dennis Snower, nach denen eine großzügige Geldpolitik auch zu dauerhaft sinkender Arbeitslosigkeit führen kann: „Die Zeit für eine Neubewertung makroökonomi- 45 scher Politik ist reif." Als überholt gilt international die alte Geldmengenlehre, wonach Notenbanken auf akute Krisen gar nicht reagieren dürften. (...) Nach For-schungen von Harvard-Kollege Philippe Aghion gibt es für jedes Land offenbar eigene Rezepte, was den 50 Universalanspruch der Angebotslehre ebenso auf den Kopf stellt. Mehr noch: Nach Aghions Rechnun-gen geht Reformieren nur dann gut, wenn auch der makroökonomisch-konjunkturelle Rahmen stimmt. Das Herumkürzen vieler europäischer Regierungen 55 in der Krise habe eher dazu beigetragen, das Wachs-tumspotenzial in den Ländern zu verringern. In Deutschland droht auch deshalb Fachkräftemangel, weil Firmen wie Verwaltungen aus lauter Not im Konjunkturtief an der (längerfristigen) Ausbildung 60 gespart haben.

Kurz: Wenn die Konjunktur schlecht läuft, min-dert das irgendwann auch das Angebot. Um Erfolg zu haben, reicht es nicht, irgendwann irgendwas zu reformieren. Die Konjunktur muss laufen, und ir- 65 gendwer muss irgendwann auch Geld haben, um es auszugeben. Das kommt nicht vom Himmel. Ähn-liches liest man seit einiger Zeit bei den einst ultra-orthodoxen Ökonomen der OECD. Da gibt es längst auch Zweifel, ob Arbeitslosigkeit nur von der Höhe 70 der Löhne abhängt. Oder auch von Zinsen, Steuern, Staatsausgaben, Euro- oder Ölkursen.

Die Rasanz des jüngsten deutschen Aufschwungs lässt vermuten, dass die Krise seit 2001 offenbar doch viel mehr mit Konjunktur und vorübergehenden 75 Schocks wie den Nachwehen der Einheit, überhas-teten Konsolidierungsversuchen durch Abgaben-schocks oder höheren Euro-Kursen zu tun hatte als mit dem viel bemühten deutschen Reformstau. Wenn das stimmt, hat es womöglich ein paar Hun- 80 derttausend Menschen unnötig ihren Job gekostet, die Konjunkturkrise allein durch Strukturreformen beheben zu wollen, was via Praxisgebühren oder gekürzte Einkommen den Aufschwung nur verzögert hat – und erklärt, warum trotz der Reformen lange Zeit die Defizite bei Sozialversicherungen und anderen Etats größer statt kleiner wurden; und warum trotz langjähriger Lohnzurückhaltung die Arbeitslosigkeit bis 2005 stieg, statt zu fallen. Die Wende kam auch hier mit dem konjunkturellen Aufschwung, nicht umgekehrt.

Eine neue Art der Globalsteuerung
Wenn die Diagnose stimmt, ist es jetzt auch höchst fahrlässig, auf modische Aussagen zu vertrauen, wonach die Reformen so toll wirken und man am besten immer weiterreformiert. Wenn die Reformen nur einen kleinen Beitrag zum Aufschwung geleistet haben, werden sie auch nur einen kleinen Beitrag zur Verhinderung des nächsten Abschwungs leisten – oder dazu, dass drastische Ölpreissteigerungen, hohe Euro-Kurse und nervöse Bankiers einen herben Rückschlag auslösen. So wie das in der Flaute 2002 bis 2005 auch der Fall war.

Sowohl die jüngste Erfahrung als auch neuere Forschungen sprechen dafür, dass Notenbanker und Regierungen mehr tun können, als es die Angebotspäpste lange predigten, um über sinkende Zinsen, geringere Abgaben oder höhere Ausgaben dafür zu sorgen, dass konjunkturelle Rückschläge sich nicht verselbstständigen; und höhere Öl- und Euro-Kurse zumindest abgefedert werden. Und dass es noch eine Menge zu lernen gibt über die richtige Dosierung und das beste Timing von Reformen.

Als der Sachverständigenrat 1976 die Wende zur Angebotspolitik vollzogen habe, sei dies eigentlich nur als vorübergehende Abkehr von derartiger Globalsteuerung gemeint gewesen, sagt der damalige Chef des Rats, Olaf Sievert. Kann gut sein, dass viele deutsche Ökonomen den Moment verpasst haben, die Sache wiederzubeleben und neue Paradigmen zu testen.

Thomas Fricke, Financial Times Deutschland, 16.11.2007

[1] *Fed = Federal Reserve Bank (amerikanische Zentralbank)*

Aufgaben

1. Erläutern Sie, wie im Rahmen der Angebotstheorie Wachstum und Beschäftigung gesteigert werden sollen und welche Grundannahmen dafür erfüllt sein müssen.

2. Arbeiten Sie wesentliche Schwächen der Angebotstheorie heraus (M1).

3. Referatvorschlag: Stellen Sie Leben und Werk Milton Friedmans vor.

4.3 Welche Politik ist die richtige?

E Viele Köche …

Karikatur: Ivan Steiger

Stellen Sie in einer geeigneten Grafik dar, welche Akteure Einfluss auf die Wirtschaftspolitik in Deutschland haben.

Grenzen der Konjunkturanalyse

Bei der Diagnose und Therapie einer Wachstumskrise ist entscheidend, welche Ursachen vermutet werden. Handelt es sich um eine konjunkturelle oder eine strukturelle Krise? Konjunkturelle Schwankungen vollziehen sich zyklisch innerhalb eines mittelfristigen Zeithorizonts. Sie sind vom langfristigen Wachstumsverlauf zu unterscheiden, der Auskunft über die generellen Entwicklungstendenzen einer Volkswirtschaft gibt und sich auf das Produktionspotenzial bezieht. Das Produktionspotenzial gibt an, wie viel in einer Volkswirtschaft bei ausgelasteten Sachkapazitäten erzeugt werden kann. In der Konjunkturanalyse wird davon ausgegangen, dass der vorhandene Kapitalbestand in einer Volkswirtschaft kurzfristig nicht erweiterbar ist. Die zentrale Frage der nachfrageorientierten Konjunkturpolitik lautet, wie das gegebene Produktionspotenzial ausgelastet werden kann.

Für die langfristige Analyse, die auf das Wachstum abstellt, ist dieser Ansatz nicht sinnvoll. Die Erweiterung der gesamtwirtschaftlichen Kapazitäten bedeutet, dass Investitionen getätigt wurden. Die Investitionstätigkeit ist das Bindeglied zwischen Konjunktur und Wachstum, da Investitionen einerseits die Gesamtnachfrage erhöhen (kurzfristiger, konjunktureller Effekt), andererseits aber langfristig den Kapitalbestand einer Volkswirtschaft vergrößern (langfristiger, struktureller Effekt). Angebotstheoretiker lehnen deshalb Eingriffe, die auf eine konjunkturelle Stabilisierung zielen, ab und wollen stattdessen die angebotsseitigen Rahmenbedingungen für Investitionen verbessern.

Tendenz zu einem Mix von Angebots- und Nachfragepolitik

„Betrachtet man die konkrete Wirtschaftspolitik in der Bundesrepublik Deutschland der letzten Jahre, dann gewinnt man den Eindruck, dass der ökonomische Zeitgeist ins Lager der Anhänger eines makroökonomischen Policy-Mix aus verbesserten Angebotsbedingungen und einem positiven makroökonomischen Rahmen gewandert ist. Eine deutliche Senkung der Unternehmenssteuern und der Lohnnebenkosten soll Anreize für Investitionen und Personaleinstellungen bieten, wohingegen eine weniger restriktive Haushaltspolitik und höhere Staatsausgaben für Infrastruktur und Bildung den nötigen Nachfragesog erzeugen sollen.

Stagnation
Eine konjunkturelle Situation, die durch kein oder nur ein geringes Wachstum gekennzeichnet ist.

Überbordende Haushaltsdefizite und ineffektive staatliche Ausgabenprogramme haben in den siebziger und achtziger Jahren zu wachsenden staatlichen Schuldenbergen geführt und mit dem Glauben aufgeräumt, Vollbeschäftigung und Konjunkturstabilität seien durch eine geeignete Fiskalpolitik zu erreichen. Stattdessen ging das Gespenst der Wachstumskrise um. Eingeschnürt ins enge Korsett des europäischen Stabilitäts- und Wachstumspaktes, schien eine keynesianisch orientierte Wirtschaftspolitik seit Anfang der neunziger Jahre endgültig im Archiv der Wirtschaftsgeschichte abgelegt worden zu sein. Die Stagnation in den Jahren nach der Jahrtausendwende hat allerdings auch gezeigt, dass eine Haushaltskonsolidierung nicht gelingen kann, wenn in den Abschwung hinein gespart wird. Die Lockerung des Stabilitäts- und Wachstumspaktes war deshalb nur die konsequente und folgerichtige Reaktion.

Stabilitäts- und Wachstumspakt
Abkommen der Mitgliedsländer der Europäischen Wirtschafts- und Währungsunion zur Sicherung der Stabilität des Euros. Z. B. darf die Neuverschuldung nicht höher sein als 3 % des BIP.

Nach dem heutigen Stand der Wirtschaftswissenschaft lassen sich Angebots- und Nachfragefaktoren empirisch gar nicht auseinanderhalten:

- Eine positive wirtschaftliche Entwicklung kann nur entstehen, wenn ökonomische Anreize und gesamtwirtschaftliche Nachfrage zusammenwirken.
- Hohe Lohnabschlüsse stärken die Massenkaufkraft, den Konsum und die Beschäftigung – wenn nicht die Haushalte angesichts erwarteter Inflation und steigender Arbeitslosigkeit in Angstsparen verfallen.
- Hohe Löhne können technischen Fortschritt und somit angebotsorientiert Wachstum erzeugen – wenn die Effekte nicht durch Freisetzung von Arbeitskräften und Minderkonsum aufgesogen werden.
- Angebotstheoretisch motivierte Lohnzurückhaltung stärkt die internationale Wettbewerbsfähigkeit eines Landes und führt zu einem Nachfrageimpuls, der die Investitionen und die Binnenkonjunktur stimulieren kann – wenn die Unternehmer nicht infolge schwacher Absatzerwartungen neue Initiativen scheuen.

Es gibt also derzeit einen breiten Grundkonsens über eine notwendige Dualität von Angebots- und Nachfragepolitik." *nach: Zimmermann 2005*

M1 **Rezepte gegen die Wirtschaftskrise: ein Streitgespräch über Konjunktur und Wachstum**

Sinn: Natürlich hängt alles am Wachstum, aber Deutschland hat in den letzten acht Jahren das niedrigste Wachstum in ganz Europa erreicht (...).

Bofinger: (...) mit Ausnahme der Schweiz.

Sinn: (...) und wir werden vielleicht auch langfristig nominal nicht mehr als 2 bis 3 Prozent pro Jahr wachsen. Deshalb darf bei uns das strukturelle Defizit nicht höher als 1,2 bis 1,8 Prozent sein. Ein Land, das nicht wächst, kann auch nicht so hohe Defizite fahren wie die USA.

Bofinger: Das ist die Frage von Henne und Ei. Vielleicht wachsen die Amerikaner ja so stark, weil sie im Abschwung nicht sparen, sondern Geld ausgeben. Ich halte es auch für falsch, diese Stagnationsszenarien für Deutschland einfach in die Zukunft fortzuschreiben. In den neunziger Jahren ist Deutschland ja noch anständig gewachsen mit 2 Prozent pro Jahr. 1999 und 2000 waren ja gar nicht so schlecht (...).

Sinn: Wie auch immer die Konjunktur in Europa lief, wir waren das Schlusslicht. Auch auf die beiden Boomjahre können wir uns nichts einbilden.

ZEIT: Wie reduzieren wir mittelfristig die Staatsverschuldung auf 60 Prozent des BIP? Durch weiteres Sparen und womöglich null Wachstum? Oder durch eine kurzfristig expansive Fiskalpolitik, die alle Defizitgrenzen missachtet?

Sinn: Es gibt immer eine gewisse Selbstfinanzierung eines Budgetdefizits, und zwar dadurch, dass sich anschließend der Auslastungsgrad des Produktionspotenzials verbessert. Aber dieser Selbstfinanzierungseffekt liegt bei etwa einem Drittel. Man kann also nicht die Schuldenquote verringern, indem man mehr Schulden macht, das wäre eine zu schöne und bequeme Theorie. Außerdem: Selbst wenn durch expansive Fiskalpolitik jetzt ein Superboom erzeugt würde, hätte Deutschland nicht viel davon. Die Arbeitslosigkeit läge dann immer noch bei 3,8 Millionen Menschen. Nur ein Siebtel der Arbeitslosigkeit ist konjunkturell bedingt.

Bofinger: Allein seit 2001 ist die Zahl der sozialversicherungspflichtig Beschäftigten um mehr als eine

Hans Werner Sinn
ist Präsident des ifo Instituts für Wirtschaftsforschung und Direktor des Center for Economic Studies (CES) der Ludwig-Maximilians-Universität München.

Peter Bofinger
ist Professor für Volkswirtschaftslehre und Mitglied im Sachverständigenrat zur Begutachtung der gesamtwirtschaftlichen Entwicklung.

Million gesunken. Das entspricht etwa einem Viertel von 4,2 Millionen.

Sinn: Sie vergessen den seit 30 Jahren steigenden Trend. Das ist ja nun mal ein Faktum. Deshalb ist die Zahl der Beschäftigten konjunkturell höchstens um 700.000 zurückgegangen.

Bofinger: Die Zahl der Arbeitsplätze ist im Westen seit 2001 immer gestiegen.

Sinn: Leider half das nicht viel. Wir haben Arbeit durch kürzere Arbeitszeiten lediglich umverteilt und deshalb ein paar neue Jobs geschaffen. Das Arbeitsvolumen, die Zahl aller geleisteten Arbeitsstunden, ist in den 20 Jahren zwischen 1982 und 2002 um null Prozent gewachsen, in Amerika dagegen um 38 Prozent und in Holland um 24 Prozent.

ZEIT: Herr Sinn, wenn wir mehr sparen müssen, dann wie? Ist die Idee, die Mehrwertsteuer zu erhöhen, richtig?

Sinn: Nein. Wenn der Staat mit dem Geld, das er hat, nicht auskommt, muss er weniger ausgeben. Jetzt wieder den Bürgern in die Tasche zu greifen, wäre falsch.

ZEIT: Also keine Steuererhöhung?

Sinn: Ja, auch kein Steuervergünstigungsabbaugesetz. Stattdessen brauchen wir zum Beispiel einen langsameren Anstieg der Renten. Ein Prozentpunkt weniger bringt 2 Milliarden Euro. Auch bei den anderen Sozialausgaben, die gigantische 500 Milliarden Euro verschlingen, muss gekürzt werden. Etwa 40 Prozent der Erwachsenen leben heute von staatlichen Transfers, wenn man die Renten, Pensionen, Arbeitslosengelder, Sozialhilfegelder, Bafög-Zahlungen und Ähnliches zusammenrechnet. Das kann so nicht weitergehen. Das halten wir nicht durch. Wir müssen aber auch die Subventionen reduzieren. (...)

Bofinger: Steuerausfälle dadurch zu bekämpfen, dass man Leistungen im sozialen Bereich kürzt und niedrigere Gehälter für Angestellte und Beamte zahlt, erinnert mich an die Politik von Reichskanzler Heinrich Brüning, der die Krise in den dreißiger Jahren mit seinem Sparkurs noch verschärft hat.

Sinn: Immerhin hat die brüningsche Politik die Löhne gedrückt und Deutschland damals wieder wettbewerbsfähig gemacht, wie der Wirtschaftshistoriker Knut Borchert herausgefunden hat. Das war das Rezept für den Aufschwung.

Bofinger: Es kann doch nicht sein, dass wir uns eine Depression à la dreißiger Jahre herbeisehnen, damit Deutschland wettbewerbsfähig wird.

Sinn: Sie sind mehr als zynisch, wenn Sie mir das unterjubeln wollen. Ich will keine Depression, sondern den Aufschwung (...).

ZEIT: Einmal andersherum gedacht: Wenn der Sparkurs falsch ist, was müsste die Regierung dann tun, um die Konjunktur in Schwung zu bringen?

Bofinger: Ich plädiere für eine stetige Fiskalpolitik. Es wäre viel gewonnen, wenn wir ein mittelfristiges Ausgabenziel hätten, sprich die Ausgaben, die der Staat steuern kann, Jahr für Jahr um 1,5 oder 2 Prozent ausgeweitet werden. Dann hat man auch eine Konsolidierung, wenn das Wachstum mal wieder 3 Prozent beträgt.

ZEIT: Herr Sinn, auch an Sie die theoretische Frage: Wenn Sparen schadet, wie müsste man die Konjunktur ankurbeln?

Sinn: Ich bin nicht bereit, diese Frage überhaupt zu beantworten, weil sie der Konjunktur ein Gewicht gibt, das sie nicht hat. Wir brauchen in erster Linie strukturelles Wachstum, und das wird von den Maßnahmen erzeugt, die konjunkturell nichts bringen. So müssen wir die Ausgaben zurückführen, weil der

Staat sich zu sehr einmischt. Erfahrungsgemäß ist der Sozialstaat nicht in der Lage, in guten Zeiten zu sparen. Auch die Agenda 2010 ist nur unter dem Druck leerer Kassen zustande gekommen. Das hat Bundeskanzler Schröder als Begründung genannt. Der Staat lebt wie ein Hund. Auch in guten Zeiten legt er sich keinen Wurstvorrat an. (...)

Bofinger: Der Unterschied zwischen Herrn Sinn und mir ist, um die Metapher des Arztes zu bemühen, (...)

Sinn: (...) Sie geben ein Schmerzmittel, und ich empfehle die Operation.

Bofinger: (...) Nein, nein, andersherum. Sie machen die Amputation, und ich sage, vielleicht kommt der Patient wieder auf die Beine. Warum nicht versuchen, wieder ein Wachstum zu schaffen. Ich möchte, dass die Politik das wenigstens versucht.

Sinn: Das bisschen Nachfragepolitik ist doch irrelevant angesichts der Schocks, die Deutschlands Wirtschaft verkraften musste: die Kosten der Wiedervereinigung, die Osterweiterung der EU, die verschärfte Globalisierung, der Euro und der Binnenmarkt. Diese Schocks haben eine solche Kraft, da kann auch der Finanzminister nicht viel ausrichten.

Bofinger: Ach, Ihre Schocks. Schauen Sie doch auf den Export. Keinem Industrieland ist es gelungen, in den vergangenen Jahren so dynamisch am Welthandel teilzuhaben wie Deutschland. Wir profitieren von der Verflechtung mit der Weltwirtschaft. (...)

Sinn: Ich sehe doch ein Problem. Die im Rentensystem versteckte Staatsschuld ist in Deutschland extrem hoch. Nach Berechnungen des Sachverständigenrates liegen wir da schon bei 270 Prozent. Das heißt, pro Einwohner haben wir eine offen ausgewiesene Staatsschuld von 16.000 Euro und eine versteckte Schuld von 65.000 Euro, also summa summarum 81.000 Euro für jedes Kind, das geboren wird. Das ist viel zu viel.

Bofinger: Aber die Steuern, die die künftige Generation für den Schuldendienst zahlen muss, entsprechen doch den Zinsen, die an sie zurückfließen.

ZEIT: Wird es reiche und arme Generationsmitglieder geben?

Bofinger: Natürlich ist das ein Problem. Nur wie reich die künftige Generation insgesamt ist, wie gut es ihr geht, hängt nicht von der künftigen Staatsverschuldung ab. Entscheidender ist der Aufbau von Sach- und Humankapital, sprich eine bessere Infrastruktur und eine bessere Ausbildung. Und hier spart Deutschland zulasten der künftigen Generation. Wer heute für Sparen plädiert, hat die Hausvaterperspektive: Spare, wenn du kein Geld mehr hast. Ich wünsche mir für den Staat jedoch die Unternehmerperspektive. Verschulde dich, wenn du den Ertrag deiner Investition höher einschätzt als den Schuldzins, was bei der Bildung allemal der Fall ist.

Sinn: Einspruch! Die Verschuldung ist eben nicht generationenneutral. Wahr ist, dass es vor allem alte Leute sind, die Staatspapiere besitzen. Die Jungen müssen dann in Zukunft nicht nur deren riesige Ansprüche an die Rentenkasse erfüllen, sondern auch noch deren Ansprüche aus den Schuldtiteln.

Bofinger: Viele Junge werden die Schuldtitel ihrer Eltern erben. Und darauf könnte man auch noch etwas über die Erbschaftsteuer zugreifen. (...)

ZEIT: Wenn der Stabilitätspakt nicht existierte, müsste man jetzt also vom Sparkurs abrücken?

Sinn: Nur wenn man sich vorher in guten Zeiten den Spielraum dafür erarbeitet hätte. Keynesianische Politik muss symmetrisch sein. In der Rezession verschuldet man sich, im Boom tilgt man. Aber das Letzte passiert nie.

Bofinger: Haben nicht Großbritannien und die USA das Gegenteil bewiesen? Beide Länder haben Anfang der neunziger Jahre massive Defizite gemacht und sind dann mit der Wachstumsdynamik einfach wieder daraus herausgewachsen. (...)

Sinn: Unsere Situation ist anders. In Deutschland gibt es nicht diese amerikanische Ideologie, dass man die Steuern und die Staatsquote senkt und den Staat begrenzt hält.

Bofinger: Unsere Steuerquote ist kaum höher als die amerikanische, wir haben eine der niedrigsten Steuerquoten überhaupt.

Sinn: Ich bitte Sie, jetzt fangen Sie nicht mit der Steuerquote an, die ist doch gar nicht vergleichbar! Die Amerikaner rechnen in ihre Steuern ihre Beiträge zu den Sozialversicherungen mit ein. Sie müssen die Staatsquote vergleichen – und da sind wir im oberen Mittelfeld.

Bofinger: Wobei es viele Länder gibt, die hohe Staatsquoten haben und sehr gut gewachsen sind, etwa die skandinavischen Länder oder Frankreich. Umgekehrt haben Länder wie die Schweiz und Japan mit einer Staatsquote von unter 40 Prozent ein ähnlich unbefriedigendes Wachstum wie wir. (...)

Robert von Heusinger, Kolja Rudzio, Die Zeit, 13.5.2004

Aufgaben

1. Arbeiten Sie die jeweiligen wirtschaftspolitischen Positionen der beiden Protagonisten Bofinger und Sinn heraus, und ordnen Sie die Argumente zu (M1).

2. Wählen Sie jeweils eine angebots- bzw. eine nachfrageorientierte wirtschaftspolitische Maßnahme aus, und stellen Sie deren Wirkungen gemäß der Kreislauftheorie dar (M1).

3. Diskutieren Sie Stärken und Schwächen von Angebots- und Nachfragekonzeption im Hinblick auf die Erreichung der wirtschaftspolitischen Ziele des magischen Vierecks.

4. Aktuell wird in der Bundesrepublik die Frage diskutiert, ob gesetzliche Mindestlöhne eingeführt werden sollten. Nehmen Sie aus einer angebots- und nachfragetheoretischen Perspektive Stellung zu dieser Frage.

5. Beurteilen Sie, inwieweit die Einführung eines Mindestlohns mit den Zielvorstellungen der Sozialen Marktwirtschaft vereinbar ist.

6. Vergleichen Sie mit Hilfe des Internets die Grundpositionen der Parteien zur Wirtschaftspolitik, und bewerten Sie die Aussagen vor dem Hintergrund von Angebots- und Nachfragetheorie.

A Provokateur der Marktwirtschaft – zum Tode von Milton Friedman

Milton Friedman ist einer der einflussreichsten Ökonomen des 20. Jahrhunderts. Sein Monetarismus gilt immer noch als Synonym für marktradikales Denken. Diese Theorie besagt, dass Inflation ausschließ-
5 lich durch die übermäßige Ausweitung der Geldmenge entsteht. Man muss also nur dafür sorgen, dass die Volkswirtschaft gleichmäßig mit Geld versorgt wird, und größere Krisen bleiben aus. Dafür zuständig sind die Notenbanken, die möglichst un-
10 abhängig sein sollten. Dagegen sollte sich die Regierung aus der Konjunkturpolitik heraushalten. Wie viele große Ökonomen des vergangenen Jahrhunderts knüpfte Friedman an die Weltwirtschaftskrise an. (...) 1963 veröffentlichte er zusammen mit seiner
15 Kollegin Anna Schwartz die „Monetäre Geschichte der Vereinigten Staaten 1867–1960", ein Monumentalwerk, in dem die beiden Autoren einen folgenreichen Schluss zogen: Anders als die Keynesianer behaupteten, hat in den dreißiger Jahren nicht die
20 Sparpolitik der Regierungen in den Abgrund geführt; es waren vielmehr die Fehler der Notenbanken; die hatten mitten in der Krise den Geldhahn zugedreht. Die Konsequenz dieser Erkenntnis war das Konzept der Geldmengensteuerung. Die erste Notenbank der
25 Welt, die darauf setzte, war 1974 die Deutsche Bundesbank; in den achtziger Jahren wurde der Monetarismus zum Allgemeingut. Dabei gab es von Anfang an heftige Bedenken gegen das Konzept. So ist es gar nicht so einfach, die für den Preisanstieg relevante
30 Geldmenge zu bestimmen. (...) Außerdem vollführt die Geldmenge häufig Sprünge, die für die Inflation kaum von Bedeutung sind. (...)
Heute haben sich die meisten Notenbanken von Friedman verabschiedet. In der vorigen Woche kriti-
35 sierte Amerikas Notenbankchef Ben Bernanke in Frankfurt ausdrücklich die Europäische Zentralbank, weil diese bis heute die Geldmenge als einen von zwei Parametern in ihrer Strategie behalten hat. Friedman selbst sah den Monetarismus nicht als geschei-
40 tert an. (...) Im Mai 2006 verwies er darauf, dass sich

die Leitung der Notenbanken in den vergangenen 20 Jahren doch erheblich verbessert habe. Das stimmt, aber das dürfte weniger mit der Geldmenge als mit anderen Faktoren zu tun haben, wobei Friedman durchaus seine Verdienste hatte. So gaben flexible 4 Wechselkurse (auch ein Konzept Friedmans) den Notenbanken einen größeren Handlungsspielraum als fixe Wechselkurse. Und weil marktwirtschaftliches Denken wieder in Mode kam, trauten sich die Notenbanken, Zinsen in einem Maße zu erhöhen, 5 wie es vorher undenkbar war. So lösten sie zwar Rezessionen aus, schafften es aber auch, die Inflation dauerhaft zu bekämpfen.
Im Jahr 1976 wurde Friedman mit dem Nobelpreis ausgezeichnet. Bis heute Bestand hat Friedmans 5 „These des permanenten Einkommens". Auch sie entstand in der Auseinandersetzung mit John Maynard Keynes. In einer naiven Form keynesianischer Stabilisierungspolitik muss der Staat nur ein paar Milliarden ausgeben, um den Aufschwung in Gang 6 zu setzen. Die Verbraucher und Unternehmen geben einen Teil des Geldes wieder aus, wodurch sich der Impuls in der ganzen Volkswirtschaft ausdehnt. Das funktioniert nicht, sagt Friedman: Die Menschen merken, dass das Geld vom Staat nur einmal kommt. 6 Da sie aber den Konsum an ihrem permanenten Einkommen ausrichten, werden sie die zusätzlichen Einnahmen einfach sparen, der Konjunkturimpuls bleibt aus. (...)
Milton Friedman ist am 16. November 2006 in 7 San Francisco gestorben.

Text: Nikolaus Piper, Süddeutsche Zeitung, 18./19. 11. 2006
(bearbeitet); Abiturprüfung Bayern 2007

Aufgabe

Stellen Sie auch unter Einbeziehung des Textes die Grundzüge monetaristischer und keynesianischer Wirtschaftspolitik dar!

	Nachfrageorientierte Wirtschaftspolitik	Angebotsorientierte Wirtschaftspolitik
Staatsauffassung	interventionistische Staatsauffassung: Staat übernimmt stabilisierungspolitische (insbesondere beschäftigungspolitische) Verantwortung → Politikoptimismus	liberalistische Staatsauffassung (möglichst wenig Staatseingriffe): Staat übernimmt keine stabilitätspolitische Verantwortung, → These vom Staatsversagen
Theoretische Grundlagen	(Post-)Keynesianismus: makroökonomische Nachfragetheorie	Neoklassik: Monetarismus, Saysches Theorem
Grundannahmen	Instabilitätshypothese: Marktwirtschaftliche Systeme sind aufgrund von Marktversagen instabil (Marktpessimismus). Unterbeschäftigung ist auf eine zu geringe gesamtwirtschaftliche Nachfrage zurückzuführen. Es besteht die Gefahr eines Gleichgewichts bei Unterbeschäftigung. Die Wirtschaftspolitik ist aber in der Lage, mit geeigneten Interventionen das Marktsystem zu stabilisieren.	Stabilitätshypothese: Marktwirtschaftliche Systeme sind stabil und tendieren zum Gleichgewicht auf allen Märkten (auch auf dem Arbeitsmarkt). Instabilität ist die Folge von unzureichendem Wettbewerb und/oder von Eingriffen des Staates in das Marktsystem. Wachstumsschwäche und Unterbeschäftigung sind insbesondere auf zu geringe private Investitionen zurückzuführen.
Vorrangiges wirtschafts-politisches Ziel	Sicherung eines hohen Beschäftigungsstandes	Preisniveaustabilität; ein stabiles Preisniveau ist Voraussetzung für das Wirksamwerden des Markt- und Preismechanismus, der auf allen Märkten ein Gleichgewicht herbeiführt
Wirtschaftspoliti-sche Konzeption	Ablaufpolitik (Prozesspolitik): antizyklische Konjunkturpolitik	Ordnungspolitik: verstetigende, am Produktionspotenzial orientierte Wachstumspolitik
Ansatzpunkte der Stabilitätspolitik	Nachfragesteuerung: Die gesamtwirtschaftliche Nachfrage bestimmt die Höhe von Inlandsprodukt, Volkseinkommen und Beschäftigung. Sie muss durch verschiedene wirtschaftspolitische Instrumente gesteuert und der Entwicklung des Produktionspotenzials angepasst werden (Globalsteuerung). Im Mittelpunkt stehen ablaufpolitische (prozesspolitische) Maßnahmen.	Angebotssteuerung: Die Rentabilität der Produktion bestimmt die Höhe von Sozialprodukt, Volkseinkommen und Beschäftigung. Aufgabe des Staates ist es, die Voraussetzungen für das optimale Funktionieren des Marktsystems zu schaffen und die Rahmenbedingungen für „mehr Markt" entsprechend zu gestalten. Im Mittelpunkt stehen ordnungspolitische Maßnahmen (z. B. Wettbewerbsschutz, Privatisierung, Deregulierung).

	Nachfrageorientierte Wirtschaftspolitik	Angebotsorientierte Wirtschaftspolitik
Aufgaben der staatlichen Finanzpolitik	Die Fiskalpolitik übernimmt die zentrale Rolle im Rahmen der Stabilisierungspolitik. Mittels staatlicher Einnahmen- und Ausgabenpolitik soll die gesamtwirtschaftliche Nachfrage antizyklisch gesteuert werden (Fiskalismus). Initialzündung zur Bekämpfung der Unterbeschäftigung sind kreditfinanzierte Staatsausgaben (Deficitspending).	Aufgabe der Finanzpolitik ist in erster Linie die Bereitstellung öffentlicher Güter (= Beschränkung der Finanzpolitik auf die Allokationsfunktion). Die staatlichen Einnahmen und Ausgaben sollen am Wachstum des Produktionspotenzials orientiert und dadurch konjunkturneutral sein. Die Unternehmensteuern sollen auf ein leistungsfreundliches Niveau gesenkt werden.
Aufgaben der Geldpolitik	Die Geldpolitik soll die Fiskalpolitik lediglich unterstützen (Monetary-fiscal-policy). In der Rezession wird eine „Politik des billigen Geldes" gefordert, um die Finanzierungsbedingungen für private Investitionen zu verbessern und die Zinslasten für die notwendigen staatlichen Haushaltsdefizite zu mildern.	Die Geldmengenentwicklung soll – der monetaristischen Auffassung entsprechend – am Wachstum des Produktionspotenzials ausgerichtet werden (potenzialorientierte Geldpolitik).
Aufgabe der Einkommenspolitik	Der Lohnpolitik wird keine zentrale Rolle bei der Beschäftigungssicherung zugewiesen. Um unangemessene Verteilungskämpfe mit negativen Folgen für Preisniveau und Beschäftigung zu verhindern, soll die Einkommenspolitik an Orientierungsdaten (Lohnleitlinien) im Rahmen eines vereinbarten Verhaltens („Konzertierte Aktion" gem. § 3 StabG) zwischen den Tarifpartnern und dem Staat ausgerichtet werden. Von gewerkschaftlicher Seite wird bei Tarifverhandlungen betont, dass Lohnerhöhungen zu mehr Kaufkraft und damit zu mehr Beschäftigung führen (Kaufkrafttheorie).	Der Lohnpolitik wird die beschäftigungspolitische Hauptverantwortung zugewiesen, da Arbeitslosigkeit als Ausdruck unflexibler Arbeitsmärkte und zu hoher Lohnkosten aufgefasst wird. Nicht der Staat, sondern die Tarifparteien sollen die Verantwortung für die Vollbeschäftigung übernehmen (Reprivatisierung des Beschäftigungsrisikos). Als mit dem Beschäftigungsziel vereinbar wird eine produktivitätsorientierte oder kostenniveauneutrale Lohnpolitik angesehen.
Kritik	unkalkulierbare Wirkungsverzögerungen zwischen den wirtschaftspolitischen Entscheidungen und ihren Wirkungen (time-lags) antizyklische Maßnahmen in der Rezession leichter zu praktizieren als in Boom-Jahren Gefahr einer Ausweitung des staatlichen Sektors und steigender Staatsverschuldung Gefahr strukturverzerrender Wirkungen, wenn einzelne Branchen gestützt werden	Fixierung auf die Kosten. Gewinne der Unternehmen hängen auch von den Erlösen ab. Unternehmen investieren nicht automatisch, sondern schränken bei geringer Absatzerwartung ihre Erweiterungsinvestitionen ein oder führen lediglich Rationalisierungen durch. Bei vorhandener Wachstumsschwäche führen Kostensenkungen zu einem weiteren Rückgang der Nachfrage.

nach: Lüpertz 2007, S. 331 ff.

5. Grundlagen unserer Rechtsordnung

Früher …

Goldene Zeit

Ein goldnes Geschlecht wurde zuerst erschaffen, das ohne Beschützer aus eigenem Trieb und ohne Gesetz die Treue und Redlichkeit übte.

Strafe und Furcht waren fern, man las noch keine drohenden Worte auf ehernen Tafeln und keine um Gnade flehende Menge bebte vor dem Angesicht ihres Richters: Ohne Richter waren sie sicher.

Ovid, Metamorphosen

Lucas Cranach d. Ä., Das goldene Zeitalter, um 1530

Heute …

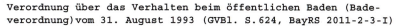

§ 911 BGB

Überfall

Früchte, die von einem Baum oder einem Strauche auf ein Nachbargrundstück hinüberfallen, gelten als Früchte dieses Grundstücks. Diese Vorschrift findet keine Anwendung, wenn das Nachbargrundstück dem öffentlichen Gebrauch dient.

Verordnung über das Verhalten beim öffentlichen Baden (Badeverordnung) vom 31. August 1993 (GVBl. S. 624, BayRS 2011-2-3-I)

Auf Grund des Art. 27 Abs. 2 des Landesstraf- und Verordnungsgesetzes (LStVG) erläßt das Bayerische Staatsministerium des Innern folgende Verordnung:

§ 1
1. Wer öffentlich badet, muß Badekleidung tragen. Das gilt für das Wasser-, Luft- und Sonnenbaden.
2. Öffentlich badet, wer sich dabei an einem Platz befindet, zu dem allgemein Zutritt gegeben ist oder erlangt werden kann oder der ohne besondere Vorkehrungen eingesehen werden kann.

§ 2
1. § 1 gilt nicht
   1. für Kinder bis zum vollendeten sechsten Lebensjahr,
   2. für Saunabäder, die nicht ohne besondere Vorkehrungen eingesehen werden können,
   3. für Plätze, an denen die badende Person nach den gegebenen Umständen damit rechnen kann, daß Unbeteiligte sie nicht sehen. (…)

1. Vergleichen Sie die Utopie im „Goldenen Zeitalter" Ovids mit der Wirklichkeit.

2. Diskutieren Sie die Notwendigkeit des § 911 BGB und der bayerischen Badeverordnung.

3. Erläutern Sie Nachteile, die verbindliche Regelungen mit sich bringen können.

5.1 Das Wesen des Rechts

E Was ist Recht?

Jede Zeit hat die großen Fragen der Rechtsphilosophie auf eigene Weise beantwortet. Die besten Entwürfe kamen von Philosophen, *en gros*. Juristen beschäftigen sich damit eher *en détail*. Sie mussten sich von Immanuel Kant sagen lassen, am Anfang der Metaphysik der Sitten, in der Einleitung zur Rechtslehre, unter der Überschrift „Was ist Recht?":

„Diese Frage möchte wohl den Rechtsgelehrten, wenn er nicht in Tautologie verfallen oder statt einer allgemeinen Auflösung auf das, was in irgendeinem Lande die Gesetze zu irgendeiner Zeit wollen, verweisen will, ebenso in Verlegenheit setzen, als die berufene Aufforderung: ‚Was ist Wahrheit?' den Logiker."

Gleich darauf gab er seine eigene Antwort, die schönste, die bisher für die bürgerliche Gesellschaft gegeben worden ist:

„Das Recht ist also der Inbegriff der Bedingungen, unter denen die Willkür des einen mit der Willkür des anderen nach einem allgemeinen Gesetz der Freiheit zusammen vereinigt werden kann."

Willkür hatte damals nicht den negativen Klang wie heute. Wir würden heute von Handlungsfreiheit sprechen oder vom freien Willen.

Die Juristen sind immer noch auf der Suche nach ihrem Begriff von Recht. Im Laufe der Geschichte hat es großartige Antworten gegeben, aber sie waren nicht unbedingt alle gleich gültig für alle Zeiten und für jedermann, und so ist es tatsächlich wie mit der Wahrheit oder der Schönheit. Man weiß ungefähr was das ist, aber jeder hat seine eigene Vorstellung davon, und allgemein gültige Formeln sind schwer zu finden.

Uwe Wesel, Fast alles was Recht ist, Frankfurt am Main 2002, S. 387

Immanuel Kant
(1724–1804)

Entwerfen Sie (in Gruppen) eine Definition des Begriffes „Recht" und vergleichen Sie die Ergebnisse mit der Definition Kants.

Das Recht als Teil der sozialen Lebensordnung

Immer dort, wo Menschen zusammenleben, leben sie in einer sozialen Ordnung. Diese enthält Regeln über das Verhalten der Menschen zueinander. Nicht Zufall oder Willkür bestimmen das Zusammenleben, sondern eine Vielzahl von Regelungen und *Normen*. Die soziale Lebensordnung ist nicht vorgegeben, sondern ein geistiges Produkt menschlicher Gemeinschaften. Ihr kommt einmal die wichtige Aufgabe zu, die Gemeinschaft zu schützen und zu erhalten, gleichzeitig aber muss sie auch die Mitglieder vor anderen Mitgliedern und vor der Gemeinschaft selbst schützen. Sie macht das menschliche Verhalten kalkulierbar und bringt damit Sicherheit und Beständigkeit in die menschlichen Begegnungen. Da die Lebensumstände sich in unterschiedlichen Regionen und in unterschiedlichen Zeiten voneinander unterscheiden, ist auch die jeweilige Lebensordnung von Gesellschaft zu Gesellschaft und von Zeit zu Zeit verschieden. Die Lebensordnungen unterscheiden sich von Land zu Land, von Region zu Region und sogar von Gemeinde zu Gemeinde. Je weiter fortgeschritten eine menschliche Gesellschaft ist, desto kompli-

Normen
Allgemein als verbindlich anerkannte Regeln, denen ethische Werte und Maßstäbe zugrunde liegen.

Werte
(Moralische) Richtlinien oder Zielvorstellungen einer Gesellschaft. Die in einer Gesellschaft entwickelten Werte bilden zusammen ein Wertesystem. Jede Kultur hat ihre eigenen Wertvorstellungen und damit ihr eigenes Wertesystem.

zierter stellt sich ihre soziale Lebensordnung dar.

Das jeweils geltende Recht ist ein wesentlicher Teil der sozialen Lebensordnung. Der Begriff *Recht* leitet sich aus dem althochdeutschen *reht* (= aufgerichtet, gelenkt) ab und bedeutet im objektiven Sinne die Gesamtheit der staatlich institutionalisierten Regeln (Rechtsordnung), die menschliches Verhalten anleiten oder beeinflussen *(objektives Recht)*. Als *subjektives Recht* wird dagegen der Anspruch bezeichnet, der für einen Berechtigten aus dem objektiven Recht erwächst.

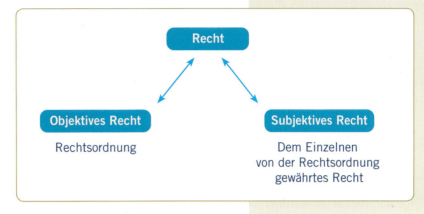

Sitten und Gebräuche

Neben der Rechtsordnung sind aber auch allgemeine Verhaltensregeln ein wichtiger Teil der sozialen Lebensordnung. Dazu gehören die in einer Gesellschaft geltenden *Sitten und Gebräuche*. Sie beruhen auf Tradition und Gewohnheit und sind durch das herrschende Wertesystem einer Gesellschaft bedingt. Es sind dies also alle Regeln des gesellschaftlichen Umgangs wie Regeln der Höflichkeit, der Kleidung, Tischsitten oder Bräuche bei Geburt oder Tod. Diese werden teilweise auch stark von religiösen Regeln bestimmt.

Das Recht unterscheidet sich von den Sitten und anderen Regeln der sozialen Lebensordnung dadurch, dass es durch staatliche Maßnahmen erzwingbar ist. Es ist also eine für alle verbindliche Ordnung, da staatliche Vollstreckungsmittel (Staatsanwaltschaft, Polizei, Gerichte) seine Durchsetzung sicherstellen.

Zwar kann die Missachtung sittlicher oder religiöser Gebote ebenfalls zu Sanktionen führen, etwa zu gesellschaftlicher Ächtung, doch sind durch die Missachtung keine Rechtsfolgen zu erwarten.

In einfachen Gesellschaften bildet das Recht häufig noch eine kaum zu trennende Einheit mit Religion, Moral und Sitte. Je weiter sich eine Gesellschaft entwickelt, desto weiter entfernt sich das Recht von den anderen Teilen der sozialen Lebensordnung.

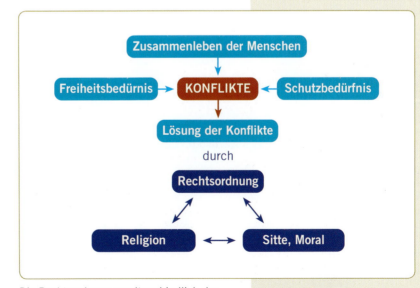

Die Rechtsordnung regelt verbindlich das Zusammenleben der Menschen.

M1 Die Zehn Gebote

Die Zehn Gebote oder der Dekalog gelten als die Grundlage der christlichen Ethik. Man findet sie im Alten Testament an zwei Stellen in den Büchern Moses. Ursprünglich war der Dekalog an das aus der Sklaverei befreite Volk Israel gerichtet. Er lieferte Grundlagen zur Sicherung der neuen Gemeinschaft.

Das erste Gebot
Ich bin der Herr, dein Gott. Du sollst keine anderen Götter haben neben mir.

Das zweite Gebot
Du sollst den Namen des Herrn, deines Gottes, nicht missbrauchen.

Das dritte Gebot
Du sollst den Feiertag heiligen.

Das vierte Gebot
Du sollst deinen Vater und deine Mutter ehren.

Das fünfte Gebot
Du sollst nicht töten.

Das sechste Gebot
Du sollst nicht ehebrechen.

Das siebte Gebot
Du sollst nicht stehlen.

Das achte Gebot
Du sollst nicht falsch Zeugnis reden wider deinen Nächsten.

Das neunte Gebot
Du sollst nicht begehren deines Nächsten Haus.

Marc Chagall, Moses erhält die Gesetzestafeln, 1960–1966

Das zehnte Gebot
Du sollst nicht begehren deines Nächsten Weib, Knecht, Magd, Vieh noch alles, was dein Nächster hat.

Die ausführliche Fassung der Zehn Gebote steht in der Bibel an zwei Stellen: 2. Mose 20 und 5. Mose 5

Nicht zu den Rechtsnormen zählen beispielsweise ethische (sittliche) Normen. Diese zielen darauf ab, den Einzelnen anzuhalten, Gutes zu tun und Böses zu unterlassen. So weit geht das Recht nicht; es beschränkt sich darauf, das friedliche Zusammenleben der Menschen zu sichern. Während die Sittlichkeit sich nicht in äußerer Verhaltenskonformität erschöpft, sondern gerade auf die Beweggründe menschlichen Handelns abhebt, sind dem Recht die Motive des Einzelnen im Allgemeinen gleichgültig; entscheidend ist, ob er die Rechtsnorm tatsächlich befolgt. Sittlichkeit ist „Gesetz für die Maximen der Handlungen", Recht „Gesetz für die Handlungen" (Kant). Was der Mensch im Innersten denkt und fühlt, ob er liebt oder hasst, ist für die Sittlichkeit in hohem Maße bedeutsam, für das Recht nur dann, wenn es verhaltensrelevant wird. Wenn jemand beispielsweise seinem erfolgreichen Nebenbuhler insgeheim Rache schwört, handelt er nicht im Sinne des sittlich Gebotenen, verstößt aber nicht schon deshalb gegen die Rechtsordnung; treibt ihn indes die Rachsucht so weit, dass er den Konkurrenten umbringt, wird er nicht wegen Totschlags (§ 212 StGB), sondern, weil er aus einem niedrigen Beweggrund gehandelt hat, härter, nämlich wegen Mordes (§ 211 StGB), bestraft.

Umgekehrt gibt es im Recht eine Vielzahl von Normen, die die Sittlichkeit nicht berühren. Ob zum Beispiel im Straßenverkehr rechts oder links gefahren wird, ist zwar eine für das Zusammenleben der Menschen höchst wichtige Frage; sie ist jedoch durch die Rechtsordnung wertneutral, allein unter Zweckmäßigkeitsgesichtspunkten, zu entscheiden. Andererseits – und da berühren sich Ethik und Recht – verträgt es sich mit der friedensstiftenden Funktion des Rechts nicht, Gebote oder Verbote zu erlassen, die der Sittlichkeit evident widersprechen; das Recht muss ein „ethisches Minimum" enthalten. Das bedeutet, dass sich die Rechtsordnung nicht über jedermann einsichtige sittliche Normen, wie zum Beispiel das Tötungsverbot, hinwegsetzen darf. Ein wichtiger Unterschied zwischen Ethik und Recht betrifft die Durchsetzbarkeit der jeweiligen Norm: Sittlichkeit ist auf den freien Willen des Einzelnen angewiesen; sie kann nicht erzwungen werden. Das Recht hingegen vermag seine Geltung auch gegen Widerstrebende mit staatlichem Zwang zu verwirklichen.

Hermann Avenarius, Die Rechtsordnung der Bundesrepublik Deutschland, Bonn 2002, S. 1

Aufgaben

1. Stellen Sie die wesentlichen Merkmale des Rechts dar, und grenzen Sie das Recht von den anderen Bereichen der sozialen Lebensordnung ab (M1, M2).

2. Zeigen Sie, inwieweit die zehn Gebote (M1) Eingang in unser Strafgesetzbuch gefunden haben. Suchen Sie weitere Beispiele, in denen sich sittliche und/oder moralische Wertvorstellungen mit unserer Rechtsordnung decken und solche, wo diese Deckung nicht gegeben ist.

3. Erläutern Sie die Grafik auf S. 129 (unten) in einem Kurzvortrag.

● Methode: Juristische Online-Recherche

Der Online-Recherche kommt auch in den Rechtswissenschaften eine immer größere Bedeutung zu. Einen guten Einstieg verschafft hier zum Beispiel die **Virtuelle Fachbibliothek Recht** (http://www.vifa-recht.de) der Staatsbibliothek zu Berlin. Sie bietet einen Zugang zu umfangreichen rechtswissenschaftlichen Fachinformationen im Internet. Dem Nutzer stehen dabei folgende Möglichkeiten zur Verfügung:

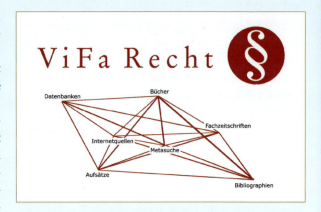

- Durchsuchen juristischer Datenbanken mit Hilfe einer Metasuchmaschine
- Recherche nach wissenschaftlich relevanten Internetquellen
- Recherchemöglichkeiten in den juristischen Beständen der Staatsbibliothek zu Berlin
- Suche nach Aufsätzen, die in juristischen Zeitschriften und Festschriften erschienen sind
- Recherche nach elektronischen und gedruckten juristischen Fachzeitschriften
- Übersicht von juristischen Datenbanken
- Nachweis von gedruckten und online verfügbaren juristischen Bibliographien

Die Arbeit mit einer Rechtsdatenbank lässt sich am **Juristischen Informationsdienst dejure.org** (http://www.dejure.org) veranschaulichen, der im Gegensatz zu vielen anderen ähnlichen Datenbanken kostenlos zur Verfügung steht. dejure.org liefert neben den neusten Gesetzesänderungen sämtliche Gesetzestexte sowie Rechtsprechung und Literaturhinweise zu den aufgerufenen Paragraphen.

Bundesgesetze finden sich auch auf der Seite des Bundesjustizministeriums: **www.gesetze-im-internet.de**

Funktionsweise einer Datenbank am Beispiel des Themas „Kaufvertrag"

1 Zunächst müssen die einschlägigen Normen in den Gesetzestexten aufgefunden werden.

Die Eingabe des Begriffs „Kaufvertrag" in die Suchmaske ergibt zunächst 24 Treffer in verschiedenen Bereichen und Gesetzen.

Eine erste Reduzierung erfolgt durch die **Auswahl des Gesetzes**. Für unsere Belange ist zunächst das BGB von Interesse. Ein Klick auf diesen Link bringt alle Paragraphen, in denen der Begriff „Kaufvertrag" im BGB enthalten ist.

2 Als einschlägige Norm ist der § 433 BGB bekannt. Folgt man dem Link, der sich hinter der Paragraphennummer verbirgt, öffnet sich der Text der Norm. Darüber ist die **Einordnung des Paragraphen** in die Gliederung des gewählten Gesetzes ersichtlich: 2. Buch des BGB, Recht der Schuldverhältnisse.

3 Nun stehen **zusätzliche Auswahlmenüs** zur Verfügung, die bei der weiteren Recherche hilfreich sind. Im unteren Menü sind alle Paragraphen verlinkt, die in unmittelbarem Zusammenhang mit der ausgewählten Norm stehen. Hier sind es die §§ 433 – 453 BGB des Untertitels 1 – Allgemeine Vorschriften im Titel 1 – Kauf, Tausch. Dies ermöglicht eine schnelle Navigation innerhalb der relevanten Normen.

Das obere Auswahlmenü bietet weiterführende Links zur Rechtsprechung zum ausgewählten Paragraphen und zu weiterführender Literatur.

Rechtsprechung zu § 433 BGB

Rechtsprechungsübersichten:

- 97 Entscheidungen zu § 433 BGB im Volltext bei **lexetius.com** geordnet nach Relevanz oder nach Datum

- Entscheidung der BGH-Strafsenate zu § 433 BGB im Volltext bei **hrr-strafrecht.de**

- 49 Urteilsbesprechungen zu § 433 BGB bei **ibr-online**

Redaktionell ausgewählte Entscheidungen:

- BGH, Fehlerhafter Compiler, 4.11.87 (BGHZ 102, 135)
  §§ 433 ff BGB, § 459 BGB <Fassung bis 31.12.01> (analog), zur Anwendbarkeit Kaufrechts beim Erwerb von Standardsoftware;
  § 469 BGB <Fassung bis 31.12.01>, Gesamtwandelung, Abgrenzung zwische Kaufsache (§ 93 BGB) und einfacher Zusammengehörigkeit richtet sich nach Verkehrsanschauung (nicht nach dem Parteiwillen), zur Frage der Zusamme Hardware und Software im Jahre 1984;
  § 467 BGB <Fassung bis 31.12.01>, Wandelungsrecht trotz Weiterveräußeru

4 Der Auswahlbereich „**Rechtsprechung**" führt zu verschiedenen Urteils-Datenbanken wie zum Beispiel lexetius.com. Auch sind hier über das Internet erreichbare Entscheidungen verlinkt, die von der de-jure.org-Redaktion ausgewählt wurden.

5 Hilfreich bei der Recherchearbeit ist der Verweis auf einschlägige, im Internet zugängliche **Literatur** zum ausgewählten Paragraphen. Die im Online-Lexikon Wikipedia aufgeführten Stichworte, die den ausgewählten Paragraphen zitieren, sind ebenfalls sehr übersichtlich dargestellt.

Literatur im Internet zu § 433 BGB

- Leistungsstörungen bei Sukzessivlieferungsverträgen ⬇ von Dr. Carsten Herres München (Aufsatz, PDF-Format)
  ZJS 2008, 1-12
  über www.zjs-online.com

- § 433 BGB wird im freien Lexikon Wikipedia unter folgenden Stichworten zitiert:

  Ⓦ Abnahme

  Ⓦ Abstraktionsprinzip

6 Schließlich findet sich hier noch ein **Verzeichnis der Normen** aus verschiedenen Gesetzen, die auf den § 433 verweisen.

Querverweise

Auf § 433 BGB verweisen folgende Vorschriften:

BGB
  Recht der Schuldverhältnisse
    Einzelne Schuldverhältnisse
      Kauf, Tausch
        Verbrauchsgüterkauf
          § 475 (Abweichende Vereinbarungen)
          § 478 (Rückgriff des Unternehmers)
        Schenkung
          § 523 (Haftung für Rechtsmängel)

5.2 Die Funktionen des Rechts

E Braucht eine Gesellschaft Regeln?

Erläutern Sie, welche Aufgaben das Recht in den abgebildeten Situationen erfüllt.

Die Sicherung des Friedens

Menschen, die in einer Gemeinschaft zusammenleben, haben unterschiedliche Interessen. Das Recht enthält Regeln, die einen gerechten Ausgleich der Interessen (z. B. zwischen Verkäufer und Konsument) gewährleisten sollen, und verhindert so das Entstehen zahlreicher Konflikte schon im Vorfeld. Kommt es dennoch zum Konflikt, so gewährleistet das Recht, dass dieser auf friedliche Weise in einem geregelten Verfahren ausgetragen werden kann. Ein privater Konfliktaustrag, etwa als Opfer einer Straftat private Rache zu üben oder sein Recht als Gläubiger auf Bezahlung einer Rechnung auf eigene Faust durchzusetzen, ist verboten. Die geltende Ordnung spricht allein dem Staat das Recht zu, Gewalt zur Durchsetzung der Rechtsordnung anzuwenden *(staatliches Gewaltmonopol)*. Man muss in jedem Fall die Hilfe der Gerichte in Anspruch nehmen, die dem Konflikt ein Ende setzen und so den Rechtsfrieden wieder herstellen. Auf diese Weise dient das Recht der Sicherung des inneren Friedens einer Gesellschaft.

Die Ordnungsfunktion

Eng mit der Friedensfunktion ist die Ordnungsfunktion des Rechts verbunden. Um das Zusammenleben in einer komplexen und arbeitsteiligen Gesellschaft zu organisieren, ist es notwendig, bestimmte Regeln aufzustellen. Ein gutes Beispiel sind die Straßenverkehrsregeln.

Die Schutzfunktion

Das Recht schützt die Freiheit des Einzelnen gegenüber den anderen Mitbürgern und dem Staat. Das erscheint zunächst widersprüchlich, da die Rechtsordnung mit Hilfe von Normen die Freiheit jedes Einzelnen beschränkt. In einer Gesellschaft kann es jedoch keine uneingeschränkte Freiheit geben. Die Freiheit eines jeden hat als natürliche Grenze die Freiheit der anderen. Diese Grenze kann nur durch Gesetze geregelt werden. Ist die Rechtsordnung zu dieser Grenzziehung nicht in der Lage, so entsteht ein rechtsfreier Raum, in dem Willkür und das Recht des Stärkeren herrschen. Die Schwächeren (z. B. Minderheiten, Jugendliche, Verbraucher etc.) haben dann darunter zu leiden. In einem funktionierenden Rechtsstaat wird deshalb die Verletzung von Rechten mit Strafe bedroht und ein verursachter Schaden muss ausgeglichen werden.

In einem *Rechtsstaat* ist das Recht auch ein Mittel zur Kontrolle von Herrschaft. Staatliches Handeln muss sich immer an den bestehenden Gesetzen orientieren. Darüber hinaus hat jeder Bürger, der sich durch eine staatliche Maßnahme ungerecht behandelt fühlt, die Möglichkeit, Widerspruch bei einer Behörde einzulegen oder die Gerichte anzurufen. So ist der Einzelne gegenüber der Willkür des Staates geschützt.

Funktionen des Rechts im Überblick

M1 (K)eine einsame Insel

Hürlimann/CCC, www.c5.net

Aufgaben

1. Erläutern Sie, welche Funktionen das Recht allgemein für die Gesellschaft erfüllt.

2. Interpretieren Sie die Bilderfolge M1 vor dem Hintergrund der Funktionen des Rechts.

5.3 Die Quellen des Rechts

E Auf der Suche nach dem „richtigen Recht"

Hürlimann/CCC, www.c5.net

Sammeln Sie unter Berücksichtigung der Karikaturen Kriterien, die das Recht erfüllen muss, damit man von „richtigem Recht" sprechen kann.

Woher kommt das Recht?

Die Rechtsordnung stellt die Gesamtheit der geltenden Rechtsvorschriften dar, durch die das rechtliche Verhältnis der Menschen zueinander, zu den übergeordneten Hoheitsträgern oder zwischen diesen geregelt ist. Dabei lassen sich je nach der Entstehungsursache das gesetzte Recht, das Gewohnheitsrecht, das Richterrecht und allgemeine Rechtsgedanken wie das Naturrecht unterscheiden.

Das *gesetzte Recht* umfasst alle Normen, die von einer zur Rechtsetzung befugten Stelle erlassen wurden, also formelle Gesetze, Rechtsverordnungen und Satzungen.

Gewohnheitsrecht ist ungeschriebenes Recht, das durch langjährige tatsächliche, von den Beteiligten akzeptierte Anwendung entstanden ist.

Das *Richterrecht* wird dann wirksam, wenn bestehende Gesetzeslücken auszufüllen sind, oder wenn Grundsatzentscheidungen der obersten Gerichte zu strittigen Rechtsfragen getroffen werden. Die Richter haben dabei darauf zu achten, dass sie sich im Rahmen des gesetzten Rechts bewegen.

Allgemeine Rechtsgrundsätze finden insbesondere im Völkerrecht Anwendung, wo keine gemeinsame Rechtsordnung besteht. Dazu gehören z. B. das Verbot, ein Recht missbräuchlich auszuüben, das Prinzip, dass sein Recht verwirkt, wer es für den Betroffenen unzumutbar spät geltend macht, oder der Grundsatz, dass Verträge einzuhalten sind.

Bei der Suche nach dem „richtigen Recht" hat man schon im Altertum die Idee des *Naturrechts* entwickelt. Als Naturrecht bezeichnet man das Recht, das seine Entstehung nicht einer Staatsgewalt verdankt, sondern von der Natur für den Einzelnen wie auch für den Staat und jede sonstige Gemeinschaft vorgegeben ist.

Die Erklärung der Menschen- und Bürgerrechte. (Gemälde von Jean-Jacques François lé Barbier d. Ä., 1789/90). Die Deklaration wurde als Schmuckblatt oft in Wohnungen und öffentlichen Gebäuden aufgehängt.

Die Quellen des Rechts

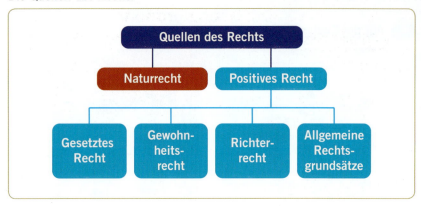

Das positive Recht

Positives Recht ist durch Rechtsetzung, Gewohnheit oder Rechtsprechung entstandenes Recht. Der Begriff betont den Gegensatz zum *Naturrecht*, zur philosophischen Ethik und zu allgemeinen Rechtsprinzipien, die – je nach Sichtweise – „naturgegeben", „im Wesen des Menschen liegend" oder „von Gott vorgegeben" seien. Positives Recht ist vom Menschen gemachtes und damit veränderliches Recht. Es gilt im Gegensatz zum Naturrecht nur zu bestimmten Zeiten und an bestimmten Orten.

Die Rangordnung des gesetzten Rechts

Da es viele unterschiedliche Rechtsquellen gibt, kommt der Rangfolge der Normen *(Normenhierarchie)* eine besondere Bedeutung zu. Regeln zwei Normen unterschiedlicher Stufe den gleichen Sachverhalt, so gilt die Regelung der höheren Stufe, d. h., die höhere Norm verdrängt die niedrigere *(lex superior derogat legi inferiori)*. In Art. 31 GG ist festgelegt, dass im Fall eines Widerspruchs zwischen einer Norm des Landesrechts und einer Norm des Bundesrechts die Regelung des Bundesrechts Vorrang hat: „Bundesrecht bricht Landesrecht".

Rechtsverordnungen regeln einen Sachverhalt wie ein Gesetz. Im Unterschied zum Gesetz wird die Verordnung nicht vom Gesetzgeber (Legislative), sondern von der öffentlichen Verwaltung (Exekutive) erlassen. Die Verwaltung muss dazu ausdrücklich und konkret durch ein Gesetz legitimiert werden. Die Rechtsverordnung muss einen Hinweis auf ihre gesetzliche Grundlage enthalten. In der Praxis der Rechtssetzung ist es meist so, dass die höherrangige Norm allgemeine Grundsätze enthält, die in der niederrangigeren Norm konkretisiert werden. An der Spitze der Normenhierarchie stehen die Regelungen, die die Verfassung, in Deutschland das Grundgesetz, enthält.

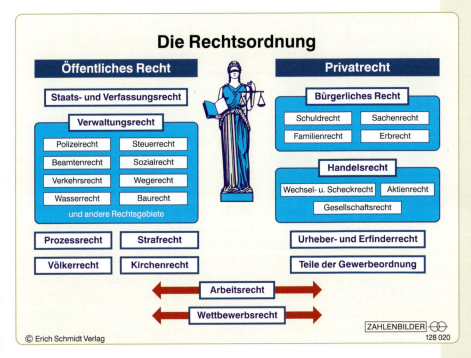

Die Rechtsordnung

Öffentliches Recht	Privatrecht
Staats- und Verfassungsrecht	Bürgerliches Recht

Verwaltungsrecht: Polizeirecht, Steuerrecht, Beamtenrecht, Sozialrecht, Verkehrsrecht, Wegerecht, Wasserrecht, Baurecht, und andere Rechtsgebiete

Bürgerliches Recht: Schuldrecht, Sachenrecht, Familienrecht, Erbrecht

Handelsrecht: Wechsel- u. Scheckrecht, Aktienrecht, Gesellschaftsrecht

Prozessrecht | Strafrecht | Urheber- und Erfinderrecht

Völkerrecht | Kirchenrecht | Teile der Gewerbeordnung

Arbeitsrecht

Wettbewerbsrecht

ZAHLENBILDER
128 020

© Erich Schmidt Verlag

Öffentliches und privates Recht

Die Normen unserer Rechtsordnung lassen sich zwei Kategorien zuordnen, dem öffentlichen und dem privaten Recht. Öffentliches und privates Recht unterscheiden sich dadurch, dass im öffentlichen Recht der Bürger dem Staat untergeordnet ist, während im Privatrecht die beteiligten Personen einander gleich geordnet sind. Das *öffentliche Recht* regelt somit das Verhältnis des Einzelnen zum Staat sowie das Verhältnis der Verwaltungsträger zueinander. Zum öffentlichen Recht zählen u. a. das Völkerrecht, Staatsrecht, Strafrecht, Prozessrecht, Steuerrecht und das Sozial- und Sozialversicherungsrecht. Das *Privatrecht* regelt die rechtlichen Beziehungen der Privatpersonen zueinander. Zum Privatrecht zählen u. a. das Bürgerliche Gesetzbuch und seine Nebengesetze, das Handelsgesetzbuch, das Aktien-, GmbH- und Genossenschaftsgesetz, das Wertpapierrecht sowie das Privatversicherungsrecht. Manche Rechtsgebiete enthalten sowohl öffentlich-rechtliche wie privatrechtliche Normen, insbesondere das Arbeitsrecht, das Urheberrecht oder das Wettbewerbsrecht.

Notwendigkeit und Möglichkeiten der Fortentwicklung des Rechts

Eine wesentliche Aufgabe des Rechts ist es, das Zusammenleben der Menschen zu regeln. Die Erfüllung dieser Aufgabe erlaubt kaum ein starres, unveränderliches Recht. Insbesondere moderne Industrie- und Dienstleistungsgesellschaften unterliegen einem fortwährenden Wandel, der durch wirtschaftliche, technische und gesellschaftliche Veränderungen hervorgerufen wird. Dieser Wandel erfordert eine ständige Anpassung des positiven Rechts an neue Entwicklungen unter Berücksichtigung der Aspekte Gerechtigkeit, Rechtssicherheit und Zweckmäßigkeit.

Da die Bundesrepublik Deutschland Mitglied der Europäischen Union ist, müssen beständig Gesetze an EU-Regelungen angepasst werden. Zudem haben zahlreiche Gesetze heute ihren Ursprung in Brüssel selbst und werden lediglich in nationales Recht übertragen oder konkretisiert. Die Umsetzung verschiedener Richtlinien der Europäischen Union führte beispielsweise mit Wirkung vom 1.1.2002 zu wesentlichen Änderungen des Schuldrechts.

Doch hat die Neuschöpfung von Gesetzen auch Grenzen. Die Gesetzgebung ist immer an die verfassungsmäßige Ordnung gebunden und „[e]ine Änderung des Grundgesetzes, durch welche die Gliederung des Bundes in Länder, die grundsätzliche Mitwirkung der Länder bei der Gesetzgebung oder die in den Artikeln 1 und 20 niedergelegten Grundsätze berührt werden, ist unzulässig". Dieser in Art. 79 III GG niedergelegte Verfassungskern („Ewigkeitsklausel") kann auch mit Verfassungsmehrheit oder gar Einstimmigkeit nicht geändert werden.

Einen wesentlichen Beitrag zur Fortentwicklung des Rechts leistet auch die Rechtsprechung. Nach Art. 20 III GG ist die Rechtsprechung an Gesetz und Recht gebunden. Ihre Aufgabe ist es, den konkreten Sachverhalt unter einen abstrakten Tatbestand zu subsumieren. Doch weist der Einzelfall oft neue, vom Gesetz nicht vorhergesehene und daher nicht berücksichtigte Aspekte auf. Der Richter hat dann einen gewissen Spielraum bei der Auslegung und Anwendung des Gesetzes. Entscheidungen der höchsten Gerichte (z. B. des Bundesgerichtshofs) sind hier richtungsweisend und werden von den unteren Gerichten meist übernommen. Das Richterrecht weist jedoch nicht dieselbe Verbindlichkeit auf wie das von der Legislative gesetzte Recht und so ist es Gerichten möglich, von Urteilen höherer Gerichte abzuweichen, soweit sie sich dabei im Rahmen der geltenden Gesetze bewegen.

Entscheidungen des Bundesverfassungsgerichts haben allerdings eine stärkere Bindungswirkung, da die Auslegungsgrundsätze von allen Gerichten und Behörden beachtet werden müssen. Entscheidungen des Bundesverfassungsgerichts über die Unvereinbarkeit einer Norm mit dem Grundgesetz haben Gesetzeskraft.

„Schau an, die Literatur hat aber doch enorme Fortschritte gemacht seit Moses!"

Karikatur: Wolter

Kompetent in Wirtschaft & Recht ●

erweitern – vertiefen – anwenden

M1 Die Fortentwicklung des Rechts: das Familienrecht im BGB

Norm § 1354

1900

Dem Manne steht die Entscheidung in allen das gemeinschaftliche eheliche Leben betreffenden Angelegenheiten zu; er bestimmt insbesondere Wohnort und Wohnung.

Die Frau ist nicht verpflichtet, der Entscheidung des Mannes Folge zu leisten, wenn sich die Entscheidung als Missbrauch seines Rechts darstellt.

1958

Weggefallen

Norm § 1355

1900

Die Frau erhält den Familiennamen des Mannes.

1958

Der Ehe- und Familienname ist der Name des Mannes. Die Frau ist berechtigt, durch Erklärung gegenüber dem Standesbeamten dem Namen des Mannes ihren Mädchennamen hinzuzufügen; die Erklärung muss öffentlich beglaubigt werden.

● Das Rollenverständnis in der Familie unterliegt einem ständigen Wandel, der sich auch in einer Fortentwicklung des Rechts niederschlägt: Vaters Geburtstag, 1880.

1977

(1) Die Ehegatten führen einen gemeinsamen Familiennamen.

(2) Zum Ehenamen können die Ehegatten bei der Eheschließung durch Erklärung gegenüber dem Standesbeamten den Geburtsnamen des Mannes oder den Geburtsnamen der Frau bestimmen. Treffen Sie keine Entscheidung, so ist Ehename der Geburtsname des Mannes. (...)

(3) Ein Ehegatte, dessen Geburtsname nicht Ehename wird, kann durch Erklärung gegenüber dem Standesbeamten dem Ehenamen seinen Geburtsnamen oder den zur Zeit der Eheschließung geführten Namen voranstellen; (...)

1996

(1) Die Ehegatten sollen einen gemeinsamen Familiennamen (Ehenamen) bestimmen. Die Ehegatten führen den von ihnen bestimmten Ehenamen. Bestimmen die Ehegatten keinen Ehenamen, so führen sie ihren zur Zeit der Eheschließung geführten Namen auch nach der Eheschließung.

(2) Zum Ehenamen können die Ehegatten durch Erklärung gegenüber dem Standesbeamten den Geburtsnamen oder den zur Zeit der Erklärung über die Bestimmung des Ehenamens geführten Namen der Frau oder des Mannes bestimmen.

(3) (...)

(4) Ein Ehegatte, dessen Name nicht Ehename wird, kann durch Erklärung gegenüber dem Standesbeamten dem Ehenamen seinen Geburtsnamen oder den zur Zeit der Erklärung über die Bestimmung des Ehenamens geführten Namen voranstellen oder anfügen. (...)

(5) Der verwitwete oder geschiedene Ehegatte behält den Ehenamen. Er kann durch Erklärung gegenüber dem Standesbeamten seinen Geburtsnamen oder den Namen wieder annehmen, den er bis zur Bestimmung des Ehenamens geführt hat, oder dem Ehenamen seinen Geburtsnamen oder den zur Zeit der Bestimmung des Ehenamens geführten Namen voranstellen oder anfügen.

Norm § 1356

1900

Die Frau ist unbeschadet der Vorschriften des § 1354 berechtigt und verpflichtet, das gemeinschaftliche Hauswesen zu leiten.

Zu Arbeiten im Hauswesen und im Geschäfte des Mannes ist die Frau verpflichtet, soweit eine solche Tätigkeit nach den Verhältnissen, in denen die Ehegatten leben, üblich ist.

1958

(1) Die Frau führt den Haushalt in eigener Verantwortung. Sie ist berechtigt, erwerbstätig zu sein, soweit dies mit ihren Pflichten in Ehe und Familie vereinbar ist.

(2) Jeder Ehegatte ist verpflichtet, im Beruf oder Geschäft des anderen Ehegatten mitzuarbeiten, soweit dies nach den Verhältnissen, in denen die Ehegatten leben, üblich ist.

1977

(1) Die Ehegatten regeln die Haushaltsführung im gegenseitigen Einvernehmen. Ist die Haushaltsführung einem der Ehegatten überlassen, so leitet dieser den Haushalt in eigener Verantwortung.

(2) Beide Ehegatten sind berechtigt, erwerbstätig zu sein. Bei der Wahl und Ausübung einer Erwerbstätigkeit haben sie auf die Belange des anderen Ehegatten und der Familie die gebotene Rücksicht zu nehmen.

Seit 1977 unverändert

Zusammenstellung des Autors

Aufgaben

1. Stellen Sie den Gang des Gesetzgebungsverfahrens für ein Bundesgesetz in Deutschland grafisch dar (→ Sozialkunde).

2. Gliedern Sie folgende Normen hierarchisch: Klassenordnung – Bayerisches Gesetz über das Erziehungs- und Unterrichtswesen (BayEUG) – Bayerische Verfassung – Grundgesetz – Schulordnung für die Gymnasien in Bayern.

3. Erläutern Sie den Grundsatz „Bundesrecht bricht Landesrecht" anhand der Auszüge aus der Verfassung des Landes Hessen (S. 138) und dem Grundgesetz der Bundesrepublik Deutschland.

4. Ordnen Sie folgende Gegebenheiten dem öffentlichen Recht bzw. dem Privatrecht zu:

   • Frederik Frisch kauft am Kiosk eine Tageszeitung.
   • Thorsten Grau verhandelt mit der Stadtverwaltung über die Erteilung einer Baugenehmigung.
   • Belinda unterschreibt einen Arbeitsvertrag für eine Ausbildung als Bankkauffrau.
   • Herbert Schwarz überweist dem Finanzamt seine Einkommenssteuer.
   • Die Gemeinde Nürnberg mietet ein Stockwerk eines Privathauses, um dort ein Büro zu errichten.
   • Die Gewerbeaufsicht wirft einem Bäckermeister vor, er beschäftige seine Auszubildenden bereits ab 2 Uhr morgens.

5. Recherchieren Sie mit Hilfe einer Tageszeitung oder des Internets aktuelle Beispiele und Begründungen für die Fortentwicklung des deutschen Rechts.

6. Diskutieren Sie unter Berücksichtigung der Karikatur (S. 140) die Notwendigkeit einer zunehmenden Verrechtlichung von Lebensbereichen, und erörtern Sie mögliche Folgen für die Gesellschaft.

7. Stellen Sie anhand von M1 dar, wie sich in der Fortentwicklung des Rechts das gewandelte Rollenverständnis von Mann und Frau widerspiegelt.

5.4 Naturrechtslehre und Rechtspositivismus

E **Dienstanweisung an die Grenztruppen der DDR**

> 2. Verhinderung von Grenzdurchbrüchen
> Es ist Ihre Pflicht, Ihre Einzelkämpfer- und tsche-
> kistischen Fähigkeiten so zu nutzen, daß Sie die
> List des Grenzverletzters durchbrechen, ihn stellen
> bzw. liquidieren, um somit die von ihm geplante
> Grenzverletzung zu vereiteln. Handeln Sie dabei
> umsichtig und konsequent, da die Praxis die Gefähr-
> lichkeit und Hinterhältigkeit der Verräter mehrfach
> beweist.
> Zögern Sie nicht mit der Anwendung der Schußwaffe,
> auch dann nicht, wenn die Grenzdurchbüche mit Frauen
> und Kindern erfolgen, was sich die Verräter schon
> oft zu nutze gemacht haben.
> Nach erfolgter Anwendung der Schußwaffe haben Sie
> entsprechend der unter Punkt 1. genannten Maßnahmen
> zu handeln.

Dienstanweisung vom 3.12.1974 für die „Einsatzkompanie" der Hauptabteilung I „NVA und Grenztruppen" des Ministeriums für Staatssicherheit der DDR

„Wo Recht zu Unrecht wird, wird Widerstand zur Pflicht, Gehorsam aber Verbrechen!" Diskutieren Sie diese Aussage.

Naturrechtslehre

Das *Naturrecht* oder das überpositive Recht ist eine rechtsphilosophische Bezeichnung für das Recht, das sich aus der Natur des Menschen ableitet und das demnach aus der reinen Vernunft, die allen Menschen eigen ist, erkennbar ist. Das Naturrecht ist damit von Raum und Zeit unabhängig und kann so als überstaatliches Recht angesehen werden. Dem Naturrechtsge-danken liegt die Überzeugung zugrunde, dass jeder Mensch von Natur aus mit unveräußerlichen Rechten ausgestattet ist, unabhängig von Geschlecht, Alter, Ort, Staatszugehörigkeit oder der Zeit und der Staatsform. Die Natur-rechtslehre reicht bis in die griechische Antike zurück und gewann im Zeit-alter der Aufklärung (17. bis 18. Jahrhundert) besondere politische Bedeu-tung. Sie stand im Gegensatz zur christlich-mittelalterlichen Auffassung, nach der Leben oder Freiheit durch die Gnade Gottes oder des Fürsten will-kürlich verliehen sind, ohne dass ein ursprüngliches Recht darauf bestehe. Zu Beginn des 19. Jahrhunderts wurde die Idee vom Naturrecht weitgehend verdrängt, es setzte sich die Vorstellung durch, dass das gewachsene, posi-tive Recht als die alleinige Quelle eines jeden Rechtssystems zu gelten habe. In und nach dem zweiten Weltkrieg sind unter dem Eindruck des Missbrauchs des Rechts durch totalitäre Regime naturrechtliche Vorstellun-gen wieder in den Vordergrund getreten. Nun wurde z. B. im Rahmen der Vereinten Nationen verstärkt versucht, das Naturrecht in Form von Men-schenrechtserklärungen zu positivieren, um ihm zur Durchsetzung zu ver-helfen.

Wenn der Gedrückte nirgends
  Recht kann finden,
Wenn unerträglich wird die
  Last – greift er
Hinauf getrosten Mutes in
  den Himmel,
Und holt herunter seine
  ew'gen Rechte,
Die droben hangen unver-
  äußerlich
Und unzerbrechlich wie
  die Sterne selbst –
Der alte Urstand der Natur
  kehrt wieder,
Wo Mensch dem Menschen
  gegenübersteht –

Friedrich Schiller,
Wilhelm Tell, 2. Aufzug,
2. Szene

Rechtspositivismus

Im Gegensatz zur Naturrechtslehre sieht der Rechtspositivismus den Ursprung des Rechts allein im „positiven", d. h. ausschließlich staatlich gesetzten und staatlich anerkannten Recht (z. B. Gewohnheitsrecht, Richterrecht). Für den Rechtspositivismus gelten demnach keine allgemein gültigen und überzeitlichen Rechtsnormen, wie sie dem Naturrecht eigen sind. Das Recht beruht nach dieser Auffassung auf dem bloßen Willen des Staates als Recht setzender Autorität. Der Rechtspositivismus erlebte seine Blüte in der zweiten Hälfte des 19. Jahrhunderts, als die meisten Staaten dazu übergingen, ihr Recht zu kodifizieren und dadurch berechenbar zu machen. Nach dem zweiten Weltkrieg galt der Rechtspositivismus als eine Ursache dafür, dass die Durchsetzung der nationalsozialistischen Unrechtsgesetze möglich war. Dadurch traten die schon seit dem Anfang des 20. Jahrhunderts vorhandenen Gegenströmungen in den Vordergrund, etwa die Auffassung, dass positives Recht wegen seines Inhalts gesetztes Unrecht sein könne.

● *Kompetent in Wirtschaft & Recht*
erweitern – vertiefen – anwenden

M1 **Fünf Minuten Rechtsphilosophie von Gustav Radbruch**

Erste Minute

Befehl ist Befehl, heißt es für den Soldaten. Gesetz ist Gesetz, sagt der Jurist. Während aber für den Soldaten Pflicht und Recht zum Gehorsam aufhören,
5 wenn er weiß, dass der Befehl ein Verbrechen oder ein Vergehen bezweckt, kennt der Jurist, seit vor etwa hundert Jahren die letzten Naturrechtler unter den Juristen ausgestorben sind, keine solche Ausnahmen von der Geltung des Gesetzes und vom Gehor-
10 sam der Untertanen des Gesetzes. Das Gesetz gilt, weil es Gesetz ist, und es ist Gesetz, wenn es in der Regel der Fälle die Macht hat, sich durchzusetzen.

Diese Auffassung vom Gesetz und seiner Geltung (wir nennen sie die positivistische Lehre) hat die Ju-
15 risten wie das Volk wehrlos gemacht gegen noch so willkürliche, noch so grausame, noch so verbrecherische Gesetze. Sie setzt letzten Endes das Recht der Macht gleich, nur wo die Macht ist, ist das Recht.

Zweite Minute

20 Man hat diesen Satz durch einen anderen Satz ergänzen oder ersetzen wollen: Recht ist, was dem Volke nützt. Das heißt: Willkür, Vertragsbruch, Gesetzwidrigkeit sind, sofern sie nur dem Volke nüt-

Gustav Radbruch (1878–1949) gilt als einer der einflussreichsten Rechtsgelehrten des 20. Jahrhunderts.

zen, Recht. Das heißt praktisch: was den Inhaber der Staatsgewalt gemeinnützig dünkt, jeder Einfall und jede Laune des Despoten, Strafe ohne Gesetz und Urteil, gesetzloser Mord an Kranken sind Recht. Das kann heißen: Der Eigennutz der Herrschenden wird als Gemeinnutz angesehen. Und so hat die Gleichsetzung von Recht und vermeintlichem oder angeblichem Volksnutzen einen Rechtsstaat in einen Unrechtsstaat verwandelt. Nein, es hat nicht zu heißen:

Alles was dem Volke nützt, ist Recht, vielmehr umgekehrt: Nur was Recht ist, nützt dem Volke.

Dritte Minute
Recht ist Wille zur Gerechtigkeit. Gerechtigkeit aber heißt: ohne Ansehen der Person richten, an gleichem Maße alle messen.

Wenn die Ermordung politischer Gegner geehrt, der Mord am Andersrassigen geboten, die gleiche Tat gegen die eigenen Gesinnungsgenossen aber mit den grausamsten, entehrendsten Strafen geahndet wird, so ist das weder Gerechtigkeit noch Recht. Wenn Gesetze den Willen zur Gerechtigkeit bewusst verleugnen, z. B. Menschenrechte Menschen nach Willkür gewähren und versagen, dann fehlt diesen Gesetzen die Geltung, dann schuldet das Volk ihnen keinen Gehorsam, dann müssen auch die Juristen den Mut finden, ihnen den Rechtscharakter abzusprechen.

Vierte Minute
Gewiss, neben der Gerechtigkeit ist auch der Gemeinnutz ein Ziel des Rechts. Gewiss, auch das Gesetz als solches, sogar das schlechte Gesetz, hat noch immer einen Wert – den Wert, das Recht Zweifeln gegenüber sicherzustellen. Gewiss, menschliche Unvollkommenheit lässt im Gesetze nicht immer alle drei Werte des Rechts: Gemeinnutz, Rechtssicherheit und Gerechtigkeit, sich harmonisch vereinigen, und es bleibt dann nur übrig abzuwägen, ob dem schlechten, dem schädlichen oder ungerechten Gesetze um der Rechtssicherheit willen dennoch Geltung zuzusprechen, oder um seiner Ungerechtigkeit oder Gemeinschädlichkeit willen die Geltung zu versagen sei. Das aber muss sich dem Bewusstsein des Volkes und der Juristen tief einprägen: Es kann Gesetze mit einem solchen Maße von Ungerechtigkeit und Gemeinschädlichkeit geben, dass ihnen die Geltung, ja der Rechtscharakter abgesprochen werden muss.

Fünfte Minute
Es gibt also Rechtsgrundsätze, die stärker sind als jede rechtliche Satzung, sodass ein Gesetz, das ihnen widerspricht, der Geltung bar ist. Man nennt diese Grundsätze das Naturrecht oder das Vernunftrecht. Gewiss sind sie im Einzelnen von manchem Zweifel umgeben, aber die Arbeit der Jahrhunderte hat doch einen festen Bestand herausgearbeitet, und in den sogenannten Erklärungen der Menschen- und Bürgerrechte mit so weitreichender Übereinstimmung gesammelt, dass in Hinsicht auf manche von ihnen nur noch gewollte Skepsis den Zweifel aufrechterhalten kann.

In der Sprache des Glaubens aber sind die gleichen Gedanken in zwei Bibelworten niedergelegt. Es steht einerseits geschrieben: Ihr sollt gehorsam sein der Obrigkeit, die Gewalt über euch hat. Geschrieben steht aber andererseits auch: Ihr sollt Gott mehr gehorchen als den Menschen – und das ist nicht etwa nur ein frommer Wunsch, sondern ein geltender Rechtssatz. Die Spannung aber zwischen diesen beiden Worten kann man nicht durch ein Drittes lösen, etwa durch den Spruch: Gebet dem Kaiser was des Kaisers und Gott was Gottes ist –, denn auch dieses Wort lässt die Grenzen im Zweifel. Vielmehr: Es überlässt die Lösung der Stimme Gottes, welche nur angesichts des besonderen Falles im Gewissen des Einzelnen zu ihm spricht.

Gustav Radbruch, Fünf Minuten Rechtsphilosophie,
in: Rhein-Neckar-Zeitung, 12.9.1945

M2 Die Anwendung der Radbruch'schen Formel bei den Mauerschützenprozessen

Nach der Vereinigung von Bundesrepublik Deutschland und Deutscher Demokratischer Republik stellte sich die Frage, wie bundesrepublikanische Gerichte in der DDR begangene Menschenrechtsverletzungen ahnden sollten, etwa den Schusswaffengebrauch an der innerdeutschen Grenze gegen unbewaffnete Flüchtlinge. Der zwischen beiden deutschen Staaten abgeschlossene Einigungsvertrag sieht die Anwendbarkeit von DDR-Recht für in der DDR begangene Taten vor (Artikel 315 Einführungsgesetz zum Strafgesetzbuch [EGStGB]). Angehörige der Grenztruppen bzw. der politischen Führung der DDR wurden wegen der gewaltsamen Hinderung von Grenzübertritten nach dem Strafgesetzbuch der DDR verurteilt, wobei die bundesdeutschen Gerichte diese Vorschriften unter Hinweis auf die Verfassung der DDR und dem von dieser abgeschlossenen Pakt über bürgerliche und politische Rechte anwendeten, der von der DDR aber nie in innerstaatliches Recht umgesetzt worden ist. Der Gebrauch der Schusswaffe lasse sich nicht rechtfertigen, da ein solcher „Schießbefehl" wegen offensichtlichen, unerträglichen Verstoßes gegen elementare Gebote der Gerechtigkeit und gegen völkerrechtlich geschützte Menschenrechte unwirksam sei. Eine derartige Auslegung war während des tatsächlichen Bestehens dieser Vorschriften durch die dazu berufenen Organe der DDR eben nicht möglich.

Gerade bei der Beurteilung des Schusswaffeneinsatzes von Angehörigen der Grenztruppen der DDR und der juristischen Verantwortung der politischen Führung der DDR durch Gerichte der Bundesrepublik zeigte sich die Anwendbarkeit einer von dem Rechtsgelehrten Gustav Radbruch (1878–1949; Reichsjustizminister von 1921–22 und 1923) entwickelten These, wonach der Richter zunächst am positiven (gesetzten) Recht seine Urteilsfällung auszurichten habe und nur in Zweifelsfällen, in denen das sonst anzuwendende Gesetz als unerträglich ungerecht anzusehen sei oder die Gleichheit der Rechtsunterworfenen bewusst verleugne, nach materiellem Gerechtigkeitsempfinden entscheiden soll. Ähnlich hatten bereits Bundesgerichtshof und Bundesverfassungsgericht bei der Frage der Anwendbarkeit nationalsozialistischer Vorschriften in der Nachkriegszeit entschieden. Zwar war nach dem Wortlaut der Vorschriften der DDR die Tötung von Flüchtlingen erlaubt, doch widersprechen diese Vorschriften elementaren Rechtsprinzipien, sodass das Strafgesetzbuch der DDR auf solche Fälle anzuwenden war, ohne dass sich die Angeklagten auf einen angeblichen Rechtfertigungsgrund des DDR-Rechts berufen konnten.

http://www.janvonbroeckel.de/jura/rechtsphilosophie/
wtellundnaturrecht.html (19.03.2008)

Aufgaben

1. Untersuchen Sie, wo in der Bayerischen Verfassung und im Grundgesetz der Bundesrepublik Deutschland der Naturrechtsgedanke Eingang gefunden hat.

2. Grenzen Sie die Begriffe „positives Recht" und „Rechtspositivismus" voneinander ab.

3. Interpretieren Sie den Auszug aus Schillers „Wilhelm Tell" im Hinblick auf den Naturrechtsgedanken (S. 143).

4. Erläutern Sie, wie die Radbruchsche Rechtsauffassung bei der juristischen Aufarbeitung der „Mauerschützenprozesse" zum Ausdruck kommt (M1, M2).

5.5 Recht und Gerechtigkeit

E Damit es gerecht zugeht

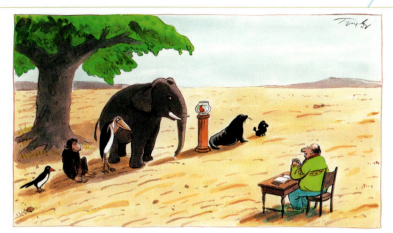

„Damit es gerecht zugeht, erhalten Sie alle die gleiche Prüfungsaufgabe: Klettern Sie auf den Baum!"

Karikatur: Hans Traxler

Begründen Sie, was an der in der Karikatur gestellten Aufgabe gerecht, was ungerecht ist.

Gerechtigkeit als oberstes Ziel des Rechts

Die Gerechtigkeit bildet das oberste Ziel des Rechts. Diesem zentralen Grundwert soll das Recht überall und zu allen Zeiten verpflichtet sein. Ein gerechtes Ordnungs- und Verteilungsprinzip zielt darauf ab, „jedem das Seine" (suum cuique) zu gewähren. Die Unterscheidung zwischen ausgleichender und austeilender Gerechtigkeit geht auf Aristoteles zurück. Die *ausgleichende Gerechtigkeit* (iustitia commutativa) betrifft das Verhältnis der Einzelnen zueinander. Hierzu gehört es zum Beispiel, geschlossene Verträge einzuhalten oder gegebenenfalls Schadensersatz zu leisten. Die *austeilende Gerechtigkeit* (iustitia distributiva) bezieht sich auf die Rechte und Pflichten der Einzelnen gegenüber der Gemeinschaft. Jedermann soll der staatlichen Gemeinschaft das Ihre geben, indem er seine staatsbürgerlichen Pflichten erfüllt, seiner Steuerpflicht nachkommt und das Staatswesen mit gestaltet. Die Gemeinschaft gibt dabei jedem Individuum das ihm Zustehende zurück, etwa durch Fürsorge bei Bedürftigkeit oder aber auch durch angemessene Sanktionen bei Rechtsverstößen.

Ein wesentliches Merkmal der Gerechtigkeit ist die *Gleichheit*. Keiner darf ohne objektiven Grund bevorzugt oder benachteiligt werden. Das bedeutet nicht, völlig gleiche, sondern nur jeweils gleichmäßige Behandlung unter Berücksichtigung der bestehenden Unterschiede. Gleichartiges und Gleichwertiges ist also gleich, Ungleiches ungleich zu behandeln. Dabei bestimmt der jeweilige Zeitgeist, was gleichartig und was gleichwertig ist. Das Beispiel des Frauenwahlrechts mag dies verdeutlichen. Während es in Finnland 1906 und in Deutschland 1918 eingeführt wurde, dauerte es in der Schweiz immerhin bis 1971, ehe Frauen zur Wahlurne schreiten durften.

Neben der Gleichheit zählt die *Billigkeit* zu den Bedeutungsinhalten der Gerechtigkeit. Unter Billigkeit ist die Gerechtigkeit im Einzelfall zu verstehen, es ist also den Besonderheiten des einzelnen Falls Rechnung zu tragen (individualisierende Gerechtigkeit). Dass diese Forderung schwer zu erfüllen ist, gründet in der Tatsache, dass gesetzliche Normen in der Regel so verfasst sind, dass sie eine möglichst große Zahl von Lebenssituationen erfassen, also möglichst allgemeingültig formuliert sind. Man spricht in diesem Zusammenhang von der generalisierenden Gerechtigkeit.

Als dritter wesentlicher Aspekt der Gerechtigkeit im juristischen Sinn ist die *Rechtssicherheit* zu nennen. Sie bildet die Grundlage für das Vertrauen der Menschen in die Rechtsordnung. Jedermann muss erkennen können, welches Recht zu welcher Zeit an welchem Ort Gültigkeit besitzt. Dabei spielt die Rechtsetzung oder *Positivierung* eine entscheidende Rolle. Nur durch allgemein geltende Normen lassen sich die Beziehungen der Menschen untereinander ordnen und unterschiedliche Interessen zum Ausgleich bringen. Neben der Positivierung ist es auch wichtig, dass die Rechtsnormen eine gewisse Beständigkeit aufweisen. Das Vertrauen in die Rechtsgeltung hängt entscheidend davon ab, dass man sich nach einer bestimmten Gesetzeslage richten und sich auf sie einstellen kann. Dabei muss aber auch eine ständige Fortentwicklung des Rechts, eine Anpassung an sich verändernde gesellschaftliche oder technische Gegebenheiten möglich bleiben. Zur Gewährleistung der Rechtssicherheit bedarf es außerdem *eindeutiger Regelungen*. Regelungen sind eindeutig, wenn ihr Rechtsinhalt klar und unmissverständlich zu erkennen ist. Die Beachtung bestimmter Formalien bringt Ordnung und Sicherheit. So wird zum Beispiel der äußere Ablauf eines Gerichtsverfahrens durch Formvorschriften geregelt. Schließlich hängt die Rechtssicherheit noch entscheidend davon ab, ob das Rechtssystem in der Lage ist, verbindliche, unabänderliche Rechtsergebnisse zustande zu bringen. Jedes Rechtsverfahren muss irgendwann rechtskräftig werden.

Gerechtigkeit im Allgemeinen
„Gleiches ist gleich,
Ungleiches ungleich
zu behandeln"

Gleichheit
Billigkeit
Gerechtigkeit
Rechtssicherheit

Gerechtigkeit im Einzelfall
„Jedem das Seine"

M1 Ist das gerecht?

Stuttmann/CCC, www.c5.net

M2 Die Darstellung der Gerechtigkeit in der Antike

In der ägyptischen Mythologie ist **Maat** die Göttin der Gerechtigkeit. Sie wird durch eine junge Frau mit einer Straußenfeder auf dem Kopf symbolisiert und verkörpert das Gleichgewicht der Welt und ihre Ordnung. Maat ist eine Schwester namens Isfet zugeordnet, die für Chaos steht. Diese ist gewissermaßen eine negativ besetzte „Gegengottheit". Obwohl Isfet gefürchtet wird, weil sie Leid und Verwüstung mit sich bringt, wird ihre eigentliche Existenz nicht in Frage gestellt, da beide Aspekte, das Positive und das Negative, vorhanden sein müssen, damit ein Gleichgewicht bestehen kann. In Kultstätten der Maat fanden „polizeiliche" Vernehmungen statt; auch Untersuchungsgefangene wurden in ihnen verwahrt. Hohe Richter trugen einen Brustschmuck mit dem Bild der Göttin; dies sollte sie wohl als Priester der Maat kennzeichnen.

Themis ist in der griechischen Mythologie die Tochter des Uranos und der Gaia und gehört zum Göttergeschlecht der Titanen. Sie gilt als Göttin der Gerechtigkeit und der Ordnung sowie der Philosophie. Sie war die zweite Gattin des Zeus, der mit ihr die Horen (Göttinnen, die das geregelte Leben überwachten) und Moiren (eine Dreiergruppe von Schicksalsgöttinnen) zeugte.

Dike ist eine der drei Horen, die meist gemeinsam auftreten, und somit als Tochter von Zeus und Themis eine Schwester von Eunomia und Eirene. Diese wurden vor allem in den Städten Athen, Argos und Olympia verehrt. Sie gilt als Personifikation der Gerechtigkeit. Mit ihrer Abstammung wird zum Ausdruck gebracht, dass die Gerechtigkeit ihren Ursprung in entsprechender Macht (Zeus) bei gerechten Gesetzen (Themis) findet.

Aequitas (lateinisch: Gleichheit) bezeichnete im alten Rom die ausgleichende Gerechtigkeit und Billigkeit, ein wichtiges Prinzip im römischen Recht. Sie wurde auch als Personifikation einer Gottheit dargestellt, so schon auf Münzen der römischen Republik. Auf Münzen der Kaiserzeit häuften sich die Darstellungen etwa seit der Mitte des 1. Jahrhunderts n. Chr. Auf den Darstellungen hält sie eine Waage, ein Füllhorn und ein Zepter.

Justitia ist die römische Göttin der Gerechtigkeit und des Rechtswesens. Als solche wird sie auch heute noch oft als Wahrzeichen für die Justiz ver-

Maat   Themis   Aequitas   Justitia

wendet. Sie wird meist als Jungfrau mit verbundenen Augen oder einem Diadem dargestellt, die in einer Hand eine Waage, in der anderen das Richtschwert hält. Dies soll verdeutlichen, dass das Recht ohne Ansehen der Person (Augenbinde), nach sorgfältiger Abwägung der Sachlage (Waage) gesprochen und schließlich mit der nötigen Härte (Richtschwert) durchgesetzt wird. Der schräge Balken der Waage symbolisiert den Grundsatz „In dubio pro reo" (im Zweifel für den Angeklagten). Gelegentlich wird sie auch auf einer Schildkröte stehend dargestellt, womit symbolisiert wird, dass jedes gründliche Verfahren seine Zeit braucht.

Autorentext

Aufgaben

1. Stellen Sie die Dimensionen der Gerechtigkeit bei Aristoteles dar, und setzen Sie Ihr Ergebnis in eine Grafik um.

2. Interpretieren Sie die Hymne „Der Dike" aus den Hymnen des Orpheus (S. 148).

3. Erläutern Sie, welcher Bedeutungsinhalt des Begriffs „Gerechtigkeit" in der Karikatur M1 angesprochen wird.

4. Arbeiten Sie aus den unterschiedlichen Darstellungen der Gerechtigkeit in der Antike (M2) Gemeinsamkeiten heraus, und interpretierten Sie diese im Hinblick auf die verschiedenen Bedeutungsinhalte des Gerechtigkeitsbegriffs.

A Ein Biergarten am See

Herr Wirth hat in einem Wohngebiet an einem bayerischen See ein Grundstück mit altem Baumbestand nach deutschem Erbrecht in direkter Erbfolge von seinem Vater geerbt. Er nutzt dieses Grundstück, um sich selbstständig zu machen und plant die Eröffnung eines Biergartens. Der von ihm beauftragte Architekt hat bereits eine preiswerte Lösung für die Wirtschaftsgebäude in Fertigbauweise entworfen. Unter anderem muss gemäß der bayerischen Gaststättenbauverordnung auch für ausreichende Sanitäranlagen gesorgt werden.

Als Wirth seinen Bauantrag im Rathaus einreicht, erfährt er, dass der als Gemeindesatzung erlassene Bebauungsplan nur Gebäude im ortstypischen Baustil zulässt, was mit erheblichen Mehrkosten verbunden wäre. Sein Geschäftskonzept, das sich vor allem an jüngeren Gästen orientiert, sieht einen Biergarten mit Live-Musik vor, der täglich bis 1 Uhr geöffnet bleiben soll. Er muss erfahren, dass die „Bayerische Biergartenverordnung für Biergärten in der Nachbarschaft von Wohnbebauung" (erlassen aufgrund des Bundesimmissionsschutzgesetzes) Folgendes vorsieht: Musikdarbietungen sind „spätestens um 22 Uhr" zu beenden; die Betriebszeit ist so zu beenden, „dass der zurechenbare Straßenverkehr bis 23.00 abgewickelt ist".

Wirth ist empört und sieht sich in seinen Entfaltungsmöglichkeiten als Unternehmer und damit in seinem Grundrecht auf freie Entfaltung seiner Persönlichkeit in unzumutbarer Weise eingeschränkt.

Abituraufgabe Bayern 2004

Aufgabe

Erstellen Sie eine Übersicht, in der eine Hierarchie der im Text angesprochenen Quellen des Rechts erkennbar wird.

A Die Rache des digitalen Sherifs

Regensburg – Die Industrie wehrt sich mit Abmahnwellen gegen den illegalen Download von Musik. Auch die Regensburgerin Petra Florer soll zahlen. Forderungen von 3.000 Euro sind Standard. Wer sie vermeiden will, sollte die Finger von Musik-Tauschbörsen im Internet lassen.

„Mein Gott, wie hätte ich denn wissen sollen, dass das solche Konsequenzen hat, das macht doch jeder", sagt Petra Florer (Name von der Redaktion geändert). Freilich hatte die 20-Jährige schon gehört, dass es illegal ist, sich auf krummen Wegen Musik aus Tauschbörsen im Internet zu besorgen. Als jedoch plötzlich ein Schreiben der Staatsanwaltschaft Regensburg im Briefkasten steckte, fiel die junge Studentin aus allen Wolken. Die Staatsanwaltschaft hatte ein strafrechtliches Ermittlungsverfahren gegen sie eingeleitet. Völlig entsetzt war Petra, als sie auch noch das Schreiben einer Hamburger Anwaltskanzlei mit den zivilrechtlichen Folgen erhielt.

Von Petra Florers Computer, der über seine IP-Adresse identifizierbar ist, waren auf einer „Musik-Tauschbörse" komprimierte Musikdateien (sogenannte MP3-Files) heruntergeladen worden. (...) Zwar kann ein Teilnehmer durch Veränderung der Einstellung der Software verhindern, dass auf dem eigenen Rechner befindliche Daten Dritten zugänglich gemacht werden. Doch das hatte sie wiederum nicht getan. Per Screenshot hatten digitale Kontrolleure der Firma plusMedien den nächtlichen Datenaustausch dokumentiert. Die grundsätzliche Rechtslage ist klar: Wer Musik auf einer CD oder digitale MP3s im Internet kauft, darf diese zwar für private Zwecke kopieren (um sie zum Beispiel auch im Auto hören zu können), er darf sie aber nicht in Tauschbörsen anderen Internet-Nutzern zugänglich und zum kostenlosen Kopieren nutzbar machen.

nach: Abituraufgabe 2008

Aufgabe

Stellen Sie anhand der möglichen rechtlichen Folgen für Petra Florer die Unterschiede zwischen Privatrecht und öffentlichem Recht dar. Lesen Sie dazu die Auszüge aus dem Urheberrechtsgesetz auf S. 202 und S. 204.

Z Grundlagen unserer Rechtsordnung

Das **Recht** ist ein **Teil** der **sozialen Lebensordnung** einer Gesellschaft. Das **objektive Recht**, die Rechtsordnung, stellt die Gesamtheit der staatlich institutionalisierten Regeln dar, die menschliches Verhalten anleiten oder beeinflussen. Als **subjektives Recht** bezeichnet man ein Recht, das einem Einzelnen von der Rechtsordnung gewährt wird.

Neben der Rechtsordnung wird die soziale Lebensordnung auch von **Sitten und Gebräuchen** und den Verhaltensregeln der **Religion** geprägt. Das Recht unterscheidet sich von den beiden anderen Bestandteilen der sozialen Lebensordnung dadurch, dass es **durch staatliche Maßnahmen erzwingbar** ist.

Die wichtigsten **Funktionen des Rechts** in einer Gesellschaft sind

- die **Friedensfunktion** (das Recht hilft Konflikte zu verhüten und Konflikte gewaltfrei zu lösen),
- die **Schutzfunktion** (das Recht soll den jeweils Schwächeren schützen) und
- die **Ordnungsfunktion** (das Recht schafft Ordnung, es sagt, was verboten und was erlaubt ist).

Dabei soll ein jeweils objektiv **gerechter Interessenausgleich** der Beteiligten herbeigeführt werden.

Als **Quellen des Rechts** gelten das **Naturrecht** (Recht, das nicht von Menschen gemacht, sondern von der Natur vorgegeben ist) und das **positive Recht** (durch Rechtsetzung oder durch Rechtsprechung entstandenes Recht).

Bezüglich des positiven Rechts gilt im föderalistischen System der Bundesrepublik Deutschland der Grundsatz **Bundesrecht bricht Landesrecht**, wobei die von der Legislativen erlassenen Gesetze über den von der Exekutiven erlassenen Verordnungen stehen.

Das **öffentlichen Recht** regelt das Verhältnis des Einzelnen zum Staat sowie das Verhältnis der Verwaltungsträger zueinander. Zwischen Staat und Bürger besteht ein Über- bzw. Unterordnungsverhältnis.

Das **Privatrecht** regelt die rechtlichen Beziehungen der Personen zueinander. Im Privatrecht herrscht der Gleichordnungsgrundsatz.

Das Recht muss sich in einer sich wandelnden Gesellschaft ständig **fortentwickeln**, um seine Funktionen erfüllen zu können.

Dem **Naturrechtsgedanken** liegt die Überzeugung zugrunde, dass jeder Mensch von Natur aus mit unveräußerlichen Rechten ausgestattet ist, unabhängig von Geschlecht, Alter, Ort, Staatszugehörigkeit oder der Zeit und der Staatsform.

Nach der Auffassung des **Rechtspositivismus** beruht das Recht auf dem bloßen Willen des Staates als Recht setzender Autorität.

Der Rechtspositivismus gilt als eine Ursache für die Durchsetzung von „Unrechtsgesetzen" von totalitären Regimen. In und nach dem zweiten Weltkrieg ist deshalb die naturrechtliche Idee durch die Anerkennung allgemein gültiger, unveräußerlicher **Grund- und Menschenrechte** wieder in den Vordergrund getreten.

Sowohl in der **Bayerischen Verfassung** als auch im **Grundgesetz** hat der Naturrechtsgedanke Eingang gefunden.

Die **Gerechtigkeit** ist das oberste Ziel jeden Rechts. Wesentliche Aspekte der Gerechtigkeit sind die **Gleichheit** (Gerechtigkeit im Allgemeinen) und die **Billigkeit** (Gerechtigkeit im Einzelfall) sowie im juristischen Sinne die **Rechtssicherheit**, die die Grundlage für das Vertrauen der Menschen in die Rechtsordnung bildet.

6. Das Strafrecht

„Der hat doch so was schon ganz oft gemacht – offensichtlich ist ihm nie wirklich was passiert."

„Ich hab mich schon mal mit ihm unterhalten; der ist eigentlich ganz nett."

Drei Jugendliche im Alter von 17 Jahren kommen gegen 20.00 Uhr aus dem Kino und gehen zum gegenüberliegenden Busbahnhof, um nach Hause zu fahren. Dort begegnet ihnen eine Gruppe Jugendlicher, zwei Jungen und ein Mädchen. Einer der Jungen fordert die Jugendlichen auf, ihm Zigaretten zu geben. Als die das ablehnen, versetzt der Junge einem der Jugendlichen unvermittelt einen Schlag auf den Kopf und versucht, ihn mit der Faust in den Magen zu boxen. Mit einem abgebrochenen Stuhlbein, das er in der Hand hinter dem Rücken versteckt hält, drischt er auf die Knie des Jugendlichen ein. Anschließend geht er auf den zweiten Jugendlichen zu und schlägt ihn ins Gesicht. Die Angegriffenen flüchten zurück zum Kino. Sie kennen den Täter, da er dasselbe Schulzentrum besucht. Nachdem die Verletzten ärztlich versorgt worden sind, überlegen sie, ob sie Strafanzeige erstatten sollen. Dabei werden auch Bedenken geäußert ...
Bundesministerium der Justiz, Ich habe Rechte, Berlin 2004

„Ich möchte nicht daran schuld sein, dass er ins Gefängnis kommt. Ich will nicht die Verantwortung für das Urteil tragen. Dann würde alles noch schlimmer werden, und er würde noch mehr Hass aufbauen."

„Wenn ich Anzeige erstatte, stehe ich im Mittelpunkt; unter Jugendlichen zeigt man sich doch nicht an."

Stellen Sie sich vor, Sie seien eingesperrt in einem ziemlich kleinen Zimmer. Die Einrichtung ist sehr ärmlich. Nur die schwere Eisentür mit dem Guckloch ist teuer, und sie kostet mehr als die übrige Einrichtung. Was Sie täglich zum einfachsten Leben brauchen, ist vorhanden: Essen, ein kleines Waschbecken, Wäsche, eine Toilette. Sie haben sogar eine Beschäftigung. Allerdings ist sie monoton und wird mit Centbeträgen entlohnt. Während der Arbeit und in der Freizeit haben Sie Kontakt zu anderen Menschen, allerdings nur des gleichen Geschlechts, und Sie können sie sich nicht aussuchen. Das beruht auf Gegenseitigkeit. Einmal am Tag dürfen Sie eine Stunde im Freien zubringen. Besuch von Angehörigen gibt es einmal im Monat, allerdings nur kurz und in einer völlig verqueren Atmosphäre, die einen unbefangenen Umgang unmöglich macht. Überhaupt haben Sie kein richtiges eigenes Leben. Entweder sind Sie völlig allein. Aber eine Intimität ist nicht vorhanden, weil Sie jederzeit durch das Loch in der Tür beobachtet werden können wie ein Kaninchen im Stall. Alles ist zentral und total organisiert, bis zur zentralen Schaltung der Zellenbeleuchtung.
Uwe Wesel, Fast alles, was Recht ist, Frankfurt 2007, S. 241f.

---

1. Führen Sie die Diskussion zwischen den angegriffenen Jugendlichen fort.

2. Legen Sie dar, welche Aspekte des Gefängnislebens Sie am wenigsten ertragen könnten.

3. Erörtern Sie alternative Maßnahmen zu einer Gefängnisstrafe im dargestellten Fall.

6.1 Stellung und Bedeutung des Strafrechts

E **Wann sind Strafen notwendig?**

David Dicks, seit Juni Polizeichef von Flint in der Nähe von Detroit, Michigan, hat seine Beamten auf die Verfolgung eines Vergehens angesetzt, das bisher nicht als solches erkannt worden war. Das Tragen von tief sitzenden Jeans, eine Modeerscheinung, die viele lediglich als Geschmacksverirrung bewerten, stuft Dicks als „unmoralischen Ausdruck der Persönlichkeit" ein, der über das Recht auf freie Meinungsäußerung hinausgehe. Dicks (...) argumentiert eigenwillig: Baggy-Jeans seien „unanständig", also sei es „unanständiges Benehmen" sie zu tragen – und Erregung öffentlichen Ärgernisses sei schon immer ein Vergehen gewesen. Dafür könne im US-Staat Michigan bis zu ein Jahr Gefängnis oder 500 Dollar Geldstrafe verhängt werden. Ist der Allerwerteste sichtbar, gilt der Tatbestand der Erregung öffentlichen Ärgernisses als erfüllt. Die Stadt Flint hat eine der höchsten Kriminalitätsraten der gesamten USA.

Der Spiegel 32/2008, S. 152

Diskutieren Sie, inwiefern die beschriebenen „Vergehen" eine strafrechtliche Verfolgung erfordern.

Strafrecht als Teil des öffentlichen Rechts

Das Privatrecht regelt das Verhältnis der Bürger untereinander. Dabei sind die Beteiligten gleichgeordnet. Im Zivilprozess zeigt sich dies z. B. im Verhandlungsgrundsatz: Der Richter entscheidet aufgrund der vorgelegten Beweise, er wird nicht von sich aus tätig; er ist lediglich ein „Schiedsrichter" zwischen den Parteien.

Im *Strafrecht*, das *Teil des öffentlichen Rechts* ist, ist der Bürger dem Staat untergeordnet. Im Strafprozess zeigt sich dies unter anderem darin, dass nicht Bürger gegen Bürger Klage erhebt (wie im Zivilprozess), sondern das *Anklagemonopol* bei der Staatsanwaltschaft liegt. Im Prozess gilt der „Untersuchungsgrundsatz": Der Staat wird also von sich aus tätig, da an der Verfolgung der Straftat – im Gegensatz zum Privatrecht – ein öffentliches Interesse besteht. Der Strafanspruch steht ausschließlich dem Staat zu und liegt im *Gewaltmonopol* des Staates begründet, welches die Selbstjustiz verbietet.

Subsidiarität des Strafrechts

Das Strafrecht dient der Aufrechterhaltung des gesellschaftlichen Friedens und der allgemeinen Ordnung, indem es bestimmte für das Zusammenleben der Menschen wichtige Rechtsgüter (das Leben, das Eigentum, ...) schützt. Es greift mit seinen Sanktionen am weitesten in das Leben der Menschen ein. In einem Rechtsstaat ist dieses Instrument mit Zurückhaltung einzusetzen, der Einsatz ist an feste Regeln gebunden. Es gilt der Satz, dass das Strafrecht die „ultima ratio", das letzte Mittel des Rechtssystems ist, wenn es darum geht, die elementaren Rechtsfunktionen wie Konfliktvermeidung, Friedens-

Die meisten Delikte im Straßenverkehr sind Ordnungswidrigkeiten.

sicherung und Schutz zu gewährleisten (vgl. dazu S. 134 f.). Es ist damit subsidiär zu anderen Rechtsbereichen (z. B. dem Privatrecht) und kommt nur zum Einsatz, wenn andere Zwangsmittel versagt haben (Grundsatz der Verhältnismäßigkeit).

Mit der Reform des Strafrechts, die in die Neufassung des Strafgesetzbuches von 1975 mündete, wurden alle Strafvorschriften im Hinblick auf die Strafwürdigkeit der normierten Tatbestände überprüft. Insbesondere wurden Verstöße gegen Ordnungsvorschriften aus dem Strafrecht ausgegliedert und dem Recht der Ordnungswidrigkeiten (OWiG) zugeordnet. Entsprechend dem Ultima-ratio-Prinzip sind reine Ordnungswidrigkeiten (z. B. die meisten Verstöße im Straßenverkehr) kein kriminelles Unrecht: Sie werden nach dem Ordnungswidrigkeitengesetz mit Bußgeld belegt und nicht durch die Staatsanwaltschaft, sondern durch die Verwaltungsbehörden verfolgt. Das OWiG weist jedoch zahlreiche Parallelen zum Strafrecht auf.

Rechtswidrige Taten, die mit Freiheitsstrafen unter einem Mindestmaß im Strafrahmen von einem Jahr oder mit Geldstrafe bedroht werden, sind lediglich als *Vergehen* und nicht als *Verbrechen* eingeordnet.

Der Aufbau des Strafgesetzbuchs

Das geltende Strafrecht ist im Strafgesetzbuch (StGB) kodifiziert. Strafrechtliche Tatbestände sind darüber hinaus auch in anderen Gesetzen enthalten (z. B. Betäubungsmittelgesetz, Urheberrechtsgesetz, …). Der Allgemeine Teil des StGB enthält Vorschriften, die auf alle oder mehrere im Besonderen Teil geregelten Straftatbestände zutreffen oder zutreffen können.

Straftheorien

Strafbedürfnisse sind in vielen gesellschaftlichen Bereichen (etwa in der Schule oder im Sport) zu finden. Offensichtlich verlangt die Gemeinschaft bei Verletzung anerkannter Normen nach Reaktionen. Was aber sind die Gründe für Strafen? Für die konkrete Handhabung des Strafrechts und den Umgang mit dem Straftäter sind verschiedene Straftheorien von Bedeutung.

Relative Straftheorien

Alle relativen Straftheorien schreiben der Strafe einen Zweck für die Zukunft zu. Es wird bestraft, damit keine neuen Verbrechen begangen werden. Von der Strafe soll eine nachhaltige Wirkung auf den einzelnen Täter ausgehen. Er soll von der Begehung weiterer Straftaten abgehalten werden, da er die Konsequenzen seines Verhaltens kennen gelernt hat *(negative Individual- oder Spezialprävention)*. Gleichzeitig zielt die Strafe (und begleitende Maßnahmen wie z. B. eine Therapie) darauf, den Täter wieder in die Gemeinschaft der rechtstreuen Bürger einzugliedern. Man nennt dies *Resozialisierung* bzw. *positive Individual-* oder *Spezialprävention*.

Die Bestrafung eines einzelnen Täters soll aber auch auf die Gesellschaft insgesamt abschreckend wirken. Strafe hat dann den Zweck, andere potenzielle Täter von ihrer Tat abzuhalten *(negative Generalprävention)*.

Im Mittelalter waren die Strafen oft grausam. Sie dienten der Abschreckung und Vergeltung. Die Abbildung zeigt das Vierteilen eines Straftäters.

Gleichzeitig soll durch die Bestrafung des Täters das Rechtsbewusstsein der Allgemeinheit gestärkt werden *(positive Generalprävention)*.

Die Zwecktheorien sind vor allem mit den Namen von Paul Johann Anselm von Feuerbach sowie Franz von Liszt verbunden. Feuerbach (1775–1833) war Rechtsprofessor. Von ihm stammt das reformierte Bayerische Strafgesetzbuch von 1813. Er entwickelte die „Theorie vom psychologischen Zwang". Den Begehrungen des Bürgers sei psychologisch entgegenzuwirken durch gesetzgeberische Zwangsanordnungen. Nicht erst die Strafvollstreckung, sondern bereits die Strafdrohung des Gesetzes sollte die Bürger von der Begehung von Verbrechen abschrecken. Damit ist der generalpräventive Aspekt von Strafe angesprochen. Bei Franz von Liszt (1851–1919) führte das Interesse an der Person des Straftäters zur Abkehr vom herrschenden Prinzip der Tatvergeltung und der Generalprävention. Mit seiner bahnbrechenden Schrift „Der Zweckgedanke im Strafrecht" (1882) setzte er sich für ein individualpräventiv ausgerichtetes Strafrecht ein.

Absolute Straftheorie

Im Gegensatz zu den relativen Straftheorien verfolgt die *absolute Straftheorie* keinen Strafzweck im engeren Sinne. Immanuel Kant (1724–1804) als ihr wichtigster Vertreter schrieb: „Richterliche Strafe (…) muss jederzeit nur darum wider ihn [den Verbrecher] verhängt werden, weil er verbrochen hat (…). Selbst, wenn sich die bürgerliche Gesellschaft mit aller Glieder Einstimmung auflöste (zum Beispiel das eine Insel bewohnende Volk beschlösse, auseinanderzugehen, und sich in alle Welt zu zerstreuen), müsste der letzte im Gefängnis befindliche Mörder vorher hingerichtet werden, damit jedermann das widerfahre, was seine Taten wert sind, und die Blutschuld nicht auf dem Volke hafte, das auf diese Bestrafung nicht gedrungen hat; weil es als Teilnehmer an dieser öffentlichen Verletzung der Gerechtigkeit betrachtet werden kann."

Die Berechtigung der Strafe rührt somit allein aus der Straftat. Strafe ist demnach zweckfrei, losgelöst („absolut") von einem unmittelbaren Nutzen. Sie ist in diesem Sinne auch mehr als Rache, da sie Gerechtigkeit wiederherstellt. Durch die Straftat wurde die Weltordnung gestört. Die Verhängung von Strafe versucht, diese Ordnung wieder ins Gleichgewicht zu bringen.

Vereinigungstheorie

Die heutige Rechtspraxis sieht Strafe nicht mehr als Selbstzweck, sie muss sich vielmehr mit der Erfüllung eines konkreten Zwecks begründen lassen. Der Staat setzt Strafe ein, um sozialschädliches Verhalten abzuwehren. Welcher Zweck der Strafe dabei überwiegt, ist jedoch nicht gesetzlich fest-

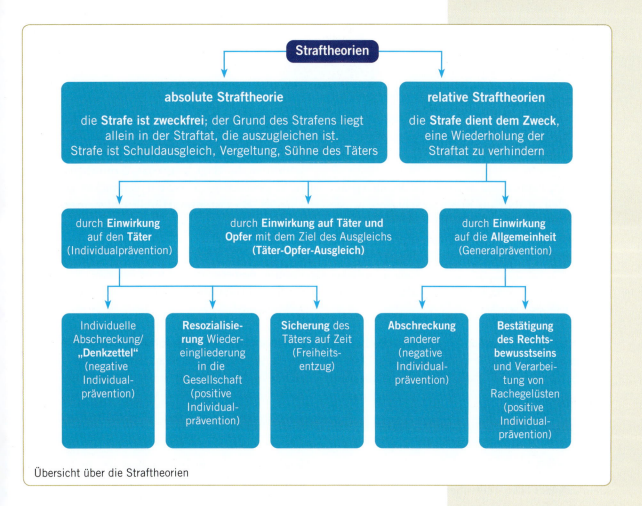

Übersicht über die Straftheorien

gelegt, sondern hängt auch von den Umständen im jeweiligen Einzelfall, z. B. der Tat, dem Tathergang und der individuellen Schuld des Täters ab: „Die Schuld des Täters ist Grundlage für die Zumessung der Strafe. Die Wirkungen, die von der Strafe für das künftige Leben des Täters, in der Gesellschaft zu erwarten sind, sind zu berücksichtigen" (§ 46 StGB). Man spricht in der Justizpraxis deshalb von der sogenannten *Vereinigungstheorie*: Es werden sämtliche Strafzwecke berücksichtigt, doch kann die Rechtsprechung einzelne Theorien besonders gewichten.

nach: Informationen 1999, S. 13 f.

M1 Die Diskussion um den Zweck der Strafe

Punitur, quia peccatum est. (Es wird bestraft, weil eine strafbare Handlung begangen wurde.)

Antiker Rechtsgrundsatz

Berüchtigte Räuber sind, wie verschiedentlich geäu-
5 ßert worden ist, dort ans Kreuz zu schlagen, wo sie gewütet haben. Denn der Anblick soll andere von ähnlichen Taten abhalten und den Angehörigen der Getöteten ein Trost sein, wenn die Strafe ebendort vollzogen worden ist, wo die Räuber die Morde be-
10 gangen haben. *Callistratus, Über die Gerichtsbarkeit, Buch 6, Römische Rechtstexte, München 1998*

„Selbstverständlich spielen für Opfer Vergeltungs-
phantasien eine große Rolle", räumte selbst ein so besonnener Mann wie Jan-Phillip Reemtsma nach
15 seiner 32-tägigen Entführung ein. (...) Die eigene

Leidenserfahrung hat dem linksliberalen Sozialwis-
senschaftler ein durchaus neues Verlangen vermit-
telt: das nach einer deutlichen Bestrafung seiner Entführer, die zeigt, „dass das Verbrechen ein Unrecht gewesen ist, eben ein Verbrechen und kein 2
Unglück. Dies ist sowohl für die Opfer eines Verbre-
chens lebenswichtig wie für die Verfassung eines Sozialverbandes". *Der Stern 28/1997, S. 27*

Punitur, ne peccetur. (Es wird bestraft, damit keine strafbaren Handlungen begangen werden.) 2

Antiker Rechtsgrundsatz

„Nicht tot ist das Gesetz, obwohl es schlief. Die vie-
len hätten den Frevel nicht gewagt, wenn nur der erste, der die Vorschrift brach, für seine Tat gebüßt hätte." *Angelo, in: Shakespeare, Maß für Maß, Akt II, Szene 2* 3

M2 Welcher Strafzweck ist angemessen?

Bank überfallen

Kleinwallstadt, Lkr. Miltenberg. Bei einem Raub-
überfall auf eine Sparkassenfiliale hat ein Unbe-
kannter am Montagabend mehrere Tausend Euro
5 erbeutet. Der Mann hatte das Personal mit einer Waffe bedroht und war dann zu Fuß geflüchtet. Die Fahndung läuft auf Hochtouren. Der Täter hatte gegen 17.45 Uhr die Filiale in der Frühlingstrasse be-
treten und zwei Angestellte mit einer Pistole aufge-
10 fordert, ihm Bargeld auszuhändigen. Er ließ sich Scheine in noch nicht genau bekannter Summe in eine grüne Tüte packen und flüchtete.

Schlägerei um Taxi

München. Während eine 20-jährige Studentin mit
15 ihren beiden 21-jährigen Begleitern am Samstag, 15.11.2008, um 05.40 Uhr, in der Prinzregenten-
straße noch wegen des Fahrziels eines herbeigeru-
fenen Taxis diskutierte, setzten sich zwei unbekann-
te Männer kurz entschlossen in den Fahrgastraum, um das Taxi ihrerseits in Anspruch zu nehmen. Die

Studentin und ihre beiden Begleiter protestierten gegen dieses Vorgehen. Es entwickelte sich darauf-
hin ein Streit zwischen den beiden Parteien, der in einer tätlichen Auseinandersetzung gipfelte. Einer der unbekannten Männer attackierte dabei die Stu- 2
dentin mit einem Fußtritt und einem Faustschlag. Die 21-Jährige trug dadurch eine Hüftprellung sowie ein Schädel-Hirn-Trauma ersten Grades davon.

90-Jähriger muss sich wegen eines Kriegs-
verbrechens vor Gericht verantworten 3

Falzano gibt es nicht mehr. Nur zwei verrottete Orts-
schilder an der schmalen Landstraße, die kurven-
reich durch das Val di Chiena führt, erinnern noch an das toskanische Dörfchen, das am 27. Juni 1944 3
von deutschen Soldaten dem Erdboden gleichge-
macht wurde (...). Von der Bushaltestelle Falzano sind es nur ein paar Schritte bis zu einem kleinen Gedenkhain am Straßenrand. (...) Josef S. kennt den Gedenkhain von Falzano nicht. Der heute 90-jäh-
rige Mann aus Ottobrunn bei München ist nie mehr 4

zurückgekehrt zu den Überresten des Dörfchens, an dessen Vernichtung er 1944 als Kompaniechef des Gebirgs-Pionier-Bataillons 818 beteiligt gewesen sein soll. Mehr als sechs Jahrzehnte danach aber holt ihn die Geschichte nun wieder ein. Ab Montag muss sich S. vor dem Münchner Oberlandesgericht

verantworten. Grausamer Mord aus niedrigen Beweggründen wird ihm zur Last gelegt. Es könnte der letzte Prozess sein, der in Deutschland gegen einen mutmaßlichen NS-Kriegsverbrecher geführt wird.

Andreas Förster, Berliner Zeitung, 12.9.2008

(M3) Lieber schnell als schwer strafen?

Die Bilder sind eindrücklich und sie rühren an innerste Ängste: Da wird ein alter Herr in der Münchner U-Bahn von zwei Jugendlichen überfallen, von hinten, sie reißen ihn zu Boden, schlagen ihn zusammen, sie treten ihn mit ihren Schuhen gegen seinen Kopf wie gegen einen Fußball. Der Grund: Der pensionierte Schuldirektor hatte sie gebeten, in der U-Bahn nicht zu rauchen. Jeder, der diese von Videokameras aufgenommene Szene im Fernsehen gesehen hat, will in einer ersten Regung nur eines: Dass diese zwei Männer für ihre Tat büßen. Eine zweite Regung ist oft: Können wir diese Täter, einen hier aufgewachsenen Türken und einen Griechen, nicht loswerden?

Zwei Regungen, auf die auch die Politik reagiert: Härtere Strafen für Jugendliche, Abschiebung von ausländischen Kriminellen, Erziehungscamps, in denen verwahrloste junge Menschen erst auf zivilisatorischen Standard gebracht werden wie in den USA. Es sei die Pflicht der Gesellschaft, alles zu tun, solche Taten zu verhindern, heißt es in Berlin. Nur: Was hilft wirklich?

Halten höhere Strafen Jugendliche von Gewalttaten ab? Viele sagen, je härter die Strafe, desto mehr schreckt sie ab – das stimmt aber nicht. Wer so argumentiert, geht von einem rationalen Täter aus, der genau plant, was er machen will. Das ist bei Jugendlichen fast nie der Fall. Was bei Jugendlichen aber viel mehr wirkt als harte Strafen, sind schnelle Sanktionen: Ein Jugendlicher muss bereits nach wenigen Wochen vor Gericht stehen und nicht erst nach einem Jahr, wenn er sich kaum noch erinnern kann, weshalb er eigentlich hier ist.

Dann hat man noch eine ganz schlichte Forderung parat: Nichts wie weg mit ihnen! Jugendliche, die hier aufgewachsen sind, aber nicht den deutschen Pass besitzen, sollen abgeschoben werden, in ein Heimatland, das sie oft gar nicht kennen. Kriminellen-Export ist keine Lösung, wer hier aufgewachsen ist, muss auch hier betreut werden – und wenn es im Gefängnis ist.

Am sinnvollsten ist es, dafür zu sorgen, dass Jugendliche erst gar nicht kriminell werden. „Jeder Euro, der in Kinderbetreuung fließt, fließt später nicht in den Knast", ist das Credo der Kriminologen. Dagegen hat die Jugendhaft selbst nur minimale Besserungswirkung: 80 Prozent der jugendlichen Häftlinge werden wieder rückfällig.

Süddeutsche Zeitung, 31.12.2007, S. 6 (bearbeitet)

Aufgaben

1. Begründen Sie, warum das Strafrecht im Rechtsstaat „ultima ratio", also letztes Mittel, sein muss.

2. Ordnen Sie die Texte aus M1 verschiedenen Straftheorien zu.

3. Fällen Sie als Richter (in Gruppen) Urteile zu den in M2 geschilderten Fällen und begründen Sie Ihr Ergebnis mit Hilfe der unterschiedlichen Straftheorien.

4. Diskutieren Sie die Forderung nach härteren Strafen für jugendliche Gewalttäter (M3) vor dem Hintergrund unterschiedlicher Strafzwecke.

6.2 Schuld, Strafe und Strafzumessung

E **Beliebte Rechtsirrtümer: Ein Mord ist geplant, Totschlag geschieht im Affekt**

„Das war kein Totschlag, sondern Mord, denn die Tat geschah nicht im Affekt, sondern war geplant!" Nichts an diesem Satz ist richtig. Dennoch würden ihn die meisten wohl so als zutreffend unterschreiben. Es ist erstaunlich: Obwohl Mord und Totschlag zu den schlimmsten Verbrechen gehören, die unsere Rechtsordnung kennt, ist kaum jemandem der tatsächliche Unterschied zwischen den Delikten klar. (...) Was den Mord wirklich vom Totschlag unterscheidet, sind die sogenannten Mordmerkmale. Sie sind im Strafgesetzbuch einzeln aufgeführt: Tötung aus Mordlust, zur Befriedigung des Geschlechtstriebs, aus Habgier, aus sonstigen niedrigen Beweggründen, heimtückische Tötung, grausame Tötung, Tötung mit gemeingefährlichen Mitteln, Tötung, um eine andere Straftat zu ermöglichen oder zu verdecken. Wenn eines dieser Mordmerkmale erfüllt ist, liegt ein Mord vor, selbst wenn die Tat im Affekt geschah. Umgekehrt kann ein Totschlag genauso lange und minutiös geplant sein wie ein Mord. *Ralf Höcker, Lexikon der Rechtsirrtümer, Köln 2004, S. 199 f.*

Erläutern Sie anhand allgemeiner Gerechtigkeitsvorstellungen, warum „Mord im Affekt" oft als weniger schwerwiegend empfunden wird.

Entwickeln Sie Fallbeispiele, bei denen ein Mord vorliegt, obwohl die Tat im Affekt geschieht.

Grundsätze des Strafrechts

Da das Strafrecht einen so weitgehenden Eingriff in das Leben des Menschen darstellen kann und der einzelne Bürger dem Staat gegenüber eine schwache Position hat, ist im Rechtsstaat das Strafrecht eng an grundlegende Prinzipien gebunden, die den Bürger vor Willkür schützen sollen:

- *Tatstrafrecht:* Entscheidend für die Strafbarkeit ist eine konkrete Handlung, nicht etwa die „kriminelle" Persönlichkeit des Täters oder ein „falsche" Gesinnung (Tatstrafrecht – nicht Täterstrafrecht).
- *Erfolgsstrafrecht:* In der Regel sind Vorbereitungen zu einer Straftat (z. B. Ausspionieren einer günstigen Gelegenheit für einen Diebstahl) nicht strafbar.
- *Schuldstrafrecht:* Die Verantwortung für die Tat muss dem Täter persönlich zurechenbar sein, d. h. vorwerfbar sein. Strafbarkeit setzt also auch voraus, dass sich der Täter, wenn er nur gewollt hätte, auch anders hätte verhalten können.
- *Gesetzlichkeit:* Im Strafrecht gelten die Grundsätze „*nullum crimen sine lege*" – „kein Verbrechen ohne Gesetz", d. h. gesetzlich festgelegten Tatbestand, bzw. „*nulla poena sine lege*" – „keine Strafe ohne Gesetz", d. h. gesetzlich festgelegter Rechtsfolge. Diese beiden Grundsätze haben Verfassungsrang: „Eine Tat kann nur bestraft werden, wenn die Strafbarkeit gesetzlich bestimmt war, bevor die Tat begangen wurde", heißt es in Art. 103 II GG.

Dies bedeutet im Einzelnen: Tatbestandsmerkmale und Rechtsfolgen müssen klar formuliert sein. Auch für den Straftäter muss berechenbar sein, was ihn erwartet. Bei den Freiheitsstrafen ist so z. B. ein Strafrahmen festgelegt, innerhalb dessen das Gericht nach bestimmten Strafzumessungsregeln die konkrete Strafe festzulegen hat.

Das *Rückwirkungsverbot* besagt, dass das Gesetz, das eine bestimmte Tat unter Strafe stellt, zur Tatzeit schon in Kraft gewesen sein muss.

Bei der Verfolgung von staatlich tolerierten oder angeordneten Verbrechen in Unrechtsregimen tut sich eine rechtsstaatliche Justiz daher oft schwer: Die Täter berufen sich darauf, dass die begangene Tat nach den zu dieser Zeit geltenden (Unrechts-)Gesetzen nicht oder nur eingeschränkt strafbar war. Dies war insbesondere ein Problem bei der Strafverfolgung von Verbrechen in der Zeit des Nationalsozialismus und bei den sog. Mauerschützenprozessen gegen Grenzsoldaten der ehemaligen DDR.

Der Aufbau einer Straftat

Tatbestandsmäßigkeit

Die Tat muss den Tatbestandsbeschreibungen einer gesetzlichen Norm des Strafrechts entsprechen. Man unterscheidet:

Objektiver Tatbestand:

• Tathandlung, in der Regel ein Tun; in Einzelfällen ein Unterlassen	Anton wirft einen Stein auf die Autobahn; Caroline erleidet einen Unfall; Bertram fährt einfach weiter, ohne Hilfe zu leisten.
• objektive Tatbestandsmerkmale	Anton erfüllt den Tatbestand der gefährlichen Körperverletzung (§ 224 StGB), ggf. auch der schweren Körperverletzung (§ 226 StGB) der Caroline.
• Taterfolg (bei Erfolgsdelikten)	Caroline wird bei dem Unfall verletzt.
• Kausalität zwischen Handlung und Erfolg	Ohne den Steinwurf des Anton wäre Caroline nicht verletzt worden (der Wurf ist „conditio sine qua non" für die Verletzung).

Subjektiver Tatbestand:

Tatbestandsmerkmale, die die innere Einstellung des Täters zur Tat betreffen. Bei den Tötungsdelikten können dies z. B. die Motive der Tat sein. Auch Vorsatz oder Fahrlässigkeit können – neben einem allgemeinen Aspekt der Schuldfrage (s. folgende Seite) ein subjektiver Tatbestand sein.	Äußerer (objektiver) Tatbestand der schweren Körperverletzung wäre z. B., dass Caroline eine bleibende Behinderung davonträgt (§ 226 I Nr. 3. StGB); wenn Anton diese Folgen auch „absichtlich oder wissentlich" (§ 226 II StGB) verursacht hat, erhöht sich die Mindeststrafe auf drei Jahre.

Rechtswidrigkeit

Die Erfüllung der Tatbestandsmerkmale bedeutet normalerweise, dass die Tat auch rechtswidrig ist (Tatbestandsmäßigkeit „indiziert" die Rechtswidrigkeit). Beim Vorliegen von Rechtfertigungsgründen kann die Rechtswidrigkeit jedoch ausgeschlossen sein. Eine wichtige Ausschlussmöglichkeit ist die Notwehr.

Notwehr

Da die Notwehr eine Ausnahme vom Gewaltmonopol des Staates darstellt, hat der Gesetzgeber die Voraussetzungen an enge Bedingungen geknüpft (§ 32 StGB); es muss insbesondere vorliegen, eine …

Notwehrlage: Es muss ein rechtswidriger Angriff gegen ein Rechtsgut vorliegen (z. B. Gesundheit, Eigentum, Leben, …); der Angriff kann sich auch gegen einen Dritten richten (sog. Nothilfe). Der Angriff muss gegenwärtig sein, d. h. der Angriff darf noch nicht beendet sein (keine späteren Rachehandlungen).	Die Rentnerin Roswitha schlägt einem Straßenräuber den Krückstock über den Kopf, als ihr dieser die Tasche entreißen will; den Tatbestand der Körperverletzung „mit einem gefährlichen Werkzeug" (§ 224 I Nr. 2) hätte sie damit erfüllt. Die Handlung war jedoch nicht rechtswidrig, da sie lediglich einen Angriff auf ihr Eigentum abwehrte.
Notwehrhandlung: Die Handlung muss erforderlich, d. h. nach Art und Stärke notwendig sein, um dem Angriff zu begegnen. Die Stärke des Angriffs ist dabei entscheidend. Das Notwehrrecht darf jedoch nicht missbraucht werden, so darf für die Erhaltung eines minderwertigen Vermögensrechts (z. B. Abwehr von Obstdieben) nicht das Leben eines Menschen gefährdet werden. Notwehrexzess ist allerdings dann straflos, wenn der Angegriffene aus Verwirrung, Furcht oder Schrecken das zulässige Maß der Notwehr überschreitet.	Roswitha wird von ihrem 20-jährigen Enkel Egon begleitet. Ein 12-jähriger Junge versucht, Roswitha die Tasche zu entreißen, worauf ihn der kräftige Egon mit einem Messer niedersticht. Hier hätte auch ein Festhalten der Tasche (oder des Täters) genügt, um das Eigentum Roswithas zu sichern. Damit lag hier keine erforderliche Notwehrhandlung vor.

Schuld

„Schuld" bedeutet im strafrechtlichen Sinne, dass ein objektiv rechtswidriges Verhalten, das den Tatbestand eines Strafgesetzes erfüllt, dem Täter auch persönlich vorwerfbar ist. Voraussetzung dafür ist unter anderem, dass der Täter überhaupt schuldfähig ist und vorsätzlich oder fahrlässig handelt.

Schuldfähigkeit: Beispiel: Kinder unter 14 Jahren sind nicht schuldfähig und können daher nicht bestraft werden.	Wenn der steinewerfende Anton erst 13 Jahre alt ist, erfüllt seine Handlung zwar die Tatbestände der Körperverletzung und er handelt rechtswidrig. Er kann jedoch nicht bestraft werden, da er im strafrechtlichen Sinne nicht schuldhaft handelt.
Vorsatz: Bei unmittelbarem Vorsatz handelt der Täter, der den Tatbestand kennt, und diesen auch verwirklichen will. Beim bedingten Vorsatz kennt der Täter die möglichen Folgen und nimmt diese billigend in Kauf.	Anton prahlt vor seiner Tat bei seinen Freunden, dass es ihm „auch egal ist, wenn einem was passiert". Dies wäre ein Fall von bedingtem Vorsatz.
Fahrlässigkeit: Der Täter handelt rechtswidrig, ohne dies zu wissen oder zu wollen, hätte es aber nach den Umständen und seinen persönlichen Fähigkeiten erkennen müssen.	Anton arbeitet als Bauarbeiter auf der Autobahnbrücke. Beim ungeschickten Hantieren mit Baumaterial – entgegen den Sicherheitsanweisungen des Vorarbeiters – fällt ein Stein auf die Fahrbahn.

Einteilung der Strafen

Nicht alles, was umgangssprachlich als „Strafe" bezeichnet wird (z. B. „Schul-Strafen"), ist dies auch im strafrechtlichen Sinne. Strafe kann nur bei schuldhaft begangenen Straftaten verhängt werden. Nur die als Folge von strafbaren Handlungen (im Sinne des StGB) ausgesprochene Strafe ist als solche zu verstehen. Daher ist beispielsweise das bei Ordnungswidrigkeiten verhängte Bußgeld keine Strafe im Sinne des Strafrechts.

Hauptstrafen

- Freiheitsstrafe: Sie wird lebenslang oder zeitig verhängt (1 Monat bis maximal 15 Jahre). Freiheitsstrafen unter 6 Monaten werden allerdings in der Regel nicht verhängt, da sie sich eher schädlich auf das Sozialverhalten des Täters auswirken können. Freiheitsstrafen bis zu 2 Jahren können unter bestimmten Voraussetzungen zur Bewährung ausgesetzt werden.
- Geldstrafe: Sie bemisst sich in Tagessätzen (5 bis maximal 360), welche sich in der Höhe nach den persönlichen und wirtschaftlichen Verhältnissen des Täters richten.

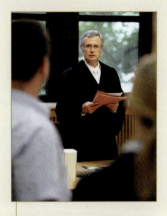

Bei der Verhängung des Strafmaßes hat der Richter die unterschiedlichen Aspekte der Tat abzuwägen.

Nebenstrafen

Neben den Hauptstrafen können Nebenstrafen verhängt werden, z. B. Fahrverbot, Verfallerklärung des durch die Tat erlangten Vermögensvorteils, Einziehung von Gegenständen (z. B. Waffen).

Die Bedeutung der Schuld für die Strafzumessung

Bei der Strafzumessung hat der Richter nach § 46 StGB verschiedene Aspekte der Tat abzuwägen.

§ 46 StGB Grundsätze der Strafzumessung
(1) Die Schuld des Täters ist Grundlage für die Zumessung der Strafe. Die Wirkungen, die von der Strafe für das zukünftige Leben des Täters in der Gesellschaft zu erwarten sind, sind zu berücksichtigen.
(2) Bei der Zumessung wägt das Gericht die Umstände, die für und gegen den Täter sprechen, gegeneinander ab. Dabei kommen namentlich in Betracht:
   - die Beweggründe und Ziele des Täters,
   - die Gesinnung, die aus der Tat spricht, und der bei der Tat aufgewendete Wille,
   - das Maß der Pflichtwidrigkeit,
   - die Art der Ausführung und die verschuldeten Auswirkungen der Tat,
   - das Vorleben des Täters, seine persönlichen und wirtschaftlichen Verhältnisse sowie
   - sein Verhalten nach der Tat, besonders sein Bemühen, den Schaden wiedergutzumachen, sowie das Bemühen des Täters, einen Ausgleich mit dem Verletzten zu erreichen.
(3) Umstände, die schon Merkmale des gesetzlichen Tatbestandes sind, dürfen nicht berücksichtigt werden.

M1 Wie darf man sich wehren?

a) Angriff mit Pistole abgewehrt

Der Tankwart Max Hoffmann ist es leid: Nach einem ersten Überfall, bei dem er von einem Räuber mit einem Messer bedroht und seiner gesamten Ein-
5 nahmen beraubt wird, beschafft er sich bei einem befreundeten Sportschützen eine Pistole. Bereits einige Wochen später taucht wieder ein maskierter Räuber auf. Er bedroht Hoffmann im Kassenraum mit einem Messer. Blitzschnell greift der Tankwart
10 unter die Verkauftheke und vertreibt den Räuber mit seiner Pistole. Etwa eine Stunde später bemerkt Max Hoffmann verdächtige Schatten auf dem Gelände. Es ist der Räuber, der – nun mit einer Pistole bewaffnet – noch einmal zurückgekommen ist. Der
15 Tankwart wartet nicht und geht mit der Pistole im Anschlag nach draußen. Plötzlich springt der maskierte Räuber hinter einem Reifenstapel hervor und ruft: „So, jetzt bist du dran!" Max Hoffmann weicht einen Schritt zurück und gibt einen Schuss aus sei-
20 ner Pistole ab, der den Räuber jedoch verfehlt. Der lässt sich nicht aufhalten, sondern läuft weiter auf den Tankwart zu. Nun feuert Max Hoffmann dreimal ab und der Räuber bricht tödlich getroffen zusammen. Max Hoffmann wurde freigesprochen.
25 *Wie würden Sie entscheiden?, ZDF vom 25.4.2000*

b) Ich hab noch sinniert, welches Kaliber nimmst du

Es war der zweite Samstagabend im Advent. Ausflugsverkehr war nicht mehr viel, da hab ich mir gsagt, nein, heute sperrst du deine Tankstelle früher
30 zu. ... Also hab ich ein Kripperl geschnitzt und einen Stall von Bethlehem ..., da vernehm ich plötzlich ein Geräusch, so gleichmäßig, ... da seh ich, wie zwei Gestalten schemenhaft an meiner Tankstelle am Gummibärliautomaten herummachen ... Naja, ich bin dann in den Keller runter, weil, das können 35 Sie nicht wissen, ich habe ja meinen Gewehrschrank im Keller, ... und bin langsam hinuntergegangen, weil ich noch sinniert habe, welches Kaliber nimmst. Ich habe mich dann für das Gewehr mit dem kurzen Lauf entschieden. Das hab ich dabei gehabt vor zwei 40 Jahren, als ich mit dem Alischer Bebs in Kenia war. Das hat eine gute Streuung, und da kann man zwei Elefanten zusammenspannen, und es schießt durch wie durch Marmelade. ... Den mit der weißen Jacke hab ich voll im Visier, ... Volltreffer ... der war erle- 45 digt, der war perdu. ... Der andere, der hat dann geschrien, der hat geplärrt wie ein Jochgeier ... Hinter einem Ford Kombi wollt er sich verstecken. Da hab ich gesagt, Freundchen, mich ziehst du nicht an der Nase herum. Aus mir kannst du keinen Affen ma- 50 chen ... Da schieß ich durch den Motor durch und dann sehn wir weiter ... und es hat ihn auch erwischt ..., aber er hat's überlebt. ... Jetzt bekomm ich ein Schreiben vom Landgericht, ... ich denk noch, ... dass ich erscheinen soll als Zeuge. Krieg ich doch 55 glatt eine Anklage, und es findet sich tatsächlich ein Richter, ein Richterlein, ein junger Kerl noch, wahrscheinlich hat er gerade ausgelernt gehabt, der mich sage und schreibe zu 18 Monaten, zwar mit Bewährung, aber verurteilt ... Ist das ein Rechtsstaat? 60
Gerhard Polt, Menschenfresser und andere Delikatessen, München 2000, S. 143

M2 Gefängnis für dreimaliges Schwarzfahren

An einer Frau, die dreimal beim Schwarzfahren in der Straßenbahn erwischt worden war, wurde ein Exempel statuiert. Bei jeder der Schwarzfahrten war den Verkehrsbetrieben ein Schaden von 1,65 Euro
5 entstanden. Das Amtsgericht und das Landgericht hatten die Frau bereits trotz des geringen Schadens zu zwei Monaten Freiheitsstrafe verurteilt. Das Oberlandesgericht Stuttgart gab ihnen Recht. Dass nur ein niedriger Schaden entstanden sei, stehe einer Freiheitsstrafe nicht entgegen. Im Strafgesetzbuch stehe nichts davon, dass bei Bagatellstraftaten immer nur eine Geldstrafe fällig werde. Die Richter hätten im Rahmen der Strafzumessung jedoch stets das verfassungsrechtliche Übermaßverbot zu be-

achten, das unverhältnismäßig hohe Strafen ausschließe.

Schwarzfahren gilt vielen als Kavaliersdelikt, für das man sicherlich nicht ins Gefängnis kommen kann. Denn nicht jedem ist klar, dass das Fahren ohne Fahrausweis keineswegs eine bloße Ordnungswidrigkeit, sondern als sogenannte Leistungserschleichung eine echte Straftat ist, für die Gefängnis bis zu einem Jahr oder Geldstrafe verhängt werden kann. Ob der Täter mit einer Geldstrafe oder gar einer Verfahrenseinstellung davonkommt oder ob er ins Gefängnis muss, hängt von vielen Faktoren ab. Die Motive des Täters, seine Vorstrafen, die Art der Tatbegehung und deren Folgen können eine Rolle spielen.

Ralf Höcker, Carsten Brennecke, Lexikon der kuriosen Rechtsfälle, Berlin 2007, S. 164 f.

M3 Die Problematik der Strafzumessung

Das Strafgesetz legt nicht nur den Tatbestand, sondern auch die Rechtsfolge fest. Und beim zweiten Teil, der Rechtsfolge, ist man bemerkenswert großzügig. Rechtsfolge beim Totschlag ist zum Beispiel eine Freiheitsstrafe von fünf bis fünfzehn Jahren, beim Versuch sogar von zwei bis fünfzehn. Aber wo sind nun die Regeln, aus denen sich ergibt, ob Herr Müller zu zwei, fünf oder fünfzehn Jahren oder irgendwo dazwischen verurteilt wird? (...)

Das Regal ist klein, in dem man etwas über Strafzumessung findet, und der Befund vernichtend. *Nothing*, wenn man genauer hinsieht. Nichts darüber, ob zwei, drei oder vier Jahre. Im Gegenteil. An den Universitäten wird den Studenten sogar ausdrücklich gesagt, dazu dürften sie sich in ihren schriftlichen Gutachten nicht äußern. Es geht um den Tatbestand, nicht um die Rechtsfolge. Ausführlich müssen sie begründen, warum Herr Müller nicht getötet, sondern es nur versucht hat. Und das alles kann Herr Müller dann in seiner Zelle nachlesen, was er juristisch gemacht hat, bitte schön. Will er aber wissen, wie hoch die Strafe ausfallen wird, dann erfährt er nichts Genaues.

Natürlich gibt es gewisse Maßstäbe unter denen, die bei Gerichten arbeiten. Natürlich weiß man ungefähr, was zu erwarten ist. Aber erstens sind es nur Erfahrungswerte, die sich rational nicht begründen lassen, und zweitens kommt es oft vor, dass von ihnen abgewichen wird.

Uwe Wesel, Fast alles was Recht ist, Frankfurt 2007, S. 196 f.

Aufgaben

1. Erläutern Sie die Bestandteile einer Straftat.

2. Zeigen Sie Gemeinsamkeiten und Unterschiede der beiden Fälle in M1 auf, und diskutieren Sie die Urteile.

3. Nehmen Sie Stellung zu dem in M2 verhängten Strafmaß unter Berücksichtigung der Aspekte Gerechtigkeit, Gleichheit, Billigkeit und Rechtssicherheit.

4. Fassen Sie die in M3 geäußerte Kritik zusammen. Begründen Sie, warum es schwer ist, zu Fragen der Strafzumessung allgemeingültige und eindeutige Aussagen zu treffen.

5. Schlagen Sie zu den in diesem Kapitel angesprochenen Fallbeispielen angemessene Sanktionen vor. Begründen Sie Ihren Vorschlag mit den verfolgten Strafzwecken und der jeweiligen Schuld der Täter.

6. Zur Vertiefung: Stellen Sie aktuelle Strafprozesse vor. Diskutieren Sie die Urteile hinsichtlich der verfolgten Strafzwecke und der Schuld des Verurteilten.

Z Das Strafrecht

Das **Strafrecht ist Teil des öffentlichen Rechts**. Es dient der Aufrechterhaltung der allgemeinen Friedensordnung, indem es mit seinen Sanktionen bestimmte für die Existenz des Einzelnen und das Zusammenleben der Menschen wichtige Rechtsgüter zu schützen sucht. Der Strafanspruch steht ausschließlich dem Staat zu (Gewaltmonopol).

Anders als im Zivilrecht ist im Strafrecht der Bürger dem Staat untergeordnet. Da es die strengsten Sanktionen des Rechtssystems bereithält, soll das Strafrecht nur dann zum Einsatz kommen, wenn andere Rechtsbereiche für die Sicherung der Rechtsfunktionen nicht mehr ausreichen (**Subsidiarität** des Strafrechts).

Um einen Missbrauch der staatlichen Strafgewalt zu verhindern, trifft der **Rechtsstaat** verschiedene Vorkehrungen, die teilweise durch das Grundgesetz verfassungsrechtlichen Rang erhalten haben. So kann eine Tat nur dann bestraft werden, wenn die Strafbarkeit gesetzlich klar bestimmt war, bevor die Tat begangen wurde (Art. 103 II Grundgesetz).

Mit strafrechtlichen Sanktionen werden unterschiedliche **Strafzwecke** verfolgt, die in den verschiedenen **Straftheorien** begründet werden. Die **absolute Straftheorie** sieht Strafe als Vergeltung und Sühne für begangenes Unrecht an. Mit der **relativen Straftheorie** soll auf den Täter eingewirkt werden, um eine Wiederholung der Straftat zu verhindern (Individualprävention). Gleichzeitig soll dem Täter eine Wiedereingliederung in die Gesellschaft möglich werden (Resozialisierung). Die Strafe wirkt aber auch abschreckend auf andere und dient der Bestätigung des Rechtsempfindens der Gesellschaft (Generalprävention).

Ein bestimmtes menschliches Verhalten ist dann eine **Straftat**, wenn es drei Grundelemente in sich vereint: Es muss den in einem Strafgesetz beschriebenen Tatbestand erfüllen, rechtswidrig und schuldhaft sein:

- **Tatbestandsmäßigkeit** heißt, dass die Tat den Tatbeschreibungen einer Norm des Strafrechts entsprechen muss.
- **Rechtswidrigkeit** bedeutet, dass ein durch das Strafgesetz geschütztes Rechtsgut verletzt wurde. Sie kann bei Vorliegen von Rechtfertigungsgründen entfallen (z. B. Notwehr).
- **Schuld** liegt vor, wenn das rechtswidrige Verhalten dem Täter persönlich vorwerfbar ist.

Das StGB gibt dem Richter Richtlinien für die **Strafzumessung** (§ 46 StGB) vor, an denen er sich innerhalb des gesetzlich vorgegebenen Strafrahmens orientiert. Bei der Strafzumessung spielt die Schuld eine wichtige Rolle. Dabei kommen insbesondere die Beweggründe, die Gesinnung oder das Vorleben des Täters in Betracht, aber auch die Wirkungen der Strafe für das zukünftige Leben des Täters in der Gesellschaft.

7

Rechtstechnische Grundlagen

Schuldenfalle

Fatale Verträge

Eigentlich soll die Sozialarbeiterin Beate Meuthen sich um Kinder kümmern. Im Auftrag des Duisburger Jugendamtes betreut sie Problemfamilien. Zunehmend beschäftigt sich Meuthen allerdings damit, Verträge zu kündigen. Manchmal geht es um Handyrechnungen, für die ein Arbeitsloser nicht genug Geld hat, manchmal um eine überflüssige Lebensversicherung oder um einen neuen Fernseher, dessen Raten nicht finanzierbar sind. Meuthen ruft die Anbieter an und erklärt ihnen, sie hätten ohnehin kein Geld zu erwarten und sollten die Verträge lieber gleich auflösen. *Die Zeit, 31.10.2007*

Kollision bei Regatta

Zwei Regattasegler der Starbootklasse sind am 15. Juni bei Windstärke 6 auf dem Ammersee kollidiert. Ein auf Steuerbordbug segelnder Teilnehmer hatte beim „Frühlingspreis" das Wegerecht eines auf Backbordbug fahrenden Schiffes verletzt. Die Boote kollidierten mit der Takelage. Das Boot des Bevorrechtigten erlitt einen Mastbruch sowie einen Segelschaden. Er klagt auf Schadensersatz. *Süddeutsche Zeitung, 17.8.2001*

Vertrag per Telefon

Ganz schnell

„Frau Franz, wir haben eine gute Nachricht: In Zukunft zahlen Sie einen Euro weniger" sagte ein Mann, der sich als Mitarbeiter eines Telefonanbieters vorstellte. „Na wunderbar, auf Wiedersehen", entgegnete die Ruheständlerin aus Köln und legte auf. Kurz darauf erfuhr Dietlind Franz in einem Schreiben, der Anbieter werde ihren „Auftrag für den Tarif Call and Surf in den kommenden Tagen ausführen". „Ich habe gar keinen Computer", sagte die alte Dame. *Die Zeit, 31.10.2007*

Weinhändler füllt seine Kundschaft ab und wird verklagt

Schluck für Schluck in den Kaufrausch

Es sollte eigentlich nur ein netter Tag mit schönen Erinnerungen an weinselige Abende in Spanien werden – doch für ein Ehepaar endete der Bummel über die Münchner Weinmesse im Kaufrausch mit anschließendem Finanzkater. Deshalb haben sie den Weinhändler verklagt, der ihnen 30 Flaschen für insgesamt 1 798,80 Euro verkauft hat. Die Münchner fühlen sich über den Tisch gezogen. Man habe sie gezielt „vollgepumpt" und zum Kauf animiert. „Es war aufdringlich, Widerstand war zwecklos". Kassiert wurde sofort per Kreditkarte.
Süddeutsche Zeitung, 20.5.2006

**Betreten der Baustelle verboten!
Eltern haften für ihre Kinder!**

1. Stellen Sie die dargestellten Konflikte jeweils in einem Rollenspiel dar: Sie vertreten die Parteien als Rechtsanwalt/Rechtsanwältin.
   - Beschreiben Sie die juristischen Streitpunkte, die in den Fällen enthalten sind, zunächst in jeweils einem kurzen, aussagekräftigen Satz.
   - Formulieren Sie Ihre Forderungen.
   - Begründen Sie Ihre Forderungen sorgfältig.

2. Versuchen Sie, gerechte Lösungen für die Konflikte zu finden. Beziehen Sie dabei Ihr Grundwissen aus der Mittelstufe und grundsätzliche Gerechtigkeitskonzepte mit ein.

3. Suchen Sie mit Hilfe des Stichwortverzeichnisses des Bürgerlichen Gesetzbuchs (BGB) einschlägige Paragraphen, die Sie für eine juristische Lösung heranziehen könnten. Stichworte: Vertrag, Antrag, Annahme, unerlaubte Handlung, Schadensersatz.

7.1 Haftung bei unerlaubten Handlungen – Normenanalyse und Subsumtion

E "Da ist Musik drin": Strafe und Schadensersatz bei Urheberrechtsverletzungen

Vielen ist es nicht bewusst: Das Downloaden von unentgeltlich angebotenen Musikstücken ist illegal.

Was kann man im Internet nicht für tolle Sachen anstellen. Die kompletten Charts zum Beispiel einfach runterladen, ohne einen Cent dafür zu bezahlen. Aber halt! Es drohen Strafrecht und Urheberrecht. Denn Musiker singen ja ihre Lieder nicht nur, um die Menschen zu erfreuen. Sie, und natürlich auch ihre Plattenfirmen, wollen damit Geld verdienen. Wenn sich jemand die Musik holt, ohne dafür zu bezahlen, verstehen sie – zu Recht – keinen Spaß. Mehr als einmal stand da schon frühmorgens der Staatsanwalt vor den entsetzten Eltern und erklärte, dass ihr Kind sich gehörig strafbar gemacht habe. Dabei geht es den Plattenfirmen in erster Linie gar nicht darum, die Kopierer ins Gefängnis zu bringen. Sie wollen vor allem zivilrechtlich Schadensersatz fordern.

Ähnliches gilt auch für das beliebte Brennen von CDs. Mehr als zehn private Kopien sind bedenklich. Und wer die kopierten CDs auf dem Pausenhof verkauft, handelt eindeutig kriminell. Die Plattenfirmen gehen gegen den professionellen CD-Brenner vor, weil er ihre Rechte verletzt – weil er ein Delikt begangen hat. Hauptparagraph dafür ist der § 823 BGB: „Wer vorsätzlich oder fahrlässig das Leben, den Körper, die Gesundheit, die Freiheit, das Eigentum oder ein sonstiges Recht eines anderen widerrechtlich verletzt, ist dem anderen zum Ersatz des daraus entstandenen Schadens verpflichtet."

Wir sind hier in einem sehr alten Teil des Rechts: Früher, als es noch kein staatliches Strafrecht gab, wurden sämtliche Delikte auf privatrechtlichem Weg geregelt. Dabei musste der Täter meist mehr leisten, als nur den Schaden wiedergutzumachen, den er angerichtet hatte. So erhielt der Geschädigte zum einen seinen Vermögensverlust zurückerstattet, zum anderen eine gewisse Genugtuung daraus, dass der Täter eben mehr bezahlen musste, als der reine Schaden ausmachte. Irgendwann wurde das getrennt: Nun ist der Staat allein fürs Strafen da, um Schadensersatz muss sich jeder selbst auf zivilrechtlichem Wege kümmern.

Stefan Handel, Recht – Was geht mich das an? München 2006, S. 79 f.

Ordnen Sie das illegale Brennen von CDs einzelnen Formulierungen des § 823 BGB zu.

Analyse von Rechtsnormen am Beispiel des § 823 BGB

Wenn ein Fall zur rechtlichen Prüfung vorliegt, müssen zunächst die einschlägigen Normen im Gesetzbuch gefunden werden. Anschließend wird der Paragraph einer eingehenden Normenanalyse unterzogen. Dabei werden einerseits die Rechtsfolgen festgestellt, also beispielsweise die Ansprüche, die sich aus der Rechtsnorm ableiten lassen, andererseits werden die Tatbestandsmerkmale herausgearbeitet. Sie müssen als Voraussetzung für die Rechtsfolgen gegeben sein.

Bei den Normen der Straßenverkehrsordnung werden die Tatbestände und Rechtsfolgen auch dem Laien sehr deutlich vor Augen geführt. So lässt sich beispielsweise die auf dem Verkehrszeichen dargestellte Rechtsnorm folgendermaßen interpretieren:

Bei § 823 I des BGB ist diese Struktur sofort zu erkennen. Zur weiteren Analyse bietet es sich an, <u>Tatbestandsmerkmale</u> und <u>Rechtsfolgen</u> des Paragraphen zu markieren (z. B. durch Unterstreichung, Textmarker).

„Wer <u>vorsätzlich oder fahrlässig</u> das <u>Leben, den Körper, die Gesundheit, die Freiheit, das Eigentum oder ein sonstiges Recht</u> eines anderen <u>widerrechtlich verletzt</u>, ist dem anderen zum <u>Ersatz des daraus entstandenen Schadens verpflichtet.</u>"

Anschließend sollten Tatbestandsmerkmale und Rechtsfolgen strukturiert dargestellt werden.

Normenverknüpfung

Einzelne Tatbestandsmerkmale sind manchmal so abstrakt formuliert, dass sie in anderen Normen definiert werden, so z. B. was man unter „fahrlässig" versteht. Somit ergibt sich eine Normenverknüpfung: Die Rechtsfolge des § 276 ist gleichzeitig Tatbestandsmerkmal des § 823 BGB.

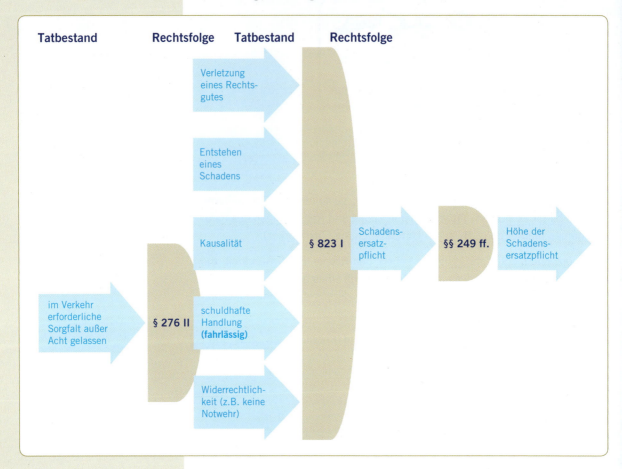

Zitierweise

In Schriftsätzen von Rechtsanwälten, Urteilen von Gerichten, aber auch bei Falllösungen im Fach Wirtschaft und Recht müssen Aussagen und Schlussfolgerungen mit den jeweils einschlägigen Rechtsnormen belegt werden. Dazu ist eine eindeutige Zitierweise der angewandten Paragraphen erforderlich:

Sachmangel (§ 434 I S. 2 Nr. 1 BGB)
„Die Eignung für die nach dem Vertrag vorausgesetzte Verwendung nach § 434 Absatz 1 Satz 2 Nummer 1 BGB ist nicht gegeben."

Sachmangel (§ 434 I S. 1 BGB)
„Es liegt ein Sachmangel vor nach § 434 Absatz 1 Satz 1 BGB."

Sachmangel (§ 434 II BGB)
„Es liegt ein Montagemangel nach § 434 Absatz 2 BGB vor."

§ 434 Sachmangel
(1) [1] Die Sache ist frei von Sachmängeln, wenn sie bei Gefahrübergang die vereinte Beschaffenheit hat.
[2] Soweit die Beschaffenheit nicht vereinbart ist, ist die Sache frei von Sachmängeln.
1. wenn sie sich für die nach dem Vertrag vorausgesetzte Verwendung eignet, sonst
2. wenn sie sich für die gewöhnliche Verwendung eignet […]
(2) Ein Sachmangel ist auch dann gegeben, wenn die vereinbarte Montage durch den Verkäufer […] unsachgemäß durchgeführt worden ist […]

Subsumtion

Unter *Subsumtion* (lat. „sub-sumere" = „darunter – nehmen") versteht man die Unterordnung eines gegebenen Sachverhalts unter eine Rechtsnorm. Dabei wird geprüft, ob im vorliegenden Fall die im Paragraphen geforderten Tatbestandsvoraussetzungen gegeben sind. Trifft dies zu, dann ist die geprüfte Rechtsnorm anwendbar, und es tritt die in der Norm aufgeführte Rechtsfolge ein. Fehlt ein zwingendes Tatbestandsmerkmal, so ist die Norm auf den gegebenen Fall nicht anwendbar.

Die Subsumtion lässt sich mit dem Verfahren vergleichen, das im Recycling für die Gewinnung von Altmetall aus Restmüll angewendet wird. Der Sachverhalt (angelieferter Müll) enthält viele Informationen, die rechtlich nicht relevant sind (für das Recycling nicht geeignete Bestandteile des Mülls). Mit Hilfe der passenden Rechtsnorm müssen nun aus dem Sachverhalt die rechtlich bedeutsamen Informationen herausgearbeitet werden (der Elektromagnet entzieht dem Müllhaufen die recyclebaren Metalle).

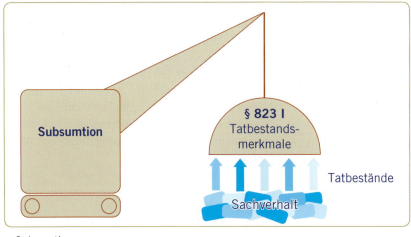

Subsumtion

Methode: Falllösung I

In Abituraufgaben wird bei der Falllösung oft das „Prüfen im Gutachtenstil" verlangt. Diese Aufgabenstellung erfordert eine vollständige Subsumtion. Zunächst wird der zu prüfende Anspruch formuliert: **Wer verlangt was von wem aufgrund welcher Norm?** Dies ist die sogenannte **„Anspruchsgrundlage"**. Anschließend werden sämtliche Tatbestandsmerkmale der einschlägigen Normen geprüft. Bei der Subsumtion des einzelnen Tatbestandsmerkmals muss sowohl der entsprechende Fachbegriff genannt werden (z. B. „Widerrechtlichkeit") als auch ein ausreichender Bezug zum Fall hergestellt werden. Oft muss auf einzelne Tatbestände genauer eingegangen werden.

Schritte zur Prüfung eines Falles im Gutachtenstil

Schritte	Vorgehen
1. Erfassen des Sachverhalts	Klären der Fragestellung, Unterstreichen im Fall
2. Auffinden der geeigneten Rechtsnorm	Suche im BGB; ggf. Arbeit mit Stichwortverzeichnis
3. Normenanalyse	Unterscheidung von Tatbestandsmerkmalen und Rechtsfolgen im BGB
4. Formulieren einer Anspruchsgrundlage	Z. B.: „Zu prüfen ist, ob A von B Schadensersatz aus unerlaubter Handlung verlangen kann."
5. Auffinden der Tatbestandsmerkmale im Fall	Unterstreichen der Tatbestandsmerkmale im Text
6. Prüfung der Tatbestandsmerkmale	Subsumtion, z. B.: „Durch die Beschädigung des Autos ist eine Rechtsgutverletzung (Verletzung des Eigentums) gem. § 823 I BGB gegeben."
7. Formulierung der Ergebnisse	Z. B.: „A kann Schadensersatz in Höhe von 500 Euro von B verlangen."

Als Grundlage für eine vertiefende Diskussion beinhaltet die Aufgabenstellung dann meist zusätzliche Materialien, wie z. B. Auszüge aus einem Rechtskommentar.

Anwendung am Beispiel: Abituraufgabe Bayern 2008

> *Randale bei Grillfest – Für ungeladenen Gast endet Grillfest im Krankenhaus*
>
> Günnersbach (eigener Bericht). Für Hartmut H. hatte das Grillfest im eigenen Garten so gut angefangen. Doch nach einigen Stunden tauchten auf der Party vier Bekannte seiner Tochter Belinda auf, die der Hausherr gar nicht eingeladen hatte. Als sich einer der Neuankömmlinge, der 20-jährige Sascha S., an der Musikanlage zu schaffen machte und anfing, mit CDs des Hausherrn um sich zu werfen, wurde es Herrn H. zu bunt. Zusammen mit einigen Freunden stellte Hartmut die Jugendlichen zur Rede und forderte Sascha S. auf, die Finger von der Anlage zu lassen und jetzt sofort zu gehen. Als Sascha nicht gleich reagierte, schlug Herr H. mit der Faust zu. Glassplitter seiner Brille verletzten Sascha S. so unglücklich im Auge, dass er sich in ärztliche Behandlung begeben musste.

> *Rechtskommentar zu § 227 BGB*
> „Geschützt sind Rechtsgüter aller Art, so vor allem Leben, Gesundheit, Freiheit, auch die Freiheit zur Fortbewegung im Straßenverkehr und zum Aufsuchen des Arbeitsplatzes, das Eigentum, das Hausrecht, die Ehre (...). Welche Verteidigung erforderlich ist, richtet sich nach der objektiven Sachlage und nicht danach, ob sie der Angegriffene für erforderlich hielt oder halten konnte (Urteil Bundesgerichtshof, Aktenzeichen...). Der Angegriffene muss das am wenigsten schädliche oder gefährliche Mittel zur Abwehr einsetzen, braucht sich aber nicht auf das Risiko einer ungenügenden Abwehrhandlung einlassen (...)."
>
> *Bassenge, Diederichsen et al., Palandt, Bürgerliches Gesetzbuch, Beck'sche Kurzkommentare, München 2003 (bearbeitet)*

Aufgabe

Prüfen Sie im Gutachtenstil, ob Hartmut die Arztkosten ersetzen muss. Diskutieren Sie dabei unter Einbeziehung des Rechtskommentars, ob Hartmut in Notwehr handelt.

Musterlösung und Kommentar

Der Operator „Prüfen im Gutachtenstil" bedeutet, dass alle Tatbestandsmerkmale sorgfältig subsumiert werden müssen. Im folgenden Lösungsvorschlag wurden die jeweiligen Tatbestandsmerkmale unterstrichen; die kursiv gedruckten Wörter sind Anregungen für die Formulierung der Verknüpfung von Fallbeispiel und Tatbestandsmerkmal.

Zu prüfen ist ein Anspruch des K gegen V auf Schadensersatz aus § 823 I BGB

H hat durch den Schlag Körper sowie Gesundheit *und damit* geschützte Rechtsgüter des Sascha (S) verletzt.

Es ist ein Schaden entstanden *in Form von* Behandlungskosten und immateriellen Schadens an der Gesundheit.

Die Handlung des H war ursächlich, also adäquat kausal für den Schaden, *denn* es ist unter normalen Umständen nicht auszuschließen, dass durch einen Faustschlag eine Brille zu Bruch geht und damit erhebliche Verletzungen am Auge entstehen.

Hartmut (H) hat absichtlich zugeschlagen *und somit* schuldhaft (vorsätzlich) gehandelt (§ 276 BGB).

Fraglich ist jedoch, ob H widerrechtlich gehandelt hat oder eine Notwehrsituation vorlag (§ 227 BGB):

Er wehrte den gegenwärtigen, rechtswidrigen Angriff des S auf ein geschütztes Rechtsgut ab. Auch das Eigentum (s. Rechtskommentar) ist ein geschütztes Rechtsgut, das durch Notwehr verteidigt werden darf.

Seine Verteidigungshandlung – der Schlag ins Gesicht – war aber in dieser heftigen Art und Weise gar nicht erforderlich (§ 227 II BGB), um den Angriff abzuwehren. H hätte als das „am wenigsten schädliche Mittel der Abwehr" beispielsweise auch die Polizei rufen können.

Damit liegt keine Notwehr vor und die Handlung des H war somit rechtswidrig.

Ergebnis: S kann gem. § 823 BGB von H den Ersatz der Behandlungskosten verlangen. Die Höhe des Schadensersatzes bestimmt sich nach § 249 ff. BGB, d. h., H hat den Zustand herzustellen, der bestehen würde, wenn die Verletzung nicht stattgefunden hätte.

Im Ergebnis wird die Anspruchsgrundlage der ersten Zeile wieder aufgenommen.

M1 **Das Urteil zum Segelunfall: Regattasegler muss zahlen**

Der Teilnehmer einer Regatta auf dem Ammersee muss Schadensersatz zahlen. Das Oberste Bayerische Schifffahrtsgericht entschied jetzt, dass derjenige, der bei einer Regatta einem anderen das We-
5 gerecht nimmt, nach der Kollision für den Schaden aufkommen muss. Dem Gericht zufolge unterscheidet sich Segeln erheblich von anderen Sportarten, bei denen die Wettkampfteilnehmer beim Start automatisch auf Schadensersatz durch Regelverstöße
10 verzichten. In der Vergangenheit hatten die Obergerichte sich immer auf den Standpunkt gestellt, wer an einem sportlichen Wettkampf teilnehme, der willige in ein erhöhtes Risiko ein. Beim Segeln sei das anders, meinte nun das Bayerische Oberste Schiff-
15 fahrtsgericht, das jährlich rund ein Dutzend Fälle verhandelt. Zum einen müssen die Wettkampfentscheidungen nicht in Sekundenbruchteilen gefällt werden, und zum anderen gelten beim Wettsegeln die Verkehrsregeln, die auch im Alltag zu berück-

sichtigen seien. Der Vorfahrtsberechtigte erhielt 90
20 Prozent seiner Kosten von rund 3800 Euro ersetzt. Beim acht Jahre alten Mast wird allerdings nicht der Neuwert, sondern nur der Zeitwert ersetzt.

Süddeutsche Zeitung, 17.8.2004

Rechtskommentar zu § 823 BGB

Wer im Rahmen einer Sportveranstaltung wie auch bei Sportausübung geschützte Rechtsgüter anderer Personen verletzt, haftet im Grundsatz gemäß
5 § 823 BGB. Dies gilt im Grundsatz auch gegenüber Personen, mit denen sich der Ausübende zur gemeinsamen Sportausübung verbunden hat. Die für die jeweilige Sportart geltenden Regeln bilden einen wichtigen Anhaltspunkt für die Pflichtwid-
10 rigkeit der Handlung, sodass bei Beachtung ein Verschulden ausscheidet. Das gilt jedenfalls für parallel ausgeübte Sportarten, bei denen die Teilnehmer also nebeneinander tätig sind. Bei Kampf-

sportarten und bei Wettkämpfen mit erheblichem Gefahrenpotenzial, bei denen typischerweise auch
15 bei Einhaltung der Regeln oder bei geringfügigen Regelverletzungen die Gefahr gegenseitiger Schädigung besteht, ist davon auszugehen, dass jeder Teilnehmer diejenigen Verletzungen in Kauf nimmt, die auch bei Ausübung nach den aner-
20 kannten Regeln der jeweiligen Sportart nicht zu vermeiden sind. Inanspruchnahme des Schädigers wäre widersprüchliches Verhalten.

Bassenge, Diederichsen et al., Palandt, Bürgerliches Gesetzbuch,
Beck'sche Kurzkommentare, München 2003 (bearbeitet)

An jedem Baustellenzaun ist dieses Schild zu finden und wohl die meisten Eltern glauben, sie müssten geradestehen, wenn ihre Kinder etwas angestellt haben. Dabei stimmt das in den wenigsten Fällen:
5 Grundsätzlich haftet – zunächst einmal – jeder nur für sich selbst und seine Taten. Eltern haften nur dann, wenn sie ihre Aufsichtspflicht verletzt haben.

Dieses Missverständnis über die elterliche Aufsichtspflicht führt übrigens oft zu Problemen mit
10 der Haftpflichtversicherung, die es ja eigentlich für

genau diesen Fall gibt: Etwas ist zu Bruch gegangen und ich bin schuld daran. Viele Eltern glauben nun, sie müssten beweisen, dass sie ihr Kind jederzeit perfekt im Auge hatten, und Tante Rosis wertvolle Vase ist trotzdem zu Boden gegangen. Aber: Wenn 15 sie die Aufsichtspflicht nicht verletzt haben, dann sind sie auch nicht haftbar zu machen – und die Versicherung braucht nicht zu zahlen.

Stefan Handel, Recht – Was geht mich das an? München 2006, S. 164 f.

Aufgaben

1. a) Übertragen Sie die Grafik in Ihr Heft und ergänzen Sie die fehlenden Tatbestände und Rechtsfolgen.

   b) Erstellen Sie eine Normenanalyse (grafische Darstellung der Tatbestände und Rechtsfolgen) für folgende Rechtsnormen: § 145, § 433, § 929, § 854 BGB.

2. Begründen Sie ausführlich das Urteil im „Regattafall" (Auftaktseite und M1). Beziehen Sie in Ihre Argumentation den Rechtskommentar mit ein. Erläutern Sie, wie Gesetzgebung und Rechtsprechung hier den Grundsatz der Billigkeit verwirklichen.

3. Der 20-jährige Reinhold verkauft regelmäßig illegal gebrannte CDs, unter anderem Musik der Gruppe „Firewall", welche von der Firma „Axiola" vertrieben wird.
   Prüfen Sie Schadensersatzansprüche von Axiola gegen Reinhold (vgl. Einstiegsmaterial). Stellen Sie mit Hilfe eines Rechtskommentars fest, welches Rechtsgut bei Urheberrechtsdelikten verletzt wird.

4. Auf dem Weg zur 500 Meter entfernten Grundschule kommt die 6-jährige Anna-Lena regelmäßig an einer Baustelle vorbei. Heute bleibt sie fasziniert vor einer Lieferung großer Fensterscheiben stehen, die der Bauunternehmer Hartmut dort abgestellt hat. Sie kommt auf die Idee, ihr Spiegelbild in den Scheiben mit Steinen zu bewerfen. Dabei geht Glas im Wert von 500 Euro zu Bruch. Als Hartmut die Eltern kontaktiert, sehen diese kein Problem: „Wir haben schließlich eine Haftpflichtversicherung für das Kind …".

   a) Erschließen Sie mittels einer Normenanalyse Tatbestandsmerkmale und Rechtsfolgen der §§ 828 und 832 BGB.

   b) Prüfen Sie im Gutachtenstil, ob Hartmut den Schaden ersetzt bekommt.

   c) Erörtern Sie insbesondere den Aspekt der Aufsichtspflicht (M2).

5. Recherchieren Sie in einer juristischen Datenbank, was man unter „Kausalität" und „sonstigem Recht" in § 823 I BGB versteht. Veranschaulichen Sie Ihre Darstellung anhand von geeigneten Fallbeispielen.

7.2 Kaufhandlung und Abstraktionsprinzip

 E   Sind das bindende Verträge?

Fitness-Center Funpark

Liebes Funpark-Mitglied,

heute machen wir Dir ein tolles Angebot! Mit beiliegender Shopping-Card kannst Du bei unseren zahlreichen Kooperationspartnern bares Geld sparen. Einfach mit Karte zahlen und wir schreiben dir 0,1 % des Umsatzes gut – bei jedem Einkauf! Und das Tollste: Die Jahreskartengebühr beträgt nur 40,– Euro! Den Betrag buchen wir am Monatsende zusammen mit Deinem Mitgliedsbeitrag ab. Solltest Du nicht von unserem tollen Angebot profitieren wollen – schick' die Karte innerhalb von 10 Tagen zurück.
Viel Spaß beim Sparen!

Dein Funpark-Team

Erörtern Sie, ob in den Beispielen Verträge zustande gekommen sind.

„Was? Das wollen wir doch mal sehen. Ich parke hier, aber ich zahle doch keine 4,50!"

Sehr geehrter News-online-Leser,

Sie haben am 16.3.2008 einen Artikel aus unserem News-Archiv heruntergeladen. Vielleicht wussten Sie nicht, dass die Nutzung unseres Archivs gebührenpflichtig ist. Für den von Ihnen genutzten Artikel berechnen wir 5,60 Euro. Bitte überweisen Sie den Betrag umgehend auf unser Konto.

Ihr News-online-Archiv

Musi-3000

Sehr geehrte Frau Sauer,

Ihnen als Freundin schöner Volksmusik übersenden wir heute exklusiv unsere Jubiläumsausgabe „Rosenheimer Haderlumpen" (15 CDs im Lederschuber) für einmalige 119,– Euro. Falls wir die Lieferung nicht innerhalb von 14 Tagen zurückerhalten, erlauben wir uns, diesen Betrag in Rechnung zu stellen.

Mit freundlichen Grüßen
Musi-3000 Musikhandel

Verträge und Realakte

Verträge kommen durch die Abgabe von übereinstimmenden Willenserklärungen zweier oder mehrerer Personen mit dem Ziel der Herbeiführung eines rechtlichen Erfolgs zustande (z. B. Anton und Benno unterzeichnen beide einen Kaufvertrag über ein gebrauchtes Auto; Anne, Berta und Carla gründen gemeinsam eine GmbH).

Realakte (Tathandlungen) allein sind keine Rechtsgeschäfte, da hier die Willenserklärung als Element fehlt (Beispiele: Der Dieb Dietmar entwendet ein Auto; Benno nimmt in Antons Abwesenheit schon einmal den Schlüssel des gekauften Autos mit). Als Folge von Realakten können allerdings Rechtsänderungen eintreten (z. B. wird ein Dieb Besitzer einer Sache).

Auch bei sogenannten *Gefälligkeitsgeschäften* (Beispiel: Adalbert verspricht, Benno morgen zur Arbeit mitzunehmen) kommen keine bindenden Verträge zustande, da hier der Wille fehlt, einen rechtlichen Erfolg herbeizuführen (Adalbert will keineswegs eine Verpflichtung auf sich nehmen, die gegebenenfalls zu Schadensersatzforderungen Bennos führen könnte).

Der Abschluss eines Vertrages

Um einen *wirksamen Vertrag* abzuschließen, müssen die beteiligten *Rechtssubjekte übereinstimmende Willenserklärungen* abgeben. Die Willenserklärungen sind gleichsam der „Klebstoff" des Vertrags. Beide Seiten müssen ihren Willen äußern („beide Teile müssen mit Klebstoff bestrichen werden"), die Willenserklärungen müssen *deckungsgleich* sein („der Klebstoff muss auf beiden Seiten der gleiche sein") und die Willenserklärung muss innerhalb eines zeitlichen Rahmens – rechtzeitig – angenommen werden („der Klebstoff darf nicht trocken werden"). Die Willenserklärungen binden die Vertragspartner mit Rechten und mit Pflichten aneinander. Die wesentliche Pflicht, die sich aus einem Vertragsschluss ergibt, ist schon aus dem römischen Recht überliefert: *pacta sunt servanda – Verträge sind einzuhalten.*

Wiederholung: Formen von Willenserklärungen

Grundsätzlich stellt es der Gesetzgeber den Rechtssubjekten frei, in welcher Form sie Willenserklärungen abgeben und Verträge abschließen. Nur bei bestimmten Verträgen, z. B. beim Erwerb von Immobilien oder einer Schenkung, gibt es Formvorschriften. Der Gesetzgeber schreibt die Form vor, wenn z. B. der Bürger vor unüberlegtem Handeln geschützt werden soll (Bürgschaft) oder die Rechtssicherheit sonst gefährdet wäre (Grundstückskauf).

● **§ 433 BGB Vertragstypische Pflichten beim Kaufvertrag**

(1) [1]Durch den Kaufvertrag wird der Verkäufer einer Sache verpflichtet, dem Käufer die Sache zu übergeben und das Eigentum an der Sache zu verschaffen. [2]Der Verkäufer hat dem Käufer die Sache frei von Sach- und Rechtsmängeln zu verschaffen.

(2) Der Käufer ist verpflichtet, dem Verkäufer den vereinbarten Kaufpreis zu zahlen und die gekaufte Sache abzunehmen.

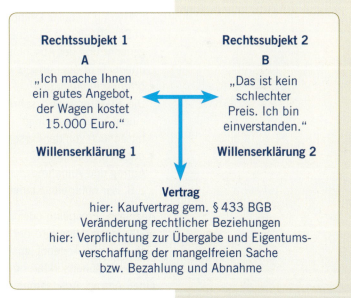

Rechtssubjekt 1
A

„Ich mache Ihnen ein gutes Angebot, der Wagen kostet 15.000 Euro."

Willenserklärung 1

Rechtssubjekt 2
B

„Das ist kein schlechter Preis. Ich bin einverstanden."

Willenserklärung 2

Vertrag
hier: Kaufvertrag gem. § 433 BGB
Veränderung rechtlicher Beziehungen
hier: Verpflichtung zur Übergabe und Eigentumsverschaffung der mangelfreien Sache
bzw. Bezahlung und Abnahme

Das Besteigen eines Busses lässt auf den Willen schließen, befördert zu werden.

Willenserklärung ●

Die Willenserklärung setzt sich aus einem subjektiven Tatbestand, dem (inneren) Willen („was ist tatsächlich gewollt"), und einem objektiven Tatbestand, der Äußerung dieses Willens („was wird gesagt"), zusammen.

Folgende Formen von Willenserklärungen lassen sich unterscheiden:

• *mündlich*

• *schlüssiges („konkludentes") Handeln*
Aus der Handlung lässt sich der subjektive Wille erkennen, z. B. Nicken, Heben der Hand, Betreten eines öffentlichen Verkehrsmittels

• *Schriftform*
Die Urkunde (die „verkörperte Erklärung") muss vom Erklärenden unterschrieben werden (§§ 126, 127 BGB).

• *elektronische Form*
Da im modernen Rechtsverkehr die Übermittlung einer Willenserklärung in Form eines Schriftstücks („urkundlich verkörperte Form") oft unpraktisch ist und erhöhte Kosten verursacht, bietet das BGB als Alternative zur traditionellen Schriftform die elektronische Form einer Willenserklärung an (§§ 126 III, 126 a). Eine einfache E-Mail genügt jedoch nicht der „elektronischen Form". Wird die Papierform durch die elektronische Form ersetzt, so muss der Aussteller der Erklärung dieser seinen Namen hinzufügen und das elektronische Dokument mit einer „qualifizierten elektronischen Signatur" versehen. Was darunter zu verstehen ist, regelt das Signaturgesetz. Insbesondere ist wichtig, dass die Signatur mit dem gesamten zu signierenden Datensatz logisch verknüpft ist und so die Einheitlichkeit des signierten Dokuments gewährleistet ist. Wer eine digitale Signatur verwendet, benötigt einen geheimen privaten Schlüssel, der auf einer ihm gehörenden sogenannten Signaturkomponente (z. B. einer Chipkarte) gespeichert ist.

• *Textform*
Auch diese stellt eine gegenüber der reinen Schriftform erleichterte Form dar, die in geeigneten, gesetzlich bestimmten Fällen die eigenhändige Unterschrift entbehrlich macht (§ 126 b BGB). Die Textform ist damit nicht wie die Schriftform an das Papier gebunden, sondern eignet sich für Übermittlungsarten wie z. B. Telefax. Die Textform erfordert, dass „die Erklärung in einer Urkunde oder auf andere zur dauerhaften Wiedergabe in Schriftzeichen geeignete Weise abgegeben, die Person des Erklärenden genannt und der Abschluss der Erklärung durch Nachbildung der Namensunterschrift oder anders erkennbar gemacht wird." (§ 126 b BGB).

• *öffentlich beglaubigt*
Die Erklärung wird schriftlich abgefasst und die Unterschrift z. B. von einem Notar beglaubigt. Der Notar stellt also fest, ob die Unterschrift auch tatsächlich von der Person stammt, für die sie sich ausgibt (§ 129 I BGB).

• *notariell beurkundet*
Antrag und Annahme werden von einem Notar beurkundet (§ 128 BGB); z. B. der notarielle Kaufvertrag über ein Grundstück.

Anzeigen, Prospekte oder die Auslagen von Geschäften sind keine Willenserklärungen. Hier wird der potenzielle Kunde lediglich „aufgefordert", von sich aus ein Angebot zu machen („invitatio ad offerendum"). Ebenfalls nicht als Willenserklärung zu deuten ist in der Regel das Schweigen auf einen Antrag. Ausnahmen gibt es unter Kaufleuten.

Wiederholung: Die Kaufhandlung

Bei den Kaufhandlungen des täglichen Lebens kommen in der Regel gleich drei Verträge zustande, wie folgendes Fallbeispiel zeigt.

Am Donnerstag, den 25.10., fragt die 20-jährige Anne H. ihren gleichaltrigen Arbeitskollegen Benno S.: „Willst Du mein altes Fahrrad kaufen? Es kostet nur 100 €!" Benno sagt: „Klingt gut. Ich brauche sowieso eines – und der Preis ist auch in Ordnung. Einverstanden."

Annes Willenserklärung ist ein *Antrag* im Sinne des § 145 BGB. Die darauf folgende Willenserklärung Bennos ist eine *Annahme* im Sinne des § 147 BGB. Beide Willenserklärungen decken sich (die beiden sind sich auch einig bezüglich des Preises). Es kommt also ein Kaufvertrag nach § 433 BGB zustande. Der Verkäufer verpflichtet sich damit, die Kaufsache zu übereignen und dem Käufer den Besitz an der Sache zu verschaffen; außerdem hat er die Verpflichtung, dem Käufer die Sache frei von Sach- und Rechtsmängeln zu verschaffen (§ 433 I S. 2 BGB). Der Käufer verpflichtet sich, die Sache abzunehmen und zu bezahlen. Es entstehen also Rechte und Pflichten für beide Seiten *(Verpflichtungsgeschäft)*.

Am Abend ruft Anne bei Benno an und fragt: „Ich hätte gerade Zeit, könnte ich das Rad jetzt bei dir vorbeibringen?" Benno sagt: „Wenn es dir nichts ausmacht, dass ich erst morgen zahle, ist es mir recht." Eine halbe Stunde später schiebt Anne das Rad in Bennos Garage und gibt ihm den Schlüssel für das Schloss.

Gemäß § 929 BGB müssen sich die beiden „einig sein", dass das Eigentum übergeht: Für diese *Einigung* muss wieder ein Antrag (durch Anne) und eine Annahme (durch Benno) stattfinden. Zusätzlich muss Anne Benno den Besitz („tatsächliche Herrschaft" § 854 BGB) verschaffen. Dieser *Realakt* findet statt, als Anne das Rad in die Garage schiebt und den Schlüssel übergibt. Anne und Benno wollen also ihre Pflichten aus dem Kaufvertrag erfüllen *(Erfüllungsgeschäft)* bzw. auch eine Verfügung über die Eigentumsverhältnisse treffen *(Verfügungsgeschäft)*.

In Kapitel 8 werden die sachenrechtlichen Verträge bei der Übereignung genauer betrachtet.

Verpflichtungsgeschäft (Kaufvertrag)

Antrag § 145 BGB

Käufer (Benno) (Eigentümer und Besitzer des Geldes) — Kaufvertrag § 433 BGB — **Verkäufer** (Anne) (Eigentümer und Besitzer der Ware)

Annahme § 147 BGB

Rechtliches Ergebnis: Entstehen von Rechten und Pflichten

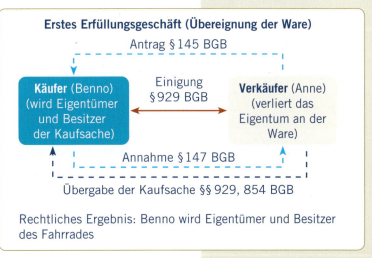

Erstes Erfüllungsgeschäft (Übereignung der Ware)

Antrag § 145 BGB

Käufer (Benno) (wird Eigentümer und Besitzer der Kaufsache) — Einigung § 929 BGB — **Verkäufer** (Anne) (verliert das Eigentum an der Ware)

Annahme § 147 BGB

Übergabe der Kaufsache §§ 929, 854 BGB

Rechtliches Ergebnis: Benno wird Eigentümer und Besitzer des Fahrrades

Am Tag darauf trifft Benno Anne in der Teeküche des Betriebs: „Ich hätte
das Geld jetzt dabei!" Anne freut sich. „Super, dann gib es her!" Benno
nimmt das Geld aus der Tasche und übergibt es Anne.

Das zweite Erfüllungsgeschäft lässt sich analog zum ersten darstellen. Nur
ist es diesmal Benno, der den Antrag stellt.

Rechtliches Ergebnis: Anne wird Eigentümer und Besitzer
des Geldes

- - - -> Willenserklärung
- - - -> Realakt
<——> schuldrechtlicher Vertrag
<—— sachenrechtlicher Vertrag

Das Abstraktionsprinzip

Es erscheint zunächst ungewöhnlich, dass eine alltägliche Handlung wie der
Kauf in drei Verträge mit sechs Willenserklärungen und zwei Realakten un-
terteilt wird. Die klare Trennung zwischen Verpflichtungs- und Verfügungsge-
schäften findet sich auch nicht in allen Rechtsordnungen. Für das deutsche
bürgerliche Recht ist die abstrahierende Betrachtung *(Abstraktionsprinzip)*
jedoch typisch. Bei komplizierteren Geschäften zeigt sich der Sinn dieser
Betrachtungsweise: So kann ein Kaufvertrag z. B. schon geschlossen werden, wenn die später zu übereignende Sache noch gar nicht existiert. Wichtig ist die Unterteilung auch dann, wenn an einem bestimmten Punkt der
Kaufhandlung Probleme auftauchen (z. B. der Kaufvertrag unwirksam ist,
weil ein Vertragspartner minderjährig ist). Dann ist es wichtig zu wissen,
welche Verträge noch wirksam sind und wie sie rückabgewickelt werden.

Methode: Falllösung II

In Kapitel 7.1 wurde bereits die Methode der Subsumtion am Beispiel von Schadenersatzansprüchen aus §823 I BGB erläutert (Anspruch aus unerlaubter Handlung oder auch „deliktischer" Anspruch). Im folgenden Fall ist zu prüfen, ob ein vertraglicher Anspruch vorliegt. Das Beispiel lässt sich auf alle Fälle übertragen, in denen zu klären ist, ob ein wirksamer Vertrag vorliegt.

Fallvariante:

Angenommen, Benno antwortet auf Annes Kaufangebot nicht gleich. Anne vergisst zwischenzeitlich ihr Angebot. Am 10.11. – nach über zwei Wochen – kommt Benno und sagt: „Ich nehme dein Angebot gerne an; hier sind 100 € – wo ist das Rad?" Anne will das Rad aber inzwischen nicht mehr verkaufen, da sie es zwischenzeitlich schon ihrer Schwester versprochen hat. Kann Benno die Übereignung des Fahrrades verlangen?

Musterlösung und Kommentar

Zu prüfen ist ein Anspruch Bennos gegen Anne auf Übereignung und Übergabe des Fahrrads aus §433 I BGB.		→ *Zu Beginn der Falllösung wird festgestellt: „Wer verlangt was, von wem, aufgrund welcher Anspruchsgrundlage?"*
Der Anspruch setzt das Vorliegen eines wirksamen Vertrages voraus.		→ *In §433 BGB sind die Tatbestandsmerkmale nicht so offensichtlich wie in §823 I BGB. Die Bedingungen, die für das Zustandekommen aller Verträge gelten, finden sich nicht unmittelbar bei den speziellen Regelungen zum Kaufvertrag, sondern im allgemeinen Teil des BGB.*
Annes Äußerung am 25.10. („Willst du mein Fahrrad kaufen…") ist als Antrag (§145 BGB) zu verstehen.		→ *Beginn der eigentlichen Subsumtion; die erste Willenserklärung ist unproblematisch.*
Unklar ist, ob Bennos Äußerung am 10.11. eine wirksame Annahme (§147 BGB) darstellt.		→ *Hier kommt der „Knackpunkt" des Falls: das Tatbestandsmerkmal, bei dem eine genauere Prüfung notwendig wird.*
	Benno antwortet auf Annes Antrag erst nach zwei Wochen; seine Annahme könnte also verspätet sein.	→ *These formulieren*
	Ein unter Anwesenden gemachter Antrag kann nur sofort angenommen werden (§147 I BGB). Bennos Annahme war also verspätet.	→ *These prüfen*
	Die verspätete Annahme ist ein neuer Antrag (§150 BGB). Anne hat diesen Antrag nicht angenommen.	
Es ist also keine wirksame Annahme gegeben.		→ *Dies ist das Zwischenergebnis der Prüfung des problematischen Tatbestandsmerkmals.*
Es liegt also kein wirksamer Kaufvertrag vor.		→ *Man kommt hier – als Zwischenergebnis – wieder auf die zweite Zeile zurück, bevor, in Bezug auf die erste Zeile, das endgültige Ergebnis formuliert wird:*
Benno hat damit keinen Anspruch gegen Anne auf Übereignung und Übergabe des Fahrrades aus §433 I BGB.		→ *Ergebnis der Prüfung der Anspruchsgrundlage aus der ersten Zeile.*

M1 **Schluck für Schluck in den Kaufrausch: die Folgen eines Weinkaufs**

„Wir hatten uns schon an verschiedenen Ständen umgesehen, als wir Hunger bekamen", schilderte der Münchner seinen Messebesuch. Im anheimelnden Stand des Beklagten sei man sofort zum Sitzen eingeladen und mit Shrimps, Käse und Wurst be-

● *Angebot auf einer Weinmesse.*

wirtet worden. „Eigentlich wollten wir dort gar keinen Wein probieren, nur etwas essen, dafür hätten wir auch bezahlt."

Es sei aber gleich ein Verkäufer gekommen und habe diverse Weine vorgestellt. „Wenn meine Frau sagte, ein Wein sei gut, habe ich auch genippt, dann genickt und der Verkäufer hat etwas aufgeschrieben. Das Ergebnis des Nickens war eine Bestellung über 1798,80 Euro. Der Weinhändler betonte, der Auftrag könne nicht storniert werden, es habe sich schließlich um eine Fachmesse gehandelt. Die Ware sei ja auch bereits bezahlt worden, der Käufer verweigere aber die Annahme der Sendung. Der Richter betrachtete sich Fotos vom Stand und stellte die Frage in den Raum, ob nicht dessen besonders aufwendige Gestaltung – gedeckte Tische und Vitrinen mit Essensangeboten – eher auf eine Freizeitveranstaltung hinwiesen.

Süddeutsche Zeitung, 20.5.2006

Rechtskommentar zu § 312 BGB
Widerrufsrecht bei Haustürgeschäften

Das Freizeiterlebnis muss für den Verbraucher auf Grund der Art der Ankündigung oder Durchführung der Veranstaltung im Vordergrund stehen. Der (angebliche) Unterhaltungswert muss vom eigentlichen Zweck der Veranstaltung ablenken. Keine Freizeitveranstaltungen sind markt- oder messe-

ähnliche Leistungsschauen, die der Verbraucher nicht wegen ihres Freizeitwerts, sondern wegen des Warenangebots besucht, wie die „Grüne Woche" (...) Beispiele für Freizeitveranstaltungen sind Ausflugsfahrten zur Unterhaltung, Filmvorführungen, kostenlose Weinprobe mit Abendessen (...).

Bassenge, Diederichsen et al., Palandt, Bürgerliches Gesetzbuch, Beck'sche Kurzkommentare, München 2003

Aufgaben

1. „Die Römer waren (…) keine schlechten Juristen. Vielleicht die besten, die die Welt gesehen hat. Für sie war der Kauf ein einziger Vertrag. (…) Für sie hatte man sich sozusagen im obligatorischen Kaufvertrag schon gleichzeitig darauf verständigt, dass das Eigentum übergehen soll, wenn die Sache dann später dem Käufer gegeben wird. Deshalb war die römische Übereignung auch kausal, also unwirksam, wenn der Kaufvertrag unwirksam war. [So sagte der] berühmte römische Jurist Julius Paulus: ‚Niemals überträgt die bloße Übergabe das Eigentum, sondern nur, wenn ein Kauf oder ein anderer rechtfertigender Grund (iusta causa) vorhanden ist, dessentwegen die Übergabe erfolgt.‘"

   Uwe Wesel, Fast alles, was Recht ist, Frankfurt a. M. 2007, S. 120

   Stellen Sie dar, wie nach dem Bürgerlichen Gesetzbuch (BGB) eine Kaufhandlung vollzogen wird. Vergleichen Sie diese Vorgehensweise mit den von Wesel beschriebenen Regelungen.

2. a) Prüfen Sie, ob im Sachverhalt aus M1 ein Kaufvertrag zustande gekommen ist.
   b) Stellen Sie den Sachverhalt aus M1 grafisch dar (Willenserklärungen und Verträge).
   c) Erschließen Sie Tatbestandsmerkmale und Rechtsfolgen des § 312 BGB mittels einer Normenanalyse.
   d) Begründen Sie aus der Sicht des Käufers, ob ein Widerrufsrecht vorliegt.
   e) Erstellen Sie aus Sicht des Verkäufers ein Gegengutachten. Beziehen Sie dabei die Aussagen des Rechtskommentars mit ein.
   f) Erläutern Sie, warum der Gesetzgeber in diesem Fall vom Prinzip „pacta sunt servanda" (Verträge sind einzuhalten) abweicht.

7.3 Der Aufbau des BGB

E **Durch das Labyrinth des BGB?**

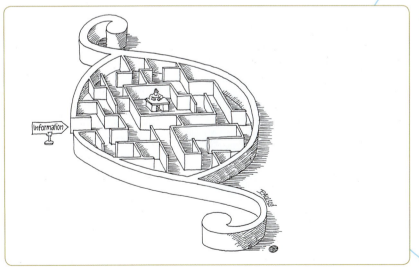

Liebermann/CCC, www.c5.net

Interpretieren Sie die Karikatur.

Das BGB gilt als bedeutende wissenschaftliche Leistung des 19. Jahrhunderts.

Das Bürgerliche Gesetzbuch (BGB)

Das BGB wurde am 18.8.1896 für das Deutsche Reich erlassen. Es trat am 1.1.1900 in Kraft. Bis heute ist es das grundlegende Gesetzeswerk für das bürgerliche Recht in Deutschland. Es enthält die Grundlagen zum Vertrags-, Eigentums-, Familien- und Erbrecht. Die leitenden Prinzipien des BGB sind die Achtung der Einzelperson und ihrer Privatautonomie, der gesetzmäßig erworbenen Rechte, Vertragstreue und Schadensersatzpflicht bei Rechtsverletzungen.

Der Aufbau des BGB

Das BGB ist in fünf Bücher gegliedert. Das 1. Buch steht sozusagen – wie bei einer mathematischen Formel – *„vor der Klammer"* und enthält Regelungen, die auch für die weiteren vier Bücher des BGB gelten, soweit dort nicht besondere Regelungen aufgeführt sind. Das Gesetz geht dabei vom *Allgemeinen zum Besonderen* vor: z.B. enthält § 145 BGB sehr allgemeine Regelungen für die Abgabe einer Willenserklärung; die folgenden §§ 146 – 151 BGB enthalten zunehmend spezielle Regelungen zur Rechtzeitigkeit der Annahme einer Willenserklärung.

Die „vor die Klammer gezogenen" Regelungen der §§ 145 ff. BGB zur Abgabe von Willenserklärungen gelten nicht nur für schuldrechtliche Verträge (2. Buch, z.B. § 433 BGB Kaufvertrag), sondern auch für sachenrechtliche Verträge (3. Buch, z.B. § 929 BGB Übereignung). Grundsätzlich werden auch bei der Eheschließung Willenserklärungen abgegeben (4. Buch, z.B. Eheschließung § 1310 BGB). Hier gibt es jedoch spezielle Regelungen für die Eheschließung (z.B. § 1311 BGB: nur unter Anwesenden und ohne Möglichkeit einer Fristsetzung – also anders als in §§ 147, 148 BGB).

Gibt es zu einem Sachverhalt eine „speziellere" Norm, dann hat diese „lex specialis" Vorrang vor der allgemeinen Regelung. Warum hätte der Gesetzgeber sonst auch diese genauere Regelung geschaffen?

Der Aufbau des BGB wird auch in den verschiedenen Verträgen der Kaufhandlung deutlich: Während das Verpflichtungsgeschäft (§ 433 Kaufvertrag) nach den Normen des Schuldrechts (2. Buch) geregelt wird, werden die Verfügungsgeschäfte, die Übereignungsverträge bei der Erfüllung des Kaufvertrags, nach den Normen des Sachenrechts (3. Buch) geregelt. Sowohl für schuld- als auch

Das Bürgerliche Gesetzbuch (BGB)

Allgemeiner Teil	Schuldrecht	Sachenrecht	Familienrecht	Erbrecht
§§ 1 – 240	§§ 241 – 853	§§ 854 – 1296	§§ 1297 – 1921	§§ 1922 – 2385
■ Natürliche Personen, Verbraucher, Unternehmer	■ Pflichten aus dem Schuldverhältnis	■ Besitz	■ Verlöbnis	■ Erbfolge
■ Juristische Personen	■ Schuldverhältnisse aus Verträgen	■ Eigentum	■ Ehe Eheschließung, Namensrecht	■ Rechtsstellung des Erben
■ Vereine, Stiftungen	■ Allgemeine Geschäftsbedingungen	■ Eigentumserwerb	■ Eheliches Güterrecht	■ Testament
■ Rechtsgeschäfte	■ Verbraucherverträge	■ Ansprüche aus dem Eigentum	■ Ehevertrag	■ Erbvertrag
■ Willenserklärung	■ Widerrufsrecht	■ Dienstbarkeiten	■ Ehescheidung	■ Annahme und Ausschlagung der Erbschaft
■ Vertrag	■ Einzelne Schuldverhältnisse	■ Hypothek, Grundschuld, Rentenschuld	■ Unterhalt, Versorgungsausgleich	■ Pflichtteil
■ Vertretung und Vollmacht	Kauf, Darlehen, Teilzahlungsgeschäft, Miete, Pacht, Leihe, Dienst-/Werkvertrag, Bürgschaft, Schadensersatz, Gesellschaftsvertrag u.a.		■ Verwandtschaft	■ Haftung des Erben
■ Fristen und Termine			■ Recht des Kindes	■ Vermächtnis
■ Verjährung			■ Elterliche Sorge	
■ Sicherheitsleistung			■ Annahme als Kind	
			■ Vormundschaft, Betreuung, Pflegschaft	

ZAHLENBILDER
128 025

© Erich Schmidt Verlag

sachenrechtliche Verträge sind jedoch Willenserklärungen erforderlich, die nach den Normen der §§ 145 ff. BGB (1. Buch – allgemeiner Teil) geregelt werden.

Beispiel „Sachen" im BGB

1. Buch: § 90 **Sachen** im Sinne des Gesetzes sind nur körperliche Gegenstände.			
2. Buch § 433 I „Durch den Kaufvertrag wird der Verkäufer einer **Sache** verpflichtet (…)"	3. Buch § 854 I „Der Besitz einer **Sache** wird (…)"	4. Buch § 1362 II „Für die ausschließlich zum persönlichen Gebrauch eines Ehegatten bestimmten **Sachen** (…)"	5. Buch § 2164 I „Das Vermächtnis einer **Sache** (…)"

Einzelne Schuldverhältnisse im BGB

Die im besonderen Teil des Schuldrechts geregelten Schuldverhältnisse sind nur typische Beispiele; entsprechend der Inhaltsfreiheit können die Vertragsparteien Verträge grundsätzlich frei gestalten (sog. atypischer Vertrag), d.h. von den Bestimmungen abweichen oder Vertragstypen kombinieren (gemischter Vertrag). Die Tabelle zeigt einige wichtige schuldrechtliche Vertragsverhältnisse des BGB im Überblick (zu sachenrechtlichen Verträgen siehe Kapitel 8):

Vertragstyp	Norm	Leistungspflicht	Gegenleistung
Kaufvertrag	§ 433	Sache übergeben und Eigentum verschaffen (die Sache muss frei von Sach- und Rechtsmängeln sein)	Sache abnehmen und bezahlen
Schenkungsvertrag	§ 516	(unentgeltliche) Zuwendung	/
Leihvertrag	§ 598 § 604	Gebrauch einer Sache unentgeltlich gestatten	(Rückgabe)
Darlehensvertrag (Sachdarlehen)	§ 607	Überlassung (Übereignung) von vertretbaren Sachen	Rückgabe von Sachen gleicher Art, Güte und Menge
Darlehensvertrag (Gelddarlehen)	§ 488	zur Verfügung stellen eines Geldbetrages in der vereinbarten Höhe	geschuldeten Zins zahlen und Darlehen bei Fälligkeit zurückzahlen
Mietvertrag	§ 535	Sache zum Gebrauch überlassen	Zahlung des Mietzinses; Rückgabe
Dienstvertrag (z.B. Vertrag über die Erteilung von Nachhilfeunterricht)	§ 611	Leistung eines Dienstes („Tätigwerden")	Vergütung
Werkvertrag (z.B. Bauvertrag)	§ 631	Herstellung eines Werkes („Erfolg")	Vergütung

● **Vertragsfreiheit**

Die Freiheit des Einzelnen, sein Leben durch Verträge frei gestalten zu können. Sie ist Ausfluss der Privatautonomie und eines der Grundprinzipien des deutschen Zivilrechts. Zur Vertragsfreiheit gehören die freie Wahl des Vertragspartners (Abschlussfreiheit) und die freie Bestimmung des Vertragsinhalts (Inhaltsfreiheit). Daher sind die Vertragsparteien nicht an die typisierten Vertragsverhältnisse des BGB gebunden, sie können davon frei abweichen (§ 311 BGB).

www.lexeakt.de

M1 **Eine frühe Kritik am BGB**

Auf der Grundlage des römischen Rechts ist dann am Ende des 19. Jahrhunderts das Bürgerliche Gesetzbuch entstanden. Nach langen Vorarbeiten war sein Entwurf 1888 fertig und sollte vom Reichstag beraten werden. Es gab einen Sturm der Entrüstung wegen seiner Unverständlichkeit. Einer der schärfsten Kritiker des BGB, der Wiener Professor Anton Menger, schrieb dazu in seinem Buch *Das Bürgerliche Recht und die besitzlosen Volksklassen*, 1890:

„Kein Teil der Gesetzgebung bedarf so sehr einer volkstümlichen, allgemein verständlichen Ausdrucksweise als das bürgerliche Recht; denn die übrigen Gesetze – die Verfassungs-, Verwaltungs-, Zivilprozess- und Strafgesetze – werden nur von bestimmten Volkskreisen oder in besonderen Fällen, dieses wird dagegen täglich und von allen Staatsbürgern angewendet. Nun besitzen wir aber eine juristische Literatur, in welcher die Differenzierung der Rechtsbegriffe und überhaupt die Zerfaserung des Rechtsstoffes so weit getrieben ist, dass man die deutsche Rechtswissenschaft treffend mit einem Messer verglichen hat, welches so dünn und scharf geschliffen ist, dass es nicht mehr schneidet. Die Verfasser des Entwurfes, welchen ohnedies kein besonderes Talent nachzurühmen ist, stehen nun ganz unter dem Einfluss dieser juristischen Lehre und haben demgemäß ein Werk geliefert, dessen unpopuläre Ausdrucksweise kaum überboten werden kann."

Uwe Wesel, Fast alles, was Recht ist, Frankfurt a. M. 2007, S. 17 f.

Aufgaben

1. Stellen Sie anhand von Inhalten des ersten Buches des BGB das Prinzip des „Vor-die-Klammer-Ziehens" im BGB dar.

2. Fassen Sie Anton Mengers Kritik zusammen (M1). Erläutern Sie dabei die Gliederungs- und Formulierungsprinzipien des BGB, auf die sich diese Kritik bezieht, und zeigen Sie die Vorteile dieser Prinzipien auf.

3. „Jede Verpflichtung ergibt sich nämlich entweder aus einem Vertrag oder aus einem Delikt" (Omnis enim obligatio vel ex contractu nascitur vel ex delicto).
Überprüfen Sie diese Aussage des römischen Juristen Gaius anhand der in Kapitel 7 dargestellten Fälle.

7.4 Problem des Abstraktionsprinzips: Wegfall des Verpflichtungsgeschäfts

 „Meine Eltern sind nicht einverstanden …"

Hallo Herr Klein, hier Motorradhandel Huber. Ich wollte mal nachfragen wegen des Kleinkraftrades, das Sie letzte Woche bei uns erworben haben. Wir wollten an die noch ausstehende Restzahlung von 1800 € erinnern.

Ach, guten Tag Herr Huber – schön von Ihnen zu hören. Der Motorroller fährt übrigens toll. Da ist nur ein kleines Problem: Meine Eltern sind nicht einverstanden mit dem Kauf. Darum wollen sie auch die 1800 € nicht bezahlen. Ich bin ja noch nicht achtzehn. Aber ich habe mir gedacht, ich könnte den Betrag mit meinem Taschengeld in Raten abzahlen …

Kommt ja gar nicht in Frage! Das ist ja eine Frechheit: Da weißt du genau, dass deine Eltern mit dem Kauf nicht einverstanden sind und dass du nicht bezahlen kannst **– und fährst trotzdem mit meinem Motorrad durch die Gegend …!**

Also, so ist das nun auch wieder nicht: Sie haben mir den Roller schließlich selbst auf den Hof herausgefahren, haben mir alles gezeigt, den Schlüssel gegeben, **mir zu meinem neuen Motorrad gratuliert** *– und dann auch noch freundlich hinterhergewinkt!*

Jetzt werde nur nicht unverschämt. **Du bringst mir jetzt augenblicklich mein Motorrad zurück!**

Nehmen Sie Stellung zu den hervorgehobenen Äußerungen, und beurteilen Sie den Fall.

Wiederholung: Vertragsschluss durch beschränkt Geschäftsfähige

In einigen Fällen können beschränkt Geschäftsfähige **voll wirksame Willenserklärungen** abgeben:

- Rechtsgeschäfte, durch die der Minderjährige *„lediglich einen rechtlichen Vorteil"* erlangt (§ 107 BGB). Dies ist z. B. der Fall bei einer Schenkung an den Minderjährigen (Schenkungsvertrag § 516 BGB) oder der Übereignung einer Kaufsache (§§ 929, 854 BGB) an den Minderjährigen.
- Rechtsgeschäfte, zu denen der gesetzliche Vertreter (meist die Eltern), die *explizite Einwilligung* (= vorherige Zustimmung § 183 BGB) erteilt hat (§ 107 BGB).
- Rechtsgeschäfte, denen der gesetzliche Vertreter zwar nicht explizit zugestimmt hat, die aber innerhalb eines Bereiches liegen, für den die Eltern eine Art implizite *„Generaleinwilligung"* gegeben haben. Dies sind vor allem Rechtsgeschäfte, die mit Taschengeld, d. h. Mitteln, die vom gesetzlichen Vertreter (oder mit dessen Einwilligung von einem Dritten) zu einem bestimmten Zweck oder zur freien Verfügung überlassen wurden, bewirkt werden (§ 110 BGB).

Prüfungsschema zur Falllösung bei beschränkter Geschäfts-
fähigkeit

Ist die Erklärung des Minderjährigen nicht nach den oben genannten Bedingungen von Anfang an wirksam, so ist das Rechtsgeschäft *schwebend unwirksam* (§108 I BGB).

Das Rechtsgeschäft wird unwirksam, wenn…

- der gesetzliche Vertreter die *Genehmigung (= nachträgliche Zustimmung §184 BGB) verweigert*, oder
- der „andere Teil" (in der Regel der Vertrags-partner) die Eltern zur Genehmigung auf-fordert und diese die *Genehmigung nicht erteilen* bzw. zwei Wochen lang nicht ant-worten (§108 II BGB).

Unwirksamkeit von Teilen der Kauf-handlung: Ansprüche aus ungerechtfertigter Bereicherung

Verweigern die Eltern die Genehmigung zu ei-nem Kauf, den der beschränkt Geschäftsfähige ohne Einwilligung abgewickelt hat, wird das Verpflichtungsgeschäft – der Kaufvertrag – unwirksam; ebenso die Übereig-nung des Geldes. Beide Verträge bringen dem Minderjährigen einen recht-lichen Nachteil. Was ist aber mit der Übereignung der Kaufsache an den Jugendlichen? Dieser Vertrag bringt, für sich gesehen (und das Abstrakti-onsprinzip verlangt genau diese getrennte Betrachtung), dem beschränkt geschäftsfähigen Jugendlichen lediglich einen rechtlichen Vorteil: Er wird Eigentümer der Kaufsache. Hier entsteht durch die isolierte Behandlung der verschiedenen Verträge der Kaufhandlung, die das Abstraktionsprinzip vor-nimmt, ein erstaunliches Ergebnis: Während Kaufvertrag und Übereignung des Geldes wirksam werden, bleibt der jugendliche Käufer Eigentümer der Kaufsa-che. Der Verkäufer kann die Ware nicht anhand des §985 BGB (Herausgabe-anspruch des Eigentümers) herausverlangen: Er ist nicht mehr Eigentümer.

Es liegt auf der Hand, dass dieses Ergebnis allgemeinen Gerechtigkeits-vorstellungen widersprechen würde. Der Jugendliche soll zwar vor den Folgen nachteiliger Rechtsgeschäfte geschützt werden. Es kann aber nicht Sinn der Regelung sein, dass er sich durch den unwirksamen Kaufvertrag „ungerecht-fertigt" bereichert. Der Verkäufer soll die Kaufsache wieder zurückbekommen.

Der §812 BGB gleicht unbillige Auswirkungen des Abstraktionsprinzips aus – in diesem Fall die Vermögensvorteile, die „ohne rechtlichen Grund" entstanden sind. Der Verkäufer kann die Kaufsache also über §812 BGB zurückfordern, da der Jugendliche etwas erlangt hat (das Eigentum) und der rechtliche Grund für die Übereignung (der Kaufvertrag) weggefallen ist. Hat ein Minderjähriger hingegen etwas verkauft, kann er die Sache über §985 BGB zurückverlangen, da die Übereignung (schwebend) unwirksam und er deshalb immer noch Eigentümer ist.

Kompetent in Wirtschaft & Recht ●
erweitern – vertiefen – anwenden

M1 Ferien mit Hindernissen

Der 17-jährige Andreas (A) möchte in den Sommerferien einen sechswöchigen Sprachkurs in den USA besuchen und trifft mit seinen Eltern folgende Vereinbarung: Die Hälfte der Kosten übernehmen sie, die andere Hälfte soll er selbst durch Ferienarbeit in den Oster- und Pfingstferien verdienen.

Während der Pfingstferien lernt er Belinda (B) kennen. Belinda schlägt Andreas vor, zusammen mit anderen Bekannten die Sommerferien in einem Jugendcamp am Gardasee zu verbringen. Andreas will deshalb auf den Sprachkurs verzichten. Er erwirbt am 1. Juli im Fachgeschäft Vogt (V) ein Zelt für 150 €, bezahlt mit einem Teil seines Verdienstes aus der Ferienarbeit und nimmt das Zelt mit.

Am 5. Juli will Belinda ihren Freund Andreas zu einem Spaziergang abholen, trifft aber nur dessen Mutter an. Im Gespräch erzählt Belinda dabei auch von den gemeinsamen Reiseplänen mit Andreas in den Sommerferien und von dem bereits mit dessen Verdienst gekauften Zelt. Die Mutter ist zwar über diese Pläne entsetzt, aus Höflichkeit erklärt sie jedoch Belinda gegenüber, dass sie damit einverstanden sei. Aber als Andreas am Abend nach Hause kommt, stellt ihn die Mutter zur Rede und sagt ihm, dass sie und sein Vater der Meinung seien, er solle wegen seiner mangelhaften Englischkenntnisse unbedingt am Sprachkurs teilnehmen.

Belinda ist sehr enttäuscht, weil ihr Freund nun doch am Sprachkurs teilnimmt, und möchte deshalb mit Andreas nichts mehr zu tun haben. Um Belinda wieder für sich zu gewinnen, sprüht Andreas auf die Glaswand der Bushaltestelle, von der aus Belinda täglich zur Arbeit fährt: „Belinda, ich liebe dich."

Da sich der Missbrauch von Werbeflächen in letzter Zeit gehäuft hat, haben die Stadtwerke (S) an allen öffentlichen Bushaltestellen folgenden Hinweis angebracht:

Achtung! Plakatieren verboten!

Jede unautorisierte Nutzung ist rechtswidrig, verpflichtet zur Zahlung eines Werbenutzungsentgelts gem. §812 BGB, zur Zahlung von Schadensersatz gem. §823 BGB und wird grundsätzlich gem. §303 StGB wegen Sachbeschädigung verfolgt.

Abituraufgabe Bayern 2003 (bearbeitet)

Aufgaben

1. Prüfen Sie, ob Herr Huber die Herausgabe des Motorrollers verlangen kann (Einstiegsmaterial).

2. Ordnen Sie die bisher verwendeten Rechtnormen unterschiedlichen Teilen des BGB zu. Verwenden Sie dabei auch Inhaltsangabe und Einleitung Ihrer Gesetzesausgabe.

3. Stellen Sie grafisch dar, welche Verträge in M1 zustande gekommen sind.

4. a) Untersuchen Sie, wie Vogt das Zelt herausverlangen kann (M1).
   b) Prüfen Sie, inwieweit sich aus den auf dem Hinweisschild genannten Rechtsnormen zivilrechtliche Ansprüche gegen Andreas ableiten lassen (M1).
   c) Entwickeln Sie ein anderes Fallbeispiel, bei dem die Stadtwerke einen Anspruch aus ungerechtfertigter Bereicherung wegen „unautorisierter Nutzung" geltend machen könnten (M1)!

Z Rechtstechnische Grundlagen

In rechtlichen Normen lassen sich **Tatbestandsmerkmale** und **Rechtsfolgen** unterscheiden. Damit beispielsweise ein Anspruch auf **Schadensersatz aus unerlaubter Handlung (§ 823 BGB)** entstehen kann (Rechtsfolge), müssen die Tatbestandsmerkmale „Rechtsgutverletzung", „Entstehung eines Schadens", „Kausalität", „Verschulden" und „Widerrechtlichkeit" gegeben sein.

Die Anwendung von Normen auf einen gegebenen Sachverhalt bezeichnet man als **Subsumtion**. Bei der Subsumtion wird festgestellt, ob die Tatbestandsmerkmale einer Norm in einem bestimmten Fall gegeben sind. Entspricht der Sachverhalt den Tatbestandsmerkmalen, so kann daraus die Rechtsfolge abgeleitet werden. In den Aufgabenstellungen wird eine vollständige Subsumtion immer dann gefordert, wenn die Aufgabe die Formulierungen „Prüfen Sie …" oder „Untersuchen Sie …" beinhaltet.

Verträge kommen durch die Abgabe mindestens zweier **Willenserklärungen** (Antrag und Annahme) zustande. Die Kaufhandlung besteht aus einem schuldrechtlichen Vertrag, dem Kaufvertrag, als **Verpflichtungsgeschäft** und aus zwei sachenrechtlichen Verträgen – der Übereignung der Ware und des Geldes (**Erfüllungs- bzw. Verfügungsgeschäfte**).

Die rechtliche Trennung einer lebensweltlichen Handlung in unabhängig wirksame Verpflichtungs- und Verfügungsgeschäfte bezeichnet man als **Abstraktionsprinzip**.

Das **Bürgerliche Gesetzbuch** (BGB) ist eine wesentliche Rechtsquelle des Zivilrechts. Das erste Buch (Allgemeiner Teil) enthält die Begriffsbestimmungen und Regeln, die für alle übrigen Teile (z. B. Schuldrecht, Sachenrecht, Familienrecht, Erbrecht) des BGB verbindlich sind. Es befasst sich im Wesentlichen mit den natürlichen und juristischen Personen und mit dem Handeln der Personen im Rechtsverkehr (z. B. die Regelungen zur Abgabe von Antrag und Annahme). Die allgemeinen Regelungen sind also **„vor die Klammer gezogen"**.

Das Abstraktionsprinzip kann im Einzelfall zu Ergebnissen führen, die unbillig wären. Ist z. B. an einer Kaufhandlung ein beschränkt Geschäftsfähiger beteiligt und die Eltern verweigern die Genehmigung, so werden der Kaufvertrag und die Übereignung des Geldes unwirksam. Die Übereignung der Ware bleibt jedoch wirksam, da dieser Vertrag dem Minderjährigen lediglich einen rechtlichen Vorteil bringt – er wäre dadurch sozusagen „ungerechtfertigt bereichert". Die Regelungen zur **ungerechtfertigten Bereicherung (§ 812 BGB)** ermöglichen es nun dem Verkäufer, die Ware wieder herauszuverlangen.

8. Die Eigentumsordnung

Notar Hartmann, Marktplatz 1, Augsburg
15.4.2008

Herrn
Klaus Müller
Schillerstr. 10
München

Sehr geehrter Herr Müller,
zur Beurkundung des Grundstückskaufs, Goethestr. 4, bitte ich Sie am 4.5.2008 um 16.00 Uhr in meine Kanzlei.

gez. Hartmann, Notar

IMMOBILIEN-VERKAUF

Augsburg
kleines Haus, 4 Zimmer, Teilsanierung erforderlich. Grundstück ca. 150 qm

AHW-Immobilien,
Augsburg

Parketthandel Krienes, Landshuter Str. 7, Augsburg

Herrn
Klaus Müller
Goethestr. 4
Augsburg

20.11.2008

Sehr geehrter Herr Müller,

herzlichen Dank für die sofortige Begleichung der Rechnung über € 1.200 Wir hoffen, Sie konnten die gelieferten 50 qm Eiche-Parkett problemlos verlegen. Allerdings warten wir bisher auf die Rückgabe der Ihnen kostenlos zur Verfügung gestellten Schleifmaschine.
Wir bitten Sie, dies in den nächsten Tagen nachzuholen, da sie ein Kunde von uns benötigt.
Für die 30 qm Laminatboden war die Rechnung über € 500,– am 20.10.2008 fällig. Wir bitten, den ausstehenden Betrag umgehend zu begleichen. Bis zur vollständigen Bezahlung behalten wir uns das Eigentum vor.

Mit freundlichen Grüßen
Georg Krienes

Quittung

Gesamtbetrag: Euro 2.700
in Worten: Zweitausendsiebenhundert
von Peter Kaiser,
    Maschinenhandel, München
für Parkett-Schleifmaschine
Augsburg, den 10.11.2008
Klaus Müller

---

1. Fassen Sie das Szenario durch eine chronologische Ablaufskizze zusammen. Beginnen Sie mit dem 15.04.2008.

2. Ermitteln Sie mit Hilfe des dargestellten Sachverhaltes, welche unterschiedlichen Rechtsbeziehungen eine Person zu einer Sache grundsätzlich haben kann.

3. Formulieren Sie einen Brief an Kaiser, in dem Krienes die Herausgabe der Schleifmaschine fordert. Auf welche Argumente wird er sich stützen? Wie wird Kaisers Antwort ausfallen? Beurteilen Sie aus Ihrem Rechtsempfinden heraus die Sachlage!

8.1 Inhalt, Bedeutung und Schutz des Eigentums

E Kein Respekt vor dem Eigentum?

Überlegen Sie, inwiefern in den Bildern Eigentumsrechte verletzt werden.

Graffiti an einer Hauswand, Fahrzeugplagiat in China (rechts unten), Protest gegen eine Werksschließung in Bochum.

Grundsätzlicher Inhalt des Eigentums

„Eigentum kennt unser Privatrecht nur an Sachen als körperlichen Gegenständen, nicht an anderen Gegenständen wie Forderungen, sonstigen Rechten, geistigen Schöpfungen. Der öffentlich-rechtliche Begriff des Privateigentums dagegen umfasst alle diese Gegenstände mit; in diesem weiteren Sinn ist der Schutz des Eigentums in Art. 14 GG zu verstehen. (...) Das *Eigentum* ist das umfassendste Recht an einer Sache, das unsere Rechtsordnung kennt. Soweit sie überhaupt eine rechtliche Herrschaft über eine Sache verleihen will, ist sie im Eigentum verkörpert. (...) Das BGB bestimmt in § 903 S. 1 den Inhalt des Eigentums dahin: ‚Der Eigentümer kann mit der Sache nach Belieben verfahren und andere von jeder Einwirkung ausschließen.‘ Damit sind zwei Richtungen genannt, in denen sich das Eigentum auswirkt, eine positive innere, die das Verhältnis des Eigentümers zur Sache regelt, und eine negative oder äußere, welche die Stellung des Eigentümers anderen gegenüber bestimmt. Die erstere schließt die Freiheit des Eigentümers in sich, die Sache tatsächlich zu besitzen, zu benutzen oder ungebraucht zu lassen, zu gebrauchen, Nutzungen zu ziehen, sie auch zu verbrauchen oder zu zerstören, ohne an feste Grenzen der wirtschaftlichen Vernunft gebunden zu sein. (...) Die Abwehrmöglichkeit von Einwirkungen anderer charakterisiert das Eigentum als absolutes Recht, dessen wichtigster Typ es ist. Es wirkt gegen jedermann, jeder muss es respektieren und demgemäß Einwirkungen unterlassen, die nur dem Eigentümer vorbehalten sind.

Eigentum –
öffentlich-rechtlicher Begriff
Art. 14 GG umfasst
• Sachen
• geistiges Eigentum
• Forderungen
• sonstige Rechte

Privatrechtlicher Begriff
§ 903 BGB
• umfasst körperliche Gegenstände (Sachen)
• und ist absolutes Herrschaftsrecht

Eigentum als Grundlage der sozialen Ordnung...

Die Bedeutung des Eigentums und seiner Regelungen reicht weit über die Sphäre der reinen Rechtsordnung hinaus. Hier zeigt sich besonders eindringlich, wie enge Fäden das Recht mit den anderen großen Lebensordnungen verbinden, und dass das Recht niemals isoliert betrachtet werden darf, sondern als eines der Mittel, deren sich eine Gemeinschaft bedient, um wirtschaftliche, soziale und sittliche Ideale zu verwirklichen und zu sichern. (...) Das Privateigentum ist auch die Grundlage für die soziale Ordnung. Denn auch diese gestaltet sich völlig verschieden je nach der Ausdehnung und Anerkennung des Eigentums. Der soziale Aufbau einer Gesellschaft wird wesentlich dadurch mitbestimmt, ob Boden, Häuser, Unternehmen und Kapitalien Objekt privaten Eigentums sind oder nicht, ferner dadurch, ob sie nach der Rechtsordnung jedem Rechtsgenossen zugänglich sind oder nur bestimmten Klassen (wie lange Zeit Teile des ländlichen Bodens nur dem Adel). Die soziale Ordnung ist freilich nicht allein von der Rechtsordnung abhängig, wird aber weitgehend durch sie bestimmt. (...) Wird das Privateigentum richtig als Inbegriff von Rechten und Pflichten aufgefasst, kann es auch die ethischen Kräfte im Individuum stärken. (...) Vor allem darf man nicht übersehen, dass das Privateigentum im Durchschnitt immer noch die sicherste Grundlage für die Unabhängigkeit des Einzelnen ist, ohne welche gerade ein demokratisches Gemeinwesen nicht bestehen kann. (...) Damit wird das Eigentum zu einem Mittel, die Persönlichkeit auszubilden. Schließlich ist nicht zu übersehen, dass Privateigentum in der Regel durch Arbeit geschaffen und erhalten wird, also eine ethische Grundlage hat." *Prütting 2008, S. 113 ff.*

... und der Wirtschaftsordnung

„Aus Art. 14 GG ergibt sich, dass das Grundgesetz eine Wirtschaftsordnung vorsieht, die auf dem Eigentum und den mit ihm begrifflich verbundenen Verfügungsrechten aufbaut. Eigentumsgarantie und Art. 19 II GG begrenzen die Möglichkeiten staatlicher Wirtschafts- und Gesellschaftspolitik. Das hat Konsequenzen: Allen eigentumsfeindlichen Wirtschaftssystemen ist eine Absage erteilt. Art. 14 GG lässt sich nicht reduzieren auf eine Garantie, die lediglich private Bedarfsgegenstände schützt (...). Eigenverantwortlichkeit der Unternehmer, freie Disposition über Betriebsmittel, Wettbewerbsfreiheit, Konsum- und Werbefreiheit dürfen in ihrem Wesensgehalt nicht angetastet werden. Die auf der Anerkennung von Privateigentum beruhende Marktwirtschaft war auch die Grundlage der Eingliederung der westdeutschen Wirtschaft in die Weltwirtschaft. Je weiter dieser Prozess der Einbindung vorangetrieben wurde, umso mehr hat sich dieses Wirtschaftssystem verfestigt. Diese ‚Zementierung' der marktwirtschaftlichen Konzeption verwundert nicht. Sie hängt eng mit der Eigentumsgarantie zusammen, der schließlich auch der Aufschwung nach dem Zweiten Weltkrieg zu verdanken ist. Ein Staat, der Eigentum nicht garantiert, wird auch nicht mit ausländischen Investitionen rechnen können. Diese waren es aber unter anderem, die entscheidend zum Wiederaufschwung beigetragen haben."

Arndt/Rudolf 2007, S. 119 f.

● **Art. 14 Grundgesetz**

(1) Das Eigentum und das Erbrecht werden gewährleistet. Inhalt und Schranken werden durch die Gesetze bestimmt.

(2) Eigentum verpflichtet. Sein Gebrauch soll zugleich dem Wohle der Allgemeinheit dienen.

(3) Eine Enteignung ist nur zum Wohle der Allgemeinheit zulässig. Sie darf nur durch Gesetz oder auf Grund eines Gesetzes erfolgen, das Art und Ausmaß der Entschädigung regelt. Die Entschädigung ist unter gerechter Abwägung der Interessen der Allgemeinheit und der Beteiligten zu bestimmen. Wegen der Höhe der Entschädigung steht im Streitfalle der Rechtsweg vor den ordentlichen Gerichten offen.

Die Eigentumsgarantie des Art. 14 GG

„Die Eigentumsgarantie des Art. 14 GG kommt nach Ansicht des Bundesverfassungsgerichts im Gesamtgefüge der Verfassung zunächst die Aufgabe zu, dem Träger des Grundrechts durch Zubilligung und Sicherung von Herrschafts-, Nutzungs- und Verfügungsrechten einen Freiheitsraum im vermögensrechtlichen Bereich zu gewährleisten und ihm damit die Entfaltung und eigenverantwortliche Gestaltung des Lebens zu ermöglichen; insoweit steht sie in einem inneren Zusammenhang mit der Garantie der persönlichen Freiheit (…). Darüber hinaus bewahrt die Eigentumsgarantie den konkreten, vor allem den durch Arbeit und Leistung erworbenen Bestand an vermögenswerten Gütern vor ungerechtfertigten Eingriffen durch die öffentliche Gewalt. (…) Da es keinen vorgegebenen und absoluten Begriff des Eigentums gibt und Inhalt und Funktion des Eigentums der Anpassung an die gesellschaftlichen und wirtschaftlichen Verhältnisse fähig und bedürftig sind, hat die Verfassung dem Gesetzgeber die Aufgabe übertragen, den Inhalt und die Schranken des Eigentums zu bestimmen. (…) Der an das Grundgesetz gebundene Gesetzgeber kann aber hierfür nicht beliebig verfahren. Er muss den grundlegenden Gehalt der Eigentumsgarantie wahren."
Löw 1977, S. 239

Der Eigentumsschutz im Straf- und Zivilrecht

Der *Schutz des Eigentums* wird neben strafrechtlichen Sanktionen, die im öffentlichen Interesse verhängt werden, auch durch dem Eigentümer zustehende zivilrechtliche Schutzrechte und Ansprüche garantiert:

Der Eigentumsschutz des Strafrechts

Zueignungsdelikte:
Diebstahl §§ 242 ff. StGB
Bei vorsätzlicher und rechtswidriger Zueignung fremder beweglicher Sachen wird je nach Schwere des Delikts eine Freiheitsstrafe von bis zu 10 Jahren oder eine Geldstrafe verhängt.
Unterschlagung § 246 StGB
Unterschlagung begeht, wer sich eine fremde bewegliche Sache, die er in Besitz oder Gewahrsam hat, rechtswidrig zueignet. Es wird eine Freiheitsstrafe bis 5 Jahre oder Geldstrafe verhängt.
Raub und räuberischer Diebstahl §§ 249 – 252 StGB
Raub begeht, wer sich eine fremde, bewegliche Sache durch Gewalt oder unter Drohung mit gegenwärtiger Gefahr für Leib und Leben rechtswidrig zueignet.

Sachbeschädigung:
Einfache Sachbeschädigung § 303 StGB
Wer vorsätzlich und rechtswidrig eine fremde Sache (auch ein Tier) beschädigt oder zerstört, begeht Sachbeschädigung und wird mit bis zu zwei Jahren Freiheitsstrafe oder Geldstrafe bestraft.

Zerstörung von Bauwerken § 305 StGB
Bei der Zerstörung von Bauwerken kann die Freiheitsstrafe bis
zu fünf Jahren betragen.

Der Eigentumsschutz des BGB

Schadensersatz nach § 823 BGB
Bei schuldhafter und rechtswidriger Verletzung des Eigentums
können Schadensersatzansprüche geltend gemacht werden.

Umfassender Herrschaftsanspruch nach § 903 BGB
§ 903 BGB gewährt dem Eigentümer ein umfassendes Herrschaftsrecht. Er
kann mit seiner Sache nach Belieben verfahren, sie z. B. nutzen, verkaufen,
vermieten, belasten oder zerstören und andere von einer Beeinträchtigung
des Eigentums ausschließen. Die Verfügungsfreiheit des Eigentümers kann
allerdings eingeschränkt werden.

 *Eigentum beinhaltet das
Recht, andere von der
Nutzung auszuschließen.*

Beseitigungs- und Unterlassungsanspruch nach § 1004 BGB
§ 1004 gibt dem Eigentümer einen Abwehranspruch gegen rechtswidrige
Störungen seines Eigentums. Der Anspruch ist vor allem für Grundstückseigen-
tümer wichtig. Sie können sich gegen Beeinträchtigungen (wie z. B. Lärm,
Gerüche, Rauch) wehren, die von anderen Grundstücken ausgehen.

Herausgabeanspruch des Eigentümers nach § 985 BGB
Nach § 985 BGB hat der Eigentümer einen Herausgabeanspruch gegenüber
dem unrechtmäßigen Besitzer der Sache. Unrechtmäßiger Besitz liegt dann
vor, wenn zwischen dem Eigentümer und dem Besitzer entweder überhaupt
kein Vertrag (z. B. Mietvertrag) geschlossen wurde oder die Besitzberech-
tigung weggefallen ist (z. B. Ablauf des Mietvertrags).

Kompetent in Wirtschaft & Recht
erweitern – vertiefen – anwenden

M1 **Eigentum – heiliges Recht oder Diebstahl?**

Die erste europäische Menschen- und Bürgerrechts-
erklärung, die französische Urkunde von 1789,
endet mit den Worten: „Da das Eigentum ein unver-
letzliches und geheiligtes Recht ist, kann es nie-
mandem entzogen werden, es sei denn, dass die
gesetzlich festgelegte öffentliche Notwendigkeit es
klar erfordert und unter der Bedingung einer gerechten und vorherigen Entschädigung." Auch die
Paulskirchenverfassung von 1849 bestimmt: „Das
Eigentum ist unverletzlich. Eine Enteignung kann
nur aus Rücksichten des gemeinen Besten (...) vorgenommen werden." (§164)

Fast zur gleichen Zeit (1840) vertritt der französische Sozialist Pierre Joseph Proudhon die Ansicht:

„La propriété c'est le vol" (Eigentum ist Diebstahl). Diese These wurde schon viel früher formuliert und findet sich z. B. in den Mönchsregeln des
Heiligen Basilius (330–379). Ähnliche Äußerungen
der Kirchenväter gibt es in großer Zahl. Ambrosius
(340–397): „Die Natur hat allen gemeinsam die Güter dargeboten. Gott hat alles in der Absicht wachsen lassen, damit alle insgesamt zu leben haben
und die Erde der gemeinsame Besitz aller ist (...).
Die Natur lässt alle mittellos geboren werden; sie
kennt keine Reichen."

Konrad Löw, Die Grundrechte, München 1977, S. 318

Im Verlaufe der Geschichte sind zahlreiche Tierarten vom Aussterben bedroht gewesen. Als die Europäer erstmals nach Nordamerika kamen, lebten rund 60 Millionen Büffel auf diesem Kontinent. Im
5 19. Jahrhundert war die Büffeljagd jedoch so verbreitet, dass man um 1900 herum nur noch 400 Exemplare dieser Büffelart zählte und der Staat Schutzmaßnahmen ergreifen musste. In einigen Ländern Afrikas besteht für Elefanten eine ähnliche Gefahr,
10 weil Wilderer nach dem Elfenbein der Stoßzähne trachten.

Doch nicht alle Tierarten mit wirtschaftlicher Bedeutung sind in diesem Maße bedroht. Die Kuh z. B. ist eine wertvolle Nahrungsmittel-Ressource, doch
15 niemand braucht sich in absehbarer Zeit um ihr Aussterben zu sorgen. (...)

Warum ist der Handelswert von Elfenbein eine Existenzbedrohung für Elefanten, der Handelswert von Rindfleisch jedoch eine Bestandssicherung für
20 Kühe? Die Elefanten ziehen frei herum und haben keinen Eigentümer. Jeder Wilderer ist geneigt, so viele Elefanten wie nur möglich zu erlegen. Da die Wilderer zahlreich sind, hat jeder Einzelne von ihnen nur ein sehr schwach ausgeprägtes Interesse daran, den Bestand der Elefanten-Population zu sichern.

Im Gegensatz dazu leben Kühe auf Gehöften und unter bestimmten Eigentümern. Jeder Landwirt unternimmt große Anstrengungen, seinen Bestand an Kühen zu pflegen, weil er die Früchte dieser Bemühungen ernten will.
30
Das Existenzproblem der Elefanten versuchen Regierungen auf zweierlei Art zu lösen. Einige Länder, wie Kenia, Tansania und Uganda, haben es bei Strafe verboten, Elefanten zu töten und ihr Elfenbein zu verkaufen. Doch diese Gesetze haben sich als schwer 35 durchsetzbar erwiesen, und die Zahl der Elefanten nimmt weiter ab. Im Gegensatz dazu haben andere Länder, wie Botswana, Malawi und Simbabwe, die Elefanten dadurch zu privaten Gütern gemacht, dass sie es den Leuten gestatteten, die Elefanten auf 40 ihrem eigenen Grund und Boden abzuschießen. Für die Grundeigentümer besteht nun ein Anreiz, die Tierart auf eigenem Gelände zu pflegen. Ein Ergebnis ist, dass die Elefanten-Population wieder zunimmt. Mit dem Privateigentum und dem Profit- 45 motiv auf seiner Seite wird der afrikanische Elefant eines Tages so sicher gegen das Aussterben geschützt sein wie die Kuh.

N. Gregory Mankiw/Mark P. Taylor, Grundzüge der Volkswirtschaftslehre, 4. Aufl., Stuttgart 2008, S. 265 f.

Aufgaben

1. Stellen Sie in einer tabellarischen Übersicht den rechtlichen Inhalt des Begriffes Eigentum zusammen.

2. Eigentum – heiliges Recht oder Diebstahl? Diskutieren Sie die Frage im Hinblick auf die Entwicklung von Wirtschaft und Gesellschaft eines Landes (M1).

3. Überprüfen Sie die Aussage, dass nur das Privateigentum an Gütern im ökonomischen System Anreize schafft, sparsam mit diesen umzugehen (M2).

8.2 Grenzen des Eigentumsrechts

 E Zum Wohl der Allgemeinheit?

Land unter – Individualinteresse versus Hochwasserschutz

Im Juli 1997 wurde Ratzdorf Opfer der Brandenburger Hochwasserkatastrophe. Damals beschloss man den Bau eines Deiches, doch drei Anlieger weigerten sich, ihr Land für den Deich zur Verfügung zu stellen. Erst die angekündigte Enteignung stimmte die Verweigerer um, sodass der Deich im September 2005 fertig gestellt werden konnte. *Autorentext*

Das Oder-Hochwasser im Juli 1997.

Wir verkaufen nicht!

Zehn Jahre hat es gedauert, bis die neue Messe Stuttgart gebaut werden konnte. Gut zehn Jahre lang stritt die Messe mit der Schutzgemeinschaft Filder um den Baugrund. Dieses Mal aber setzte die Landesregierung alle Hebel in Bewegung, um den Bau möglich zu machen. 1998 wurde das sogenannte Landesmessegesetz verabschiedet, das Enteignungen speziell für die Messe möglich macht. Bis dahin waren Zwangsenteignungen in der Bundesrepublik nur erlaubt, wenn das Allgemeinwohl dem privaten Interesse übergeordnet werden konnte – etwa bei Bauvorhaben zur Landesverteidigung, für Verkehrswege und zur Versorgung mit Strom, Gas und Wasser. In diesem Fall argumentierten die Richter mit der Daseinsfürsorge der Messe. Sie fördere die Wirtschaft und schaffe Arbeitsplätze. Es kam zum Streit, und der ging bis zum baden-württembergischen Verwaltungsgerichtshof, in diesem Streit die letzte Instanz vor dem Bundesverfassungsgericht. Damit war der Widerstand gebrochen. Um den Enteignungen zu entgehen, haben auch die letzten Widersacher ihr Land gegen andere Flächen eingetauscht oder verkauft. *Carsten Dierig, Die Welt, 10.8.2006*

Villenbesitzern in Potsdam droht die Enteignung

Weil die Stadt einen öffentlich begehbaren Uferweg plant, bangen Anlieger vom Griebnitzsee in Potsdam um ihr Eigentum. Gegen ihren Willen teilen sie sich bislang das Ufer mit Radfahrern und Fußgängern. Sollte ein Gericht den Villenbesitzern Recht geben, droht Potsdam mit Enteignung (...). Viele der betroffenen Anwohner bangen um den Wert ihrer Grundstücke und sind zu fast allem entschlossen. „Das ist Enteignung und damit ein schwerer Eingriff in meine Grundrechte", sagt ein 36-jähriger Anwohner, der nach eigenen Angaben mehr als sechs Millionen Euro in sein ein Hektar großes Anwesen investiert hat. (...) Er ist wütend: „Die Stadt kann die Bürger doch nicht dazu zwingen, einen Teil ihres Eigentums an die Öffentlichkeit zu verschenken." *Gudrun Mallwitz, Die Welt, 8.11.2007*

1. Entnehmen Sie den Zeitungsartikeln mögliche Gründe für die staatliche Enteignung nach Art. 14 III GG.

2. Diskutieren Sie, in welchen Fällen Sie eine Enteignung für gerechtfertigt halten.

Die Enteignung nach Art. 14 Abs. 3 GG

„Wesensmerkmal der Enteignung ist der staatliche Zugriff auf das Eigentum des Einzelnen. Dieser ist auf die vollständige oder teilweise Entziehung konkreter Eigentumspositionen zur Erfüllung bestimmter öffentlicher Aufgaben gerichtet. Die Enteignung ist nur zum Wohl der Allgemeinheit zulässig, sie darf nur durch formelles Gesetz oder auf Grund eines Gesetzes erfolgen, das Art und Ausmaß der Entschädigung festlegt. Es muss eine Abwägung der Interessen der Allgemeinheit und des Eigentümers vorgenommen werden. Beispiele: Enteignung wegen Flurbereinigungsmaßnahmen, Enteignung wegen Straßenbaumaßnahmen, Enteignung wegen Bau von Landebahnen, Enteignung wegen Bau von Staustufen." *Baudendistel 2007, S. 213*

Die Sozialisierung nach Art. 15 GG

„Unter Sozialisierung versteht man die Überführung von Wirtschaftsgütern im Gemeineigentum mit Art. 15 GG kommt verfassungsrechtlich zum Ausdruck, dass eine partielle Vergesellschaftung zulässig ist. Wichtig bei der Auslegung ist der Zweck, der allein solche Maßnahmen rechtfertigen kann. Es muss um die Einführung oder den Ausbau der Gemeinwirtschaft gehen. Dann können Grundflächen, Naturschätze und Produktionsmittel enteignet werden. Art. 15 GG ist kein Auftrag an den Gesetzgeber. Er öffnet ihm nur die Möglichkeit, wenn eine teilsozialisierte Wirtschaft die Lebensverhältnisse der Menschen zu bessern in der Lage ist." *Löw 1977, S. 325*

Die Sozialbindung des Eigentums

„Allgemein gilt der Grundsatz, dass der Gebrauch des Eigentums nicht allein die egoistischen Bedürfnisse des Rechtsinhabers befriedigen darf; die Eigentumsnutzung ‚soll zugleich dem Wohle der Allgemeinheit dienen' (Art. 14 II GG). Das Eigentumsrecht unterliegt daher einer Sozialbindung, die es dem Gesetzgeber ermöglicht, auch ohne Pflicht zur Entschädigung solche Beschränkungen der Eigentumsnutzung festzulegen, die (insbesondere zur Vermeidung generell sozialschädlicher Folgen eines willkürlichen Gebrauchs) in einem demokratischen und sozialen Rechtsstaat im Einklang mit der allgemeinen Wertanschauung als üblich und zumutbar angesehen werden." *Bähr 2008, S. 397*

Kompetent in Wirtschaft & Recht
erweitern – vertiefen – anwenden

M1 Artikel 141 Bayerische Verfassung

(3) Der Genuss der Naturschönheiten und die Erholung in der freien Natur, insbesondere das Betreten von Wald und Bergweide, das Befahren der Gewässer und die Aneignung wildwachsender Waldfrüchte in ortsüblichem Umfang ist jedermann gestattet. Dabei ist jedermann verpflichtet, mit Natur und Landschaft pfleglich umzugehen. Staat und Gemeinden sind berechtigt und verpflichtet, der Allgemeinheit die Zugänge zu Bergen, Seen und Flüssen und sonstigen landschaftlichen Schönheiten freizuhalten und allenfalls durch Einschränkungen des Eigentumsrechtes freizumachen sowie Wanderwege und Erholungsparks anzulegen.

Bayerische Verfassung in der Fassung vom 20. Februar 1998

M2 Beschränkung des Eigentumsrechts im Rahmen der Mitbestimmung

§1 Erfasste Unternehmen

(1) In Unternehmen, die
1. in der Rechtsform einer Aktiengesellschaft, einer Kommanditgesellschaft auf Aktien, einer Gesellschaft mit begrenzter Haftung (...) betrieben werden und
2. in der Regel mehr als 2.000 Arbeitnehmer beschäftigen, haben die Arbeitnehmer ein Mitbestimmungsrecht nach Maßgabe dieses Gesetzes.

§6 Aufsichtsrat

(1) Bei den in §1 Abs. 1 bezeichneten Unternehmen ist ein Aufsichtsrat zu bilden, soweit sich dies nicht schon aus andern gesetzlichen Vorschriften ergibt.

§7 Zusammensetzung des Aufsichtsrats

(1) Der Aufsichtsrat eines Unternehmens (...)
1. mit in der Regel nicht mehr als 10.000 Arbeitnehmern setzt sich zusammen aus je sechs Aufsichtsratmitgliedern der Anteilseigner und der Arbeitnehmer (...)

Gesetz über die Mitbestimmung der Arbeitnehmer (MitbestG) vom 4. Mai 1976 in der Fassung vom 14.8.2006

M3 Eingriffe in das Eigentumsrecht am Beispiel des Denkmalschutzes

Art. 4 Erhaltung von Baudenkmälern

(1) Die Eigentümer (...) von Baudenkmälern haben ihre Baudenkmäler instand zu halten, instand zu setzen, sachgemäß zu behandeln und vor Gefährdung zu schützen, soweit ihnen das zuzumuten ist (...).
(2) Die in Absatz 1 genannten Personen können verpflichtet werden, bestimmte Erhaltungsmaßnahmen ganz oder zum Teil durchzuführen, soweit ihnen das insbesondere unter Berücksichtigung ihrer sonstigen Aufgaben und Verpflichtungen zumutbar ist (...).

Art. 18 Zulässigkeit der Enteignung

(1) Kann eine Gefahr für den Bestand oder die Gestalt eines Bau- oder Bodendenkmals oder eines eingetragenen beweglichen Denkmals auf andere Weise nicht nachhaltig abgewehrt werden, so ist die Enteignung zugunsten des Staates oder einer anderen juristischen Person des öffentlichen Rechts zulässig (...).

Bayerisches Denkmalschutzgesetz in der Fassung vom 20.12.2007

Aktionäre von Geldhäusern in Deutschland können künftig enteignet werden, um die Institute zu retten. Ein Enteignungsverfahren muss bis zur Jahresmitte 2009 eingeleitet sein, wie das Bundeskabinett
5 beschloss. Diese Befristung spricht aus Sicht von Beobachtern dafür, dass die Regierung mit dem Gesetz vor allem den angeschlagenen Finanzkonzern Hypo Real Estate (HRE) im Blick hat.

Das für die Bankenbranche extrem bedeutsame
10 Geldhaus erhielt bereits Staatsgarantien von mehr als 100 Milliarden Euro, 87 Milliarden Euro davon kamen vom Bund. Das Münchener Spezialinstitut benötigt aber weitere Milliardenzuschüsse. Um maßgeblichen Einfluss zu erlangen, strebt der Bund
15 eine Kontrollmehrheit von mindestens 95 Prozent an der HRE an. Bei einer Pleite würden aus den Bürgschaften Milliarden-Verluste für den Staat.

Für eine Volkswirtschaft, die sich bisher auf die Selbstregulierung der Wirtschaft verließ, ist das Rettungsübernahmegesetz ein einschneidender Schritt.
20 „Wir tun das nicht, um die Marktwirtschaft auszuhebeln, sondern um die Marktwirtschaft wieder zum Funktionieren zu bringen", hatte Bundeskanzlerin Angela Merkel (CDU) das Vorhaben verteidigt.
25 Das Papier stellt klar, dass eine Enteignung nur letztes Mittel sein kann. So müssen zuvor alle anderen, weniger einschneidenden Maßnahmen zum Erwerb einer Kontrollmehrheit des Staates gescheitert sein. Dazu gehören eine Rettungshauptversammlung und Kapitalmaßnahmen.

So ist eine Enteignung nur zulässig, „wenn sie für die Sicherung der Finanzmarktstabilität erforderlich ist". Andere rechtlich und wirtschaftlich zumutbare Lösungen müssten ausgeschöpft sein. Auch sei Voraussetzung, dass das Institut „systemrelevant" ist, also bedeutend für die Volkswirtschaft. Das trifft auf die HRE mit einer Bilanzsumme von 400 Milliarden Euro und der Bedeutung für den Pfandbriefmarkt zu.

Der Präsident des Bundesverfassungsgerichts, Hans-Jürgen Papier, sagte, eine Enteignung dürfe nur das allerletzte Mittel sein. Die Deutsche Schutzvereinigung für Wertpapierbesitz kündigte an, die mögliche Enteignung der HRE-Aktionäre durch das Bundesverfassungsgericht überprüfen zu lassen.

Das Gesetz sieht vor, dass der Staat das Unternehmen reprivatisiert, sobald es sich aus eigener Kraft wieder am Markt behaupten kann. Dabei sollen die enteigneten Aktionäre über die vorgeschriebene Entschädigung hinaus das Recht bekommen, bevorzugt Anteile zurückzukaufen.

nach: Zeit Online, 19.2.2009

Aufgaben

1. Herr Gruber (G) erwirbt in einer ländlichen Gemeinde einen Bauernhof, zu dem auch eine angrenzende Wiese gehört. Diese Wiese liegt direkt neben der Kirche und dem Friedhof des Ortes. Durch die Wiese führt ein ausgetretener Pfad, den seit einigen Jahren manche Einwohner des Ortes auf ihrem Weg zur Kirche als Abkürzung benutzen. Da G dieses Verhalten der Dorfbewohner missfällt, umgibt er die bisher nicht eingezäunte Wiese mit einem Stacheldrahtzaun und bringt ein Schild mit der Aufschrift „Durchgang verboten!" an. Die Dorfbewohner sind empört und möchten den traditionellen Kirchweg weiterhin benutzen. *Abituraufgabe Bayern 1999*

   Erläutern Sie – unter Einbeziehung des Fallbeispiels – anhand dreier verschiedener Normen (z. B. aus GG, BV, BGB), wie in unserer Rechtsordnung versucht wird, den Konflikt zwischen Individualinteresse und Gemeinwohl im Bereich des Eigentumsrechts zu lösen.

2. Erläutern Sie die Beschränkungen des Eigentumsrechts im Rahmen der gesetzlichen Mitbestimmung (M2).

3. Diskutieren Sie aus privat- und öffentlich-rechtlicher Sicht die Zulässigkeit von Eingriffen in das Eigentumsrecht am Beispiel des Denkmalschutzes (M3).

4. Finden Sie Beispiele für Einschränkungen des Eigentums, die sich aus nachbarschaftlichen Lebensverhältnissen ergeben.

5. Erstellen Sie eine Übersicht über Beschränkungen der Eigentumsgarantie im öffentlichen und im Privatrecht.

6. a) Stellen Sie die Gründe dar, die für eine Verstaatlichung von Banken, die von Insolvenz bedroht sind, sprechen (M4).
   b) Erörtern Sie, ob Verstaatlichungen von Unternehmen mit dem Grundgedanken der Sozialen Marktwirtschaft vereinbar sind (M4).

8.3 Die Fortentwicklung des Eigentumsrechts am Beispiel des Urheberrechts

E **Wie der Geist zur Beute wird**

Einst wurden die Städte mit Mauern geschützt; wer hinein wollte, musste die Stadttore passieren. Bei dieser Gelegenheit wurde kontrolliert, manchmal wurden auch Abgaben kassiert. Als die Kanonen aufkamen und immer höhere Feuerkraft hatten, war es mit den steinernen Befestigungsanlagen vorbei. Sie boten keinen Schutz mehr.

So ähnlich ergeht es heute dem Urheberrecht: Es soll den Autor, den Komponisten, den Filmemacher schützen, es soll dafür sorgen, dass sie von ihrer geistigen Leistung leben, von ihren Texten, Tönen und Bildern. Das Urheberrecht bildet eine Mauer aus Paragrafen, die die „Schöpfung", also die geistige Leistung des Urhebers, umgibt.

Wer hinein will, muss zahlen – Honorare und Lizenzen. Das ist die Grundidee, und sie hat zweihundert Jahre lang leidlich gut funktioniert. Aber dann kam das Internet; es funktioniert wie eine globale Enteignungsmaschinerie. Es enteignet den geistigen Arbeiter oder den, der ihm diese Arbeit zur wirtschaftlichen Nutzung abgekauft hat.

Im Internet finden sich Millionen Texte, Töne und Bilder, die eigentlich urheberrechtlich geschützt sind, die also eigentlich jemandem gehören – und die dort eingestellt sind, ohne dass dafür Gebühren bezahlt worden sind und ohne dass vom Nutzer Gebühren bezahlt werden. So leicht die Nutzung dieses Materials ist – zwei Klicks genügen –, so schwierig ist der Schutz seiner Interessen für den geistigen Eigentümer oder für denjenigen, der ihm diese Rechte daran abgekauft hat.

Die Geltendmachung der Eigentumsrechte ist umständlich, Zeit und Geld raubend. Sie gleicht, zurückhaltend ausgedrückt, einem globalen Wettlauf des Hasen gegen den Igel. Der Unterschied zum Märchen ist der,

Das digitale Zeitalter macht es möglich, Vervielfältigungen schnell, kostengünstig und ohne Qualitätsverlust in Umlauf zu bringen.

Erläutern Sie, inwiefern das Internet als „globale Enteignungsmaschinerie" bezeichnet werden kann.

dass es der Hase hier nicht mit einem, sondern mit unzähligen Igeln zu tun hat (...). Betrachtet man die Angelegenheit nach deutschem Recht, fällt einem der Artikel 14 Grundgesetz ein: Der Schutz des Eigentums gilt auch für das geistige Eigentum. *Heribert Prantl, Süddeutsche Zeitung, 15.3.2007*

Grundlagen des Urheberrechts

§ 106 UrhG

Unerlaubte Verwertung urheberrechtlich geschützter Werke

(1) Wer (...) ohne Einwilligung des Berechtigten ein Werk oder eine Bearbeitung oder Umgestaltung eines Werkes vervielfältigt, verbreitet oder öffentlich wiedergibt, wird mit Freiheitsstrafe bis zu drei Jahren oder mit Geldstrafe bestraft.

(2) Der Versuch ist strafbar.

Hinweis: Die Paragraphen 106 ff. des Urheberrechts gelten als Nebengesetz des Strafgesetzbuches.

„Einige nennen es das ,Öl des 21. Jahrhunderts': geistiges Eigentum. Je mehr Maschinen und Computer körperliche Arbeit ersetzen, werden Daten, Wissen, Ideen und Kultur zum wichtigsten Rohstoff und Gut. Damit rückt auch das *Urheberrecht* an zentrale Stelle. Was früher nur einige Künstler und Verlage berührte, regelt heute den Großteil unserer Kultur- und Wissens-Wirtschaft – und zunehmend unseren Alltag: Ob E-Mails oder Handy-Fotos, Computerspiele oder Präsentationen in der Schule – sie alle werden vom Urheberrecht geschützt. Dabei fordern die neuen Medien das Urheberrecht fundamental heraus. Schallplatten oder Bücher ließen sich nur schwer und mit Verlust kopieren. Heute dagegen können digitale Klänge, Bilder und Texte in Sekunden praktisch kostenlos kopiert, verändert und über das Internet weltweit getauscht werden. Das treibt Kreative in den Ruin, sagen die einen, und fordern strengere Gesetze. Das ermöglicht ganz neue Formen der Kreativität, meinen die anderen, und fordern neue Rechts- und Geschäftsmodelle.

Der Grundgedanke des Urheberrechts ist folgender: Wer ein Werk geschaffen oder daran die Nutzungsrechte erworben hat, soll geschützt werden. Davor, dass andere sich die kreativen Leistungen aneignen, sie zum eigenen Vorteil nutzen oder gar Geld damit verdienen, ohne vorher zu fragen oder etwas zu bezahlen. Paragraph 11 Urheberrechtsgesetz (UrhG) sagt es deutlich: ,Das Urheberrecht schützt den Urheber in seinen geistigen und persönlichen Beziehungen zum Werk und in der Nutzung des Werkes. Es dient zugleich der Sicherung einer angemessenen Vergütung für die Nutzung des Werkes.' Wäre das alles, was es über das Urheberrecht zu sagen gäbe, könnte die Frage, was man mit den Werken anderer ohne deren Erlaubnis machen darf, leicht beantwortet werden: nichts! Eine CD für die Freundin brennen, eine Sicherungskopie vom gekauften Computerspiel machen, eine berühmte Schriftstellerin zitieren, einen Nachrichtenartikel aus dem Netz laden – all das und vieles mehr würde dann voraussetzen, dass man Nutzungsrechte erwirbt und dafür im Zweifel bezahlt (...).

Ganz so weit geht das Urheberrecht dann aber doch nicht. Denn das Gesetz sieht Ausnahmen vor, nach denen es in bestimmten Fällen gestattet ist, Werke anderer zu nutzen ohne zu fragen und – in machen Fällen – auch ohne hierfür etwas zu bezahlen. Diese ,Schrankenbestimmungen' basieren auf einer Wertung: Die Allgemeinheit hat ein Interesse daran, dass urheberrechtlich geschützte Inhalte genutzt werden können. Die sind mitunter wichtiger als das Interesse der Urheber und Rechteverwerter, also Unternehmen wie Verlage, Plattenfirmen oder Filmstudios, jede Werknutzung zu kontrollieren und hieran wirtschaftlich beteiligt zu werden. (So) ist es erlaubt, auf einer privaten Geburtstagsfeier Musik zu spielen (...). Die CD-

Kopie für die Freundin wird durch die sogenannte Privatkopieschranke gestattet. Und für Zitate gibt es das Zitatrecht.

Diese und eine Vielzahl anderer Einschränkungen enthält das Urheberrecht, um die Interessen der Rechtsinhaber mit denen der Nutzer in Einklang zu bringen. Viele dieser Regelungen sind für alle interessant, manche nur für sehr kleine, spezielle Gruppen. Eines haben aber alle Einschränkungen des Urheberrechts gemeinsam: Sie gelten nur in denjenigen Fällen, die das Gesetz festgelegt hat. Eine Universalregelung, die sagen würde: ‚Alles, was dem Urheber nicht schadet und womit der Nutzer kein Geld verdient, ist erlaubt!', gibt es nicht. Im Gegenteil: Erlaubt ist nur, was der Urheber oder das Gesetz konkret gestatten. (…)

Die weltweite Geltung des Urheberrechts

Heute sorgt ein Geflecht von Verträgen und Organisationen dafür, dass beispielsweise ein deutsches Musikstück auch in China urheberrechtlich geschützt ist – im Prinzip. Dafür haben die einzelnen Staaten umgekehrt kein völlig freies Spiel, was ihr Urheberrecht angeht. Grundsätzlich gilt das ‚Territorialprinzip': Ein Werk ist in dem Land geschützt, in dem sein Urheber Staatsbürger ist bzw. in dem das Werk erstmals veröffentlicht wurde, und für das Werk gilt das Recht des jeweiligen Landes.

Die verschiedenen Staaten haben jedoch schon früh einen völkerrechtlichen Vertrag geschlossen, um einander den Schutz von Werken auch im jeweiligen Ausland zu gewährleisten: Die ‚Berner Übereinkunft zum Schutz von Werken der Literatur und Kunst' 1908. Nach und nach haben immer mehr Länder die Vereinbarung unterzeichnet, gleichzeitig wurde sie immer wieder verändert, dazu kamen weitere einzelne Verträge für die Musik usw. All diese Vertragswerke werden seit 1974 von einer eigens gegründeten Unterorganisation der Vereinten Nationen betreut, die internationale Gipfeltreffen zum Thema ausrichtet – die World Intellectual Property Organization (Weltorganisation für geistiges Eigentum), kurz WIPO (…). Deutschland ist (…) gehalten, in seinem Urheberrecht alle Bedingungen der internationalen Abkommen zu erfüllen. Wie genau das zu geschehen hat, das regelt wie mittlerweile in vielen Rechtsgebieten eine EU-Richtlinie. Diese schreibt den Mitgliedsländern vor, sie in ihr nationales Recht umzusetzen. Das geschah in Deutschland mit dem am 13. September 2003 in Kraft getretenen novellierten Urheberrecht (der sogenannte ‚Erste Korb der Urheberrechtsreform'), der im Januar 2008 um den ‚Zweiten Korb' ergänzt wurde."

www.bpb.de/themen, 18.9.2008

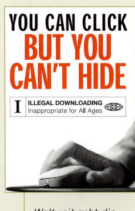

Weltweit geht die Musikindustrie gegen Musikpiraten vor.

Die Anpassung des Urheberrechts an die digitale Welt

Das neue Urheberrecht trat zum 1. Januar 2008 in Kraft. Es wurde weiter an die Erfordernisse des digitalen Zeitalters und die neuen technischen Möglichkeiten angepasst. Das Gesetz soll einen fairen Ausgleich zwischen den Interessen der Urheber an der Wahrung und Verwertung ihres geistigen Eigentums und der Belange der Geräteindustrie, der Verbraucher und der Wissenschaft an der Nutzung der Werke ermöglichen.

„Im Kern geht es um folgende Neuregelungen:

1. Erhalt der Privatkopie
Die private Kopie nicht kopiergeschützter Werke bleibt weiterhin, auch in digitaler Form, erlaubt. Das neue Recht enthält aber eine Klarstellung: Bisher war eine Kopie einer offensichtlich rechtswidrig hergestellten Vorlage verboten. Dieses Verbot wird nun ausdrücklich auch auf unrechtmäßig online zum Download angebotene Vorlagen ausgedehnt. Auf diese Weise wird die Nutzung illegaler Tauschbörsen klarer erfasst. In Zukunft gilt also: Wenn für den Nutzer einer Peer-to-Peer-Tauschbörse offensichtlich ist, dass es sich bei den angebotenen Film oder Musikstück um ein rechtswidriges Angebot im Internet handelt – z. B. weil klar ist, dass kein privater Internetnutzer die Rechte zum Angebot eines aktuellen Kinofilms im Internet besitzt –, darf er keine Privatkopie davon herstellen (...).

2. Pauschalvergütung als gerechter Ausgleich für die Privatkopie
Als Ausgleich für die erlaubte Privatkopie bekommt der Urheber eine pauschale Vergütung. Sie wird auf Geräte und Speichermedien erhoben und über die Verwertungsgesellschaften an die Urheber ausgeschüttet. Privatkopie und Pauschalvergütung gehören also untrennbar zusammen (...). Vergütungspflichtig sind in Zukunft alle Geräte und Speichermedien, deren Typ zu Vornahme von zulässigen Vervielfältigungen benutzt wird (...).

3. Unbekannte Nutzungsarten
Bisher durften keine Verträge über die Verwertung urheberrechtlich geschützter Werke in einer Nutzungsart geschlossen werden, die es zum Zeitpunkt des Vertragsschlusses noch gar nicht gab, z. B. in einem zwischenzeitlich entwickelten Internet (...). Nach dem neuen Gesetz soll der Urheber über seine Rechte auch in Zukunft vertraglich verfügen können. Sein Werk bleibt zukünftigen Generationen in neu entwickelten Medien erhalten. Der Urheber wird durch die Neuregelung auch ausreichend geschützt. Er erhält eine gesonderte, angemessene Vergütung, wenn sein Werk in einer neueren Nutzungsart verwertet wird." *Bundesministerium der Justiz, 1.11.2008*

M1 Muss das Recht dem Fortschritt weichen?

Farmer Tinie Causby aus North Carolina hatte im Jahr 1945 den Verlust einiger Hühner zu beklagen. Tiefflieger der U.S. Air Force über der Ranch der Causbys hatten die Tiere so verängstigt, dass sie, wie der Sheriff später feststellte, gegen die Scheunenwand flogen und beim Aufprall starben. Tinie Causby verklagte die Vereinigten Staaten, und zwar mit Recht. Das Grundeigentum der Farmer in den USA umfasste traditionell nicht nur den Boden unter der Immobilie, sondern auch die Luft darüber. Wie weit nach oben, ob bis zu den Sternen, darüber allerdings stritten die Rechtsgelehrten noch. Doch bis in Flughöhe war die Sache klar: Der Überflug der Air Force, keine Frage, war demnach Hausfriedensbruch.

Der Oberste Gerichtshof der Vereinigten Staaten nahm sich der Sache an. Es sei, erkannte der weise Richter Douglas, „eine alte Lehrmeinung, dass gesetzmäßiger Grundbesitz bis an den Rand des Universums reicht". Causby könne seine Klage gleichwohl nicht gewinnen: „Der gesunde Menschenverstand revoltiert bei dem Gedanken."

Das hochreichende Recht auf Eigentum, erkannte der Jurist, stamme aus den Zeiten, als die Menschen noch nicht glaubten, dass sie fliegen können. Würde man es weiter gelten lassen, müsste der Sheriff alle Flugzeuge wegen Hausfriedensbruch verhaften. Der weise Richter Douglas und der schrullige Farmer Causby: Die Anekdote aus dem vorigen Jahrhundert begeistert die Netzwelt. Lawrence Lessig, streitbarer Rechtsprofessor von der Stanford-University, hat die Geschichte ausgegraben, um seinen Jüngern und seinen Gegnern zu erklären, wie es funktioniert, wenn der Fortschritt und das Recht zusammenstoßen. Das Recht muss weichen.

Das Recht muss dem Fortschritt weichen: Diese ist die griffige Formel einer online und offline um sich greifenden Rebellion. Software-Entwickler und Hacker, Musik-Fans und Künstler, Juristen und Wissenschaftler machen mobil gegen das Urheberrecht.

Die Causbys, das sind die anderen: die Verleger, die Musikproduzenten, die Multis, die unter Berufung auf ihre angestammten Rechte an den Ideen und der Musik und dem Wissen sich dem Fortschritt entgegenstemmen, der sich global im Netz manifestiert. „Die Causbys konnten sich auf ihre Farmen stellen, tote Hühner in der Hand, und ihre Fäuste gegen diese neumodischen Techniken schwingen, so viel sie auch wollten", tönt der Wortführer Lessig, „gegen einen offensichtlichen Gemeinnutz hatte ihr Privatinteresse keine Chance."

Hohe Töne, als würde mit der Freiheit im Internet der Traum vom Fliegen ein zweites Mal durchgekämpft: Die Befreiung von der Erdenschwere des „geistigen Eigentums" bedeutet nicht nur die Legalisierung von Tauschbörsen und die Öffnung der Software-Quellcodes. Die große Idee: grenzenlose Freiheit im Netz, Freiheit schlechthin.

Irgendwie „kommunistisch" klinge dies, hieß es kürzlich in einem Vortrag aus der Zentrale eines Software-Unternehmens. Soll es ja auch: Ein großer Software-Multi gilt den Kritikern als Beispiel, wie sich wenige Kapitalisten die Produktionsmittel der Wissensgesellschaft unter dem Schutz des Urheberrechts angeeignet haben und nun die Geistesproletarier erbarmungslos ausbeuten.

Das Netz hat das Recht des Wissenskapitalismus fragwürdig gemacht. „Man muss blind sein, um nicht zu merken, dass die Tage des Urheberrechts gezählt sind", sagt der niederländische Kunstökonom Joost Smiers. Das „Urheberrecht war ein Geschäftsmodell für eine kurze Spanne des 20. Jahrhunderts", tönt Rasmus Fleischer, der Mitbegründer einer der größten Tauschbörsen in Schweden (...).

Zwei Urheberrechtsnovellen mussten die Deutschen unter dem Druck Brüsseler Vorgaben ins Werk setzen, um die von der Musikindustrie verdammten Downloads zu bekämpfen. Jedes Angebot und praktisch auch jeder Konsum von Musik im Netz außerhalb der kommerziellen lizenzierten Marktplätze ist verboten und kann verfolgt werden.

nach: Thomas Darnstädt, Die Gratis-Kultur, www.spiegel.de/netzwelt (22.11.2007)

Aufgaben

1. Begründen Sie, warum der Schutz des geistigen Eigentums den Gesetzgeber im Zeitalter des Internets vor besondere Herausforderungen stellt (Einstiegsmaterial, M1).

2. Stellen Sie die möglichen privat- und öffentlich-rechtlichen Folgen bei Urheberrechtsverletzungen dar.

3. Mit der Erfindung des MP3-Soundformats ist es möglich geworden, Musikstücke von einer CD zu kopieren und in einer hohen Qualität ins Internet zu stellen, ohne einen Cent an die Künstler oder Hersteller zu bezahlen.
   Diskutieren Sie in einem Rollenspiel die unterschiedlichen Standpunkte von Künstlern, Plattenfirmen, Betreibern einer Internettauschbörse und den Internet-Nutzern. Stellen Sie die ausgetauschten Argumente in einer Übersicht dar (Einstiegsmaterial, M1).

4. Erörtern Sie, ob es gerechtfertigt ist, dass einzelne Unternehmen unter dem Schutz des Urheberrechts eine weltweite marktbeherrschende Stellung aufbauen können (M1).

8.4 Der vertragliche Eigentumserwerb

8.4.1 Der Eigentumserwerb an beweglichen Sachen und an Grundstücken

E   Der Eigentumserwerb – eine alltägliche Sache?

Alltäglicher Einkauf im Supermarkt und Hauskauf beim Notar.

Überlegen Sie, warum der Erwerb eines Grundstücks notariell beurkundet werden muss.

Zur Abgrenzung der Begriffe Besitz und Eigentum

Im täglichen Sprachgebrauch wird meist nicht zwischen *Eigentum* und *Besitz* unterschieden. Man spricht vom Hausbesitzer und meint den Hauseigentümer. Das Gesetz hingegen trennt die beiden Begriffe sehr genau. Während Eigentum ein umfassendes Herrschaftsrecht über eine Sache garantiert, bedeutet Besitz nach § 854 BGB die tatsächliche Sachherrschaft über eine Sache. Zur Besitzerlangung ist deshalb auch keine Willenserklärung im rechtsgeschäftlichen Sinn erforderlich. Die Erlangung der tatsächlichen Gewalt braucht auch nicht rechtmäßig zu sein. So ist auch der Dieb Besitzer einer Sache. Zur Verdeutlichung: Die Schülerin Marie Müller aus der Klasse 10 c wird auf der rechtlichen Grundlage eines Leihvertrages nach § 598 BGB durch Übergabe Besitzerin des Schulbuches, die Schule bleibt Eigentümer. Entwendet ihr Mitschüler Florian das Buch, wird er Besitzer, wenn auch unrechtmäßig. Durch den Schulstempel dokumentiert die Schule ihr Eigentumsrecht am Buch. Der nichtberechtigte Eigentumserwerb eines anderen wird dadurch erschwert. Eine wichtige Rolle spielt der Besitz im Rahmen des § 1006 BGB: Kommt es in einem Zivilprozess zu einer Auseinandersetzung darüber, wer Eigentümer einer Sache ist, wird bis zum Beweis des Gegenteils vermutet, dass derjenige, der die Sache besitzt, auch deren Eigentümer ist.

Das Gesetz kennt verschiedene Stufen des Besitzes. Derjenige, der die Sache tatsächlich in seinem Gewahrsam hat, ist der unmittelbare Besitzer nach § 854 I BGB. Ist der unmittelbare Besitzer nicht selbst Eigentümer der Sache, sondern leitet er sein Recht zum Besitz aus einem Vertrag mit einer anderen Person ab, und ist er verpflichtet, nach Ablauf einer bestimmten Zeit oder bei Kündigung des Rechtsverhältnisses die Sache dieser Person wieder zurückzugeben (z. B. bei Miete oder einem Leihvertrag), so ist derjenige, dem die Sache zurückzugeben ist, mittelbarer Besitzer ("Oberbesitzer") nach § 868 BGB. Das Rechtsverhältnis das die Beziehungen zwischen dem unmittelbaren und dem mittelbaren Besitzer regelt, nennt man *Besitzmittlungsverhältnis*.

Der vertragliche Eigentumserwerb an beweglichen Sachen

Grundsätzlich erfolgt die Übereignung beweglicher Sachen gemäß § 929 S. 1 BGB durch

- Einigung über den Eigentumsübergang (ein abstrakter Vertrag, gerichtet auf die Übertragung des Eigentums) und
- Übergabe der Sache an den Erwerber (bestehend in der Verschaffung der tatsächlichen Gewalt über die Sache im Sinne des § 854 BGB).

Der bisherige Eigentümer und der Erwerber schließen also einen Vertrag darüber ab, dass das Eigentumsrecht nunmehr auf den anderen Teil übergehen soll, und der Veräußerer übergibt dem Erwerber den Besitz an der Sache. Einigung und Übergabe bilden das Verfügungsgeschäft.

Wechselt Eigentum auf der rechtlichen Grundlage eines Kaufvertrags, schließen Käufer und Verkäufer drei Verträge ab:

1. Kaufvertrag nach §§ 145, 147, 433 BGB (Verpflichtungsgeschäft).
2. Übereignung der Sache durch Einigung nach §§ 145, 147, 929 BGB und Übergabe nach § 854 BGB (Verfügungs- oder Erfüllungsgeschäft). Juristisches Ergebnis: *Der Käufer wird Eigentümer und Besitzer der Sache.*

3. Übereignung des Geldes durch Einigung nach §§ 145, 147, 929 BGB und Übergabe nach § 854 BGB (Verfügungs- oder Erfüllungsgeschäft). Juristisches Ergebnis: *Der Verkäufer wird Eigentümer und Besitzer des Geldes.*

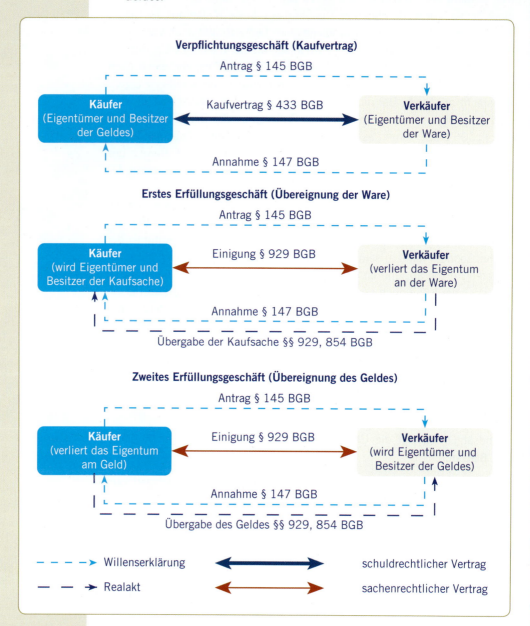

War der Erwerber bereits vorher im Besitz der Sache gewesen, so ist natürlich eine besondere Übergabe nicht mehr erforderlich; hier genügt die schlichte Einigung nach § 929 S. 2 BGB: Der Leasingnehmer entscheidet sich zum Ankauf des gemieteten Autos. Es wäre grotesk, das Auto zunächst dem Veräußerer zurückzugeben, damit er es dann wieder im Wege der Übergabe dem Erwerber aushändigen kann, allein um dem nach § 929 S. 1 BGB verlangten Erfordernis der Übergabe zu genügen.

Der Eigentumsvorbehalt

„Beim Verkauf von Waren ist es gang und gäbe, dass der Kaufpreis nicht immer sofort beim Empfang der Ware, sondern erst nach Einräumung bestimmter Zahlungsziele oder in Raten beglichen wird. Wie sichert sich der Verkäufer für den Fall, dass der Käufer nicht bezahlt? Die einfachste Möglichkeit ist die Vereinbarung eines *Eigentumsvorbehalts*. Käufer und Verkäufer schließen einen Kaufvertrag ab mit der Besonderheit, dass sich der Verkäufer ‚das Eigentum bis zur Zahlung des Kaufpreises vorbehält‘. Hierzu bestimmt § 449 BGB, dass die Übertragung des Eigentums unter der aufschiebenden Bedingung (nach § 158 BGB) vollständiger Zahlung des Kaufpreises erfolgt. Die Bedingung liegt in dem Ungewissen, zukünftigen Ereignis der späteren Kaufpreiszahlung durch den Käufer. Damit bleibt der Verkäufer weiterhin Eigentümer und kann gegebenenfalls die aus dem Eigentum resultierenden Ansprüche geltend machen. Der Käufer wird damit zunächst Besitzer der Sache. Allerdings ergeben sich aus der besonderen Situation des Eigentumsvorbehalts Einschränkungen: Der Eigentümer kann, solange der Käufer seine Zahlungsverpflichtungen erfüllt, nicht die Herausgabe der Sache verlangen. Insoweit hat der Käufer ein Recht zum Besitz nach § 986 BGB aus dem Kaufvertrag. Es ist heute im Wirtschaftsleben durchaus die Regel, dass Waren unter Eigentumsvorbehalt verkauft werden. Die gängigen Lieferbedingungen enthalten durchweg einen derartigen Passus. Allerdings ist zu beachten, dass der Eigentumsvorbehalt rechtzeitig erklärt werden muss. Dies geschieht in der Regel bei Vertragsabschluss."
Klunzinger 2007, S. 514

Fakultativer Inhalt: Der Eigentumserwerb an Grundstücken – Auflassung und Eintragung im Grundbuch

Die Übereignung eines Grundstücks nach § 873 BGB erfolgt durch Einigung zwischen Veräußerer und Erwerber und Eintragung des Eigentumswechsels in das Grundbuch. Die erforderliche Einigung bei der Grundstücksübereignung wird als *Auflassung* bezeichnet. Sie unterliegt besonderen Vorschriften: Die Auflassung ist zwar formlos möglich, muss aber nach § 925 I BGB (im Normalfall) vor einem Notar oder dem Grundbuchamt erklärt werden. Nach § 925 II BGB sind Bedingungen oder Befristungen unwirksam. Daher gibt es anders als bei beweglichen Sachen keine Übertragung unter Eigentumsvorbehalt. Der Erwerber wird Eigentümer, sobald er im Grundbuch als neuer Eigentümer eingetragen wird. Dazu wird der bisherige Eigentümer durch Eintragung eines Löschungsvermerks und rotes Unterstreichen („Röteln") des bisherigen Eintrags gelöscht. Die Auflassung ist vom zugrunde liegenden Kausalgeschäft (meist ein Kaufvertrag) scharf zu trennen. Für die Form des Kausalgeschäfts gilt nach § 311 b BGB die notarielle Beurkundung, die im § 128 BGB geregelt ist. Damit wird der besonderen Bedeutung von Immobilien Rechnung getragen. Ein Verstoß gegen diese Formvorschrift bedeutet nach § 125 BGB die Nichtigkeit des Verpflichtungsvertrags. Diese Formnichtigkeit kann allerdings nach § 311 b BGB durch eine ordnungsgemäße Auflassung und Eintragung im Grundbuch geheilt werden.

Im Grundbuchamt wird der Eigentumswechsel an Grundstücken registriert.

Kaufvertrag und Übereignungen bei einem *Grundstückskauf* stellen sich wie folgt dar:

1. Kaufvertrag nach §§ 145, 147, 433, 311 b BGB über ein Grundstück.
2. Übereignung des Grundstücks nach §§ 145, 147, 873, 925 BGB durch Auflassung und Eintrag ins Grundbuch. Juristisches Ergebnis: *Der Käufer wird Eigentümer und Besitzer des Grundstücks.*
3. Übereignung des Kaufpreises durch Einigung nach §§ 145, 147, 929 BGB und Übergabe des Geldes nach § 854 BGB. Juristisches Ergebnis: *Der Verkäufer wird Eigentümer und Besitzer des Geldes.*

Fakultativer Inhalt: Zur Bedeutung des Grundbuchs

Millionenfach finden täglich Eigentumswechsel statt. Je wertvoller die übereigneten Sachen sind, desto wichtiger ist, dass man sicher feststellen kann, wer der Eigentümer der zu übereignenden Gegenstände ist. Da Grund und Boden nicht beliebig vermehrbar ist und zudem meist einen hohen Wert hat, sind spezielle Regelungen im Grundstücksverkehr notwendig. Dies gilt umso mehr, weil auch der Staat aus steuerlichen Gründen (Grunderwerbssteuer, Grundsteuer) ein besonderes Interesse an Immobilien hat. Wie soll aber die Rechtsordnung einen sicheren Anhalt geben, dass der Veräußerer eines Grundstücks auch tatsächlich der Eigentümer ist? Der äußere Anschein scheidet aus, sind doch gerade heute viele Grundstücke und Häuser durch Miete im Besitz von Nichteigentümern. Zur Klarstellung der Eigentumsverhältnisse an Grund und Boden bedient man sich deshalb eines staatlichen Registers, dem *Grundbuch*. Es wird bei den Amtsgerichten geführt und erfasst alle Grundstücke mit Ausnahme „buchungsfreier" Grundstücke der öffentlichen Hand wie etwa Straßen oder Gewässer. Es kann bei berechtigtem Interesse von jedem eingesehen werden. Einsichtsfähig sind, neben dem Eigentümer selbst, auch Behörden im Rahmen ihres Aufgabenbereichs, wie Landratsamt, Stadt, Straßenbauamt, Vermessungsamt, Polizei oder Staatsanwaltschaft. Notare haben Einsichtsrecht, aber auch Banken als Gläubiger, wenn sie Rechte an dem Grundstück haben. Das Grundbuch enthält im Bestandsverzeichnis Angaben über Lage, Größe, Bebauung und Kulturart (Wiese, Wohnhaus etc.) des Grundstücks. In der Abteilung I sind der Name des Eigentümers und der Erwerbsgrund (Auflassung, Erbfolge) festgehalten. In Abteilung II und III werden Belastungen wie Hypotheken oder Grundschulden erfasst.

Zunehmend werden die Grundbücher elektronisch geführt und alle Grundbuchämter Bayerns über die Zentrale in München miteinander vernetzt. Der Datenzugriff geht blitzschnell, früher konnte dies Tage und Wochen dauern.

	Gemarkung	Flur-Nr.	Lage und Wirtschaftsart	Größe
Bestandsverzeichnis	Musterhausen	207/5	Dorfstraße	780 m²
			Bauplatz	
Erste Abteilung	Eigentümer (und Grundlagen der Eintragung, z. B. Kauf, Erbfall)			
Zweite Abteilung	Lasten und Beschränkungen (z. B. Wohnrechte, Vorkaufsrecht)			
Dritte Abteilung	Belastungen (z. B. Hypotheken, Grundschulden)			

Der Aufbau eines Grundbuches

Kompetent in Wirtschaft & Recht ●
erweitern – vertiefen – anwenden

M1 Der rabiate Fensterbauer

„An den wilden Westen" fühlte sich Richter Dieter H. erinnert. Zum „High Noon" kam es im November. In einem beschaulichen Dorf in der Fränkischen Schweiz rückte der Trupp der Bauelemente-Vertriebsfirma aus dem Bamberger Landkreis an. Der Hauseigentümer, ein Frühpensionär, ahnte nichts Gutes. Schon zweimal hatte die Firma an den eingebauten Fenstern und Türen im Wert von 11.000 € nachbessern müssen (...). An diesem Novembertag wollte die Firma die schwersten Fehler beheben: „An manchen Fenstern war zwischen Rahmen und Mauer ein Spalt von zwei Zentimetern rundherum", beschrieb der Mann vor Gericht den Pfusch am Bau. Die gegliederten Fenster seien schlichtweg zu klein gewesen, erinnerte sich seine Frau. Die Hauseigentümer waren empört und hatten rund 1.250 € von der Rechnung einbehalten. Doch der Bautrupp, der an diesem Morgen anrückte, hatte gar nicht vor, die Schäden zu beheben. Der Firmenchef und vier Mit-

arbeiter bauten ein Fenster im Treppenhaus, im Badezimmer und aus der Garage wieder aus (...).

Der Chef selbst war erst gar nicht zum Prozess erschienen. Seine Firma bestehe nicht mehr, er wohne inzwischen die meiste Zeit in Griechenland, teilte sein Anwalt mit.

Nürnberger Nachrichten, 23.7.1996

Aufgaben

1. Am 2. Mai verkauft V einen gebrauchten PKW einschließlich eines Dachskiträgers unter Eigentumsvorbehalt für 12.000 Euro an K, der im Gegenzug eine Anzahlung von 7.000 Euro leistet. Das Auto wird am selben Tag auf K zugelassen. Es wird vereinbart, dass K die restlichen 5.000 Euro am 9. Mai bei V begleicht. Am 3. Mai schenkt K den Dachskiträger seinem volljährigen Neffen N, der vom genauen Sachverhalt nichts weiß. N nimmt den Träger sofort mit. Weil er ein neues Wochenendhaus einrichten will, besorgt sich K bei V am 7. Mai einen Kleinanhänger für mehrere Tage und bezahlt dafür eine Gebühr von 50 Euro.

   a) Stellen Sie die am 2. Mai, 3. Mai und 7. Mai eingetretenen Eigentums- und Besitzverhältnisse dar.

   b) Erläutern Sie den Sinn des Eigentumsvorbehalts.

2. Vergleichen Sie die Vorschriften beim Kauf und Eigentumserwerb von beweglichen Sachen und Grundstücken. Erstellen Sie dazu eine Übersicht.

3. Begründen Sie unter Berücksichtigung grundlegender Rechtsfunktionen, warum in unserer Rechtsordnung für den Eigentumserwerb bei Immobilien besondere Regelungen gelten!

4. Bewerten Sie die Sachlage in M1 unter zivilrechtlichen Aspekten und verfassen Sie eine Urteilsbegründung. Führen Sie dazu eine Normenanalyse der §§ 94, 946 BGB durch.

Autohaus für Luxusmodelle.

Überlegen Sie, wer vor und nach dem Verkauf des Bildes Besitzer bzw. Eigentümer ist.

8.4.2 Der Eigentumserwerb vom Nichtberechtigten

Der betrügerische Autohändler

Robert Schulze ist Inhaber eines renommierten Autohauses, das Wagen der Luxusklasse verkauft. Um bei der Präsentation eines neuen Modells eine besonders exklusive Atmosphäre zu schaffen, leiht sich Schulze von verschiedenen Galerien und bei Freunden einige Kunstwerke. Darunter ist auch die „Versuchung", ein wertvolles Originalgemälde eines zeitgenössischen Künstlers, das ihm sein Bekannter Michael Mayer leihweise zur Verfügung gestellt hat. Mayer hatte das Bild erst kürzlich für 7.000 Euro gekauft. Während der Präsentation der Luxuskarosse tritt der langjährige Kunde Beck an Schulze heran und bietet für die „Versuchung" 10.000 Euro. Schulze verkauft ihm kurzerhand das Bild gegen Barzahlung.

Eigentümerschutz versus Erwerb durch den Nichtberechtigten

„Die rechtsgeschäftliche Übertragung des Eigentums an einer Sache setzt voraus, dass derjenige, der als Veräußerer auftritt und das Eigentum an der Sache auf einen anderen übertragen will, entweder selbst Eigentümer der Sache ist oder doch mit Einwilligung des Eigentümers handelt (§ 185 BGB): Man kann nur die Rechte auf andere übertragen, die man selbst innehat oder über die man mit der Ermächtigung des Berechtigten verfügen darf. (...)

Hier stoßen die widersprechenden Interessen aufeinander: Einerseits das Interesse des Eigentümers, nicht ohne sein Dazutun das Eigentum an ‚seiner' Sache zu verlieren, andererseits das Interesse des Geschäftspartners, sich auf gewisse äußere Merkmale für das Vorhandensein einer Eigentümerposition, wie sie z. B. der tatsächliche Besitz einer Sache darstellt, verlassen zu können und Geschäfte abschließen zu dürfen, ohne jeweils zuvor die im Einzelfall oft recht schwierige Überprüfung anstellen zu müssen, ob der Veräußerer auch wirklich der Eigentümer der Sache ist. Diesen Interessenkonflikt lösen die Vorschriften über den gutgläubigen Erwerb vom Nichtberechtigten nach §§ 932 bis 936 BGB." *Bähr 2008, S. 404 f.*

Gutgläubigkeit als Bedingung

„Der gutgläubige Eigentumserwerb vom Nichtberechtigten ist nur möglich, wenn der Veräußerer Besitzer der Sache ist, denn dadurch entsteht der Rechtsschein, dass ihm die Sache gehört. Es ist eine große Erleichterung für den Geschäftsverkehr, wenn man sich auf den Rechtsschein des Besitzes verlassen kann. Dadurch wird der Tatsache Rechnung getragen, dass Besitz und Eigentum meist in einer Hand vereinigt sind. Der Eigentumserwerb vom Nichteigentümer nach § 932 BGB tritt aber nur dann ein, wenn der Erwerber gutgläubig ist. Er ist es dann, wenn er bei der Entgegennahme der Sache nicht weiß, dass die Sache in Wirklichkeit einem anderen gehört, und wenn diese Unkenntnis auch nicht auf grober Fahrlässigkeit beruht.

Kein gutgläubiger Erwerb bei abhanden gekommenen Sachen

Kein gutgläubiger Erwerb ist möglich an gestohlenen, verloren gegangenen oder sonst abhanden gekommenen Sachen. In diesem Fall hat der Gesetzgeber zugunsten des Eigentümers entschieden. Sein Interesse am Erhalt des Eigentums wird höher bewertet als das Vertrauen des gutgläubigen Erwerbers (…). Wie lässt sich dies im Unterschied zu §932 BGB rechtfertigen? Im §932 BGB handelt es sich um den Erwerb von Sachen, die mit Wissen und Billigung des seitherigen Eigentümers in den Verfügungsbereich des Nichtberechtigten kamen (z. B. Miete, Leihe u. dgl.). Der Eigentümer wusste also, wem er seine Sache anvertraut. Missbraucht der Empfänger dieses Vertrauen, muss der Eigentümer das Risiko selbst tragen. Sind die Sachen dagegen unfreiwillig (z. B. durch Diebstahl) weggekommen, wäre es unbillig, das Vertrauen des Erwerbers höher einzustufen als das Interesse des Eigentümers.

§935 I BGB findet keine Anwendung (d. h. ein gutgläubiger Erwerb ist trotz Abhandenkommens möglich!) beim Erwerb von Geld oder Inhaberpapieren sowie bei Sachen, die im Wege öffentlicher Versteigerung veräußert werden (§935 II BGB). Selbstverständlich ist auch hier gutgläubiger Erwerb nur möglich, wenn der Erwerber gutgläubig ist, also den Dieb der Inhaberpapiere für den Berechtigten hält bzw. (ohne dass man ihm grobe Fahrlässigkeit anlasten kann) halten durfte." *Klunzinger 2007, S. 520 f.*

Interessenausgleich und Schadensersatzanspruch wegen Eigentumsverlust

Durch die Entscheidung des Gesetzgebers zugunsten des gutgläubigen Erwerbers verliert der ursprüngliche Eigentümer sein Eigentum. Diese Benachteiligung wird mit den Vorschriften zur ungerechtfertigten Bereicherung ausgeglichen: Sofern der Nichtberechtigte an den Erwerber gegen Bezahlung geleistet hat, kann der ursprüngliche Eigentümer nach §816 I S. 1 BGB gegen den Nichtberechtigten vorgehen und von ihm das herausverlangen, was er durch die Verfügung erlangt hat. Hat der Nichtberechtigte die Sache unter dem eigentlichen Wert verkauft, so würde der Anspruch aus §816 I S. 1 BGB den Schaden des ursprünglichen Eigentümers nicht ausgleichen. Der ursprüngliche Eigentümer kann dann aber nach §823 I BGB Schadensersatzansprüche wegen Verletzung des Eigentumsrechts geltend machen.

Erfolgt die Verfügung unentgeltlich, so ist der Erwerber nach §816 I S. 2 BGB verpflichtet, das Erlangte an den ursprünglichen Eigentümer herauszugeben.

Tatbestandsmerkmale und Rechtsfolgen des gutgläubigen Eigentumserwerbs

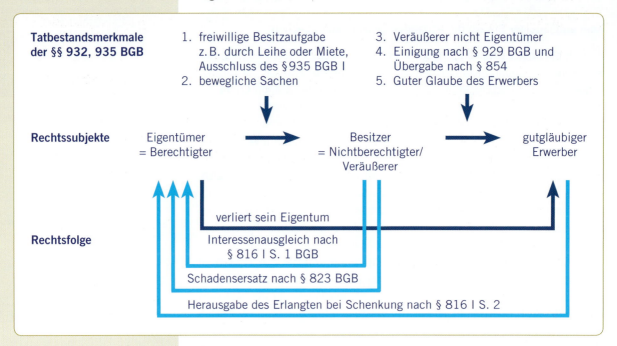

M1 **Böses Erwachen bei Teilnehmern einer Internetauktion**

Dass man beim Kauf von Kfz-Bauteilen über ein Internetauktionshaus sehr vorsichtig sein sollte, haben Ermittlungen der Polizei und der Staatsanwaltschaft Stade gezeigt. Nach monatelangen bundesweiten Er-
5 mittlungen gelang es der Polizei Stade, in allen Teilen Deutschlands Kfz-Bauteile sicherzustellen, die in und um Stade gestohlen und dann über ein Internetauktionshaus weltweit verkauft worden waren.

Nun hoffen die Kunden darauf, zumindest einen
10 Teil des Geldes, das sie für die gekauften gestohlenen Navigationsgeräte, Xenon-Scheinwerfer oder CD-Wechsler bezahlt haben, von den mutmaßlichen Tätern zurückzuerhalten. (...)

Wie die Polizei Stade feststellen konnte, gab es zeit-
15 gleich zu den Diebstählen aus der Stader Region heraus im Internetauktionshaus einen regen Handel mit eben solchen Kfz-Bauteilen, wie sie immer wieder in Stade entwendet wurden. Die gezielten Ermittlungen der Polizei gegen die mutmaßlichen Täter führ-

ten schließlich zu einer großen Durchsuchungs-
20 aktion im Juni 2005 und zur Verhaftung eines der mutmaßlichen Täter.

Mehr als 150 Internetauktionen, die die mutmaßlichen Täter durchgeführt hatten, wurden zurückverfolgt. Über das Auktionshaus wurden die weltweit ver-
25 streuten Käufer der Kfz-Bauteile ermittelt; in ganz Deutschland wurden Käufer von den örtlichen Polizeidienststellen aufgesucht, die von ihnen erworbenen Bauteile überprüft und teilweise sichergestellt.

Das derzeitige Fazit der aufwendigen Ermittlun-
30 gen der Polizei Stade: Während sich die Diebstahlopfer nun darüber freuen können, ihr Eigentum zurückzubekommen, bangen die Käufer darum, ihr Geld von den Tätern zurückzuerhalten. Denn wer – auch über ein Internetauktionshaus – gestohlene
35 Sachen erwirbt, kann daran kein Eigentum erwerben (...). Die Käufer sind Opfer betrügerischer Machenschaften geworden. *nach: Hamburger Abendblatt, 6.1.2006*

Aufgaben

1. a) Prüfen Sie im Gutachtenstil, ob Michael das Bild von Beck herausverlangen kann (Einstiegs-material).

   b) Untersuchen Sie, welche Ansprüche Michael gegenüber Schulze geltend machen kann.

2. Erläutern Sie, warum die Teilnehmer an den Online-Auktionen nicht Eigentümer der ersteigerten Waren werden konnten (M1).

3. Der Dieb Huber (H) stiehlt am 4.7. aus der Wohnung von Müller 700 Euro Bargeld, dessen neuwertige Videokamera im Wert von 1.000 Euro und ein wertvolles Gemälde. Für das Bargeld kauft sich H am 7.7. im Modehaus Kunz einen Anzug. Die Videokamera schenkt er am gleichen Tag seiner Freundin Karin, die vom Diebstahl des Huber nichts wusste. Das Gemälde hängt er in seine Wohnung.

   a) Prüfen Sie die Eigentumsverhältnisse bezüglich des Geldes und der Videokamera am 8.7.

   b) Ändert sich die Rechtslage, wenn Huber die Videokamera seinem 15-jährigen Neffen Franz schenkt?

   c) Am 20.8. wird das Gemälde dem Huber im Rahmen einer Zwangsvollstreckung gepfändet und an den Sammler Linz öffentlich versteigert. Wer ist nun Eigentümer des Gemäldes? Begründen Sie!

   d) Prüfen Sie die Ansprüche, die Müller gegenüber Huber, Karin und Linz geltend machen kann.

4. Stellen Sie dar, wie der Gesetzgeber den Zielkonflikt zwischen Rechtssicherheit und Gerechtig-keit beim gutgläubigen Eigentumserwerb löst.

5. Klara freundet sich bei einem Besuch des Oktoberfests mit dem amerikanischen Touristen John an. Klara holt eine Maß Bier, die die beiden gemeinsam austrinken. Zum Abschied schenkt sie ihm den leeren Maßkrug. Da John glaubt, dass Klara mit dem Bier auch den Krug erworben hat, freut er sich über dieses Zeichen der bayerischen Gastfreundschaft. Als er mit dem Maß-krug das Festzelt verlassen will, stellt ihn der Wirt zur Rede und fordert den Maßkrug zurück.

   a) Prüfen Sie die Eigentumsverhältnisse am Maßkrug.

   b) Erläutern Sie, ob der Wirt den Maßkrug herausverlangen kann.

   c) Beurteilen Sie das Ergebnis von Aufgabe b) aus der Sicht des Eigentumsschutzes.

Z Die Eigentumsordnung

Eigentum ist das umfassendste **Herrschaftsrecht an einer Sache**, das unsere Rechtsordnung kennt. Das Eigentumsrecht wirkt gegen jedermann, jeder muss es respektieren und demgemäß Einwirkungen unterlassen, die nur dem Eigentümer zustehen. Als absolutes Herrschaftsrecht berechtigt es den Eigentümer, mit der Sache nach Belieben zu verfahren. **Einschränkungen** ergeben sich durch Gesetz (z. B. Sozialbindung nach Art. 14 GG, Denkmalschutzgesetz, Mitbestimmungsgesetz, Naturschutzgesetz) und Rechte Dritter (z. B. Nachbarrechte).

Der **privatrechtliche Eigentumsbegriff** umfasst bewegliche und unbewegliche Gegenstände. Der **öffentlich-rechtliche Eigentumsbegriff** schließt darüber hinaus auch Forderungen und geistige Schöpfungen mit ein.

Die **Bedeutung des Privateigentums** zeigt sich auch darin, dass sein Schutz in Art. 14 Eingang ins Grundgesetz gefunden hat. Allen eigentumsfeindlichen Wirtschaftssystemen ist damit eine Absage erteilt. Eigenverantwortlichkeit der Unternehmer, freie Disposition über Betriebsmittel, Konsum- und Produktionsfreiheit dürfen in ihrem Wesensgehalt nicht angetastet werden. Die Eigentumsordnung des deutschen Rechts ist damit die Grundlage unserer Wirtschafts- und Sozialordnung.

Neben dem grundgesetzlichen **Schutz des Eigentums** sieht die Rechtsordnung bei widerrechtlichen Eingriffen in das Eigentumsrecht die Verhängung strafrechtlicher Sanktionen vor. Als zivilrechtliche Schutzrechte stehen dem Eigentümer Schadensersatz-, Herausgabe- und Unterlassungsansprüche zu.

Durch die **Anpassung des Urheberrechts** an die digitale Welt versucht der Gesetzgeber, die Interessen der Urheber an der Wahrung und Verwertung ihres geistigen Eigentums und die Belange der Verbraucher und der Wissenschaft als Nutzer der Werke zu ermöglichen. So wird zum Beispiel die Nutzung illegaler Tauschbörsen klarer geregelt.

Vom **Eigentum** als umfassendem rechtlichem Herrschaftsverhältnis über eine Sache (§ 903 BGB) wird der **Besitz** als tatsächliches Herrschaftsverhältnis über eine Sache (§ 854 BGB) unterschieden. Zur Erlangung des Besitzes ist keine Willenserklärung im rechtsgeschäftlichen Sinne erforderlich. Der **Eigentumserwerb** erfolgt dagegen durch Einigung – also durch zwei übereinstimmende **Willenserklärungen** – über den Eigentumsübergang und die Übergabe der Sache an den Erwerber, also den Besitzwechsel. Mit der Vereinbarung eines **Eigentumsvorbehalts** sichert sich der Verkäufer einer Sache für den Fall ab, dass der Käufer nicht bezahlt. Bis zur vollständigen Bezahlung bleibt der Käufer zunächst nur Besitzer der Sache.

Beim **Eigentumserwerb durch den Nichtberechtigten** entscheidet das BGB aus Gründen der Rechtssicherheit im Geschäftsleben zunächst zugunsten des Erwerbers. Voraussetzung ist allerdings, dass der Erwerber gutgläubig hinsichtlich der Berechtigung des Veräußerers ist. An Sachen, die dem Eigentümer unfreiwillig abhanden gekommen sind, etwa durch Diebstahl, kann dagegen auch gutgläubig kein Eigentum erworben werden. Durch die Entscheidung des Gesetzgebers zugunsten des gutgläubigen Erwerbers erfährt der ursprüngliche Eigentümer eine Benachteiligung, die mit den **Vorschriften zur ungerechtfertigten Bereicherung** ausgeglichen wird und ihm einen Herausgabeanspruch gegen den Nichtberechtigten einräumt. Daneben können Schadensersatzansprüche nach § 823 BGB wegen Verletzung des Eigentumsrechts geltend gemacht werden.

Zur Vertiefung: **Die Übereignung eines Grundstücks** erfolgt durch Einigung zwischen Veräußerer und Erwerber (Auflassung) und Eintragung des Eigentumswechsels in das **Grundbuch**. Wegen der besonderen Bedeutung von Immobilien unterliegt der Eigentumserwerb an Grundstücken besonderen Formvorschriften: Der Immobilienkauf muss durch einen Notar beurkundet werden.

Glossar

Abstraktionsprinzip
Im deutschen Recht die Trennung zwischen Rechtsgeschäften, bei denen eine Verpflichtung eingegangen wird (Verpflichtungsgeschäfte, z. B. Kaufvertragsschluss) und Rechtsgeschäften, die ein Recht unmittelbar verändern (Verfügungsgeschäfte, z. B. Eigentumsübertragung).

Angebot/Antrag
Einseitige, empfangsbedürftige Willenserklärung, durch die einem anderen der Abschluss eines Vertrages angeboten wird (§ 145 BGB).

Angebotstheorie
Die Angebotstheorie setzt nicht bei der gesamtwirtschaftlichen Nachfrage, sondern bei der Angebotsseite an. Wirtschaftliches Wachstum und die Schaffung von Arbeitsplätzen sollen über die Verbesserung der Angebotsbedingungen erreicht werden. Höhere Gewinne sind die Voraussetzungen für mehr Investitionen und eine Erhöhung der Beschäftigung. Mittel der Angebotspolitik sind zum Beispiel die Senkung von Unternehmenssteuern und die Deregulierung. Wesentlicher Bestandteil der Angebotstheorie ist eine potenzialorientierte Geldpolitik (Monetarismus).

Annahme
Einseitige Willenserklärung, durch die ein Antrag vorbehaltlos bejaht wird und die zum Zustandekommen eines Vertrages führt (§§ BGB 147 ff.).

Anspruch
Recht, von einem anderen ein Tun oder Unterlassen zu verlangen.

Arbeitslosigkeit
Arbeitslose sind Personen, die eine bezahlte Beschäftigung suchen, aber keine finden. Als arbeitslos gelten Personen, die arbeitsfähig und arbeitswillig sowie bei der Arbeitsagentur gemeldet sind. Im volkswirtschaftlichen Sinne gibt es Arbeitslosigkeit, wenn das Arbeitsangebot kleiner ist als die Arbeitsnachfrage. Arbeitslosigkeit wird anhand der Arbeitslosenquote gemessen. Dazu werden die registrierten Arbeitslosen zu den Erwerbspersonen (Erwerbstätige und Arbeitslose) in Beziehung gesetzt. Nach den Ursachen werden die friktionale, saisonale, konjunkturelle und strukturelle Arbeitslosigkeit unterschieden.

Besitz
Besitz ist die tatsächliche Herrschaft über eine Sache, im Gegensatz zum Eigentum als der rechtlichen Herrschaft über eine Sache. Besitzer ist, wer die Sache hat.

Break-even-Point
Punkt, ab dem die Kosten eines Unternehmens beziehungsweise eines Produktes durch die Erlöse, die das Unternehmen beziehungsweise das Produkt erzielt, gedeckt werden. An diesem Punkt wird weder ein Gewinn noch ein Verlust erwirtschaftet.

Bruttoinlandsprodukt (BIP)
Summe aller für den Endverbraucher bestimmten wirtschaftlichen Leistungen einer Volkswirtschaft, die im Laufe eines bestimmten Zeitraums (häufig eines Jahres) innerhalb der Landesgrenzen erbracht wurden.

Bürgerliches Gesetzbuch (BGB)
Das BGB trat am 1. Januar 1900 in Kraft und regelt die Grundmaterien des bürgerlichen Rechts. Es gliedert sich in fünf Bücher (Allgemeiner Teil, Schuldrecht, Sachenrecht, Familienrecht, Erbrecht). Die leitenden Grundsätze des BGB sind die seit Jahrhunderten geltenden Prinzipien wie Achtung der Einzelpersonen und ihrer Privatautonomie, der gesetzmäßig erworbenen Rechte, Vertragstreue, Schadensersatzpflicht bei Rechtsverletzung und Verbot von Arglist und Rechtsmissbrauch. Das Gesetzeswerk des BGB gilt als bedeutende wissenschaftliche Leistung des 19. Jahrhunderts.

Corporate Social Responsibility (CSR)
Der Begriff umschreibt den freiwilligen Beitrag eines Unternehmens zu einer nachhaltigen wirtschaftlichen Entwicklung, der über die gesetzlichen Forderungen (Compliance) hinausgeht. Er steht für sozialverantwortliches unternehmerisches Handeln in der eigentlichen Geschäftstätigkeit (Markt), über ökologisch relevante Aspekte (Umwelt) bis hin zu den Beziehungen mit Mitarbeitern (Arbeitsplatz) und dem Austausch mit den relevanten Anspruchsgruppen (Stakeholdern).

Delikt
Ein Delikt ist eine rechtswidrige Verletzung der Rechte eines anderen. Sie führt zum Schadensersatzanspruch.

Deliktsfähigkeit
Deliktsfähig ist, wer für eine unerlaubte Handlung zivilrechtlich verantwortlich ist.

Eigentumserwerb
Die Erlangung des Eigentums an einer Sache. Eigentum an Grundstücken wird durch notariell beurkundete Einigung und Eintragung in das Grundbuch erlangt. Eigentum an beweglichen Sachen wird durch Einigung und Übergabe erworben.

Eigentumsvorbehalt
Beim Eigentumsvorbehalt erfolgt die Eigentumsübertragung einer beweglichen Sache unter der aufschiebenden Bedingung vollständiger Kaufpreiszahlung.

Einigung
Übereinstimmung von Willenserklärungen.

Enteignung
Staatliche Maßnahme nach Art. 14 III Grundgesetz, die eine Entziehung konkreter Eigentumspositionen zum Wohle der Allgemeinheit ermöglicht.

Fahrlässigkeit
Fahrlässigkeit liegt dann vor, wenn die im Verkehr erforderliche Sorgfalt außer Acht gelassen wurde.

Forderung

Das aus einem Schuldverhältnis herrührende Recht des Gläubigers gegen den Schuldner auf Erbringung der geschuldeten Leistung (Anspruch).

Form

Bei bestimmten Rechtsgeschäften sind Schriftform oder notarielle Form vorgeschrieben. Ihre Missachtung hat die Nichtigkeit des Rechtsgeschäfts zur Folge.

Geschäftsfähigkeit

Fähigkeit, wirksame Willenserklärung abzugeben und entgegenzunehmen.

Gewinn

Wichtige Maßzahl für den Erfolg eines Unternehmens und das vorherrschende Ziel erwerbswirtschaftlich orientierter Unternehmen in der freien Marktwirtschaft. Der Gewinn errechnet sich aus der Differenz zwischen Erlösen und Kosten.

Globalisierung

Bezeichnung für den fortschreitenden Prozess der weltweiten Arbeitsteilung und Vernetzung der Märkte. Ermöglicht wurde die Globalisierung durch die Liberalisierung des Welthandels, neue Kommunikationstechnologien und sinkende Transportkosten.

Gutachtenstil

Formulierungsstil, bei dem zu Beginn die zu prüfende Anspruchsgrundlage formuliert und das Ergebnis erst nach einer eingehenden Prüfung der Tatbestandsmerkmale (vollständige Subsumtion) am Ende verfasst wird.

Gutgläubiger Eigentumserwerb

Erwerb des Eigentums oder eines anderen Rechts an einer Sache vom Nichtberechtigten.

Herausgabeanspruch

Der auf Gesetz oder Vertrag beruhende Anspruch auf Herausgabe einer Sache.

Inflation

Prozess stetiger und allgemeiner Steigerung des Preisniveaus beziehungsweise anhaltender Geldentwertung. Die Inflationsrate wird an Hand eines Preisindex gemessen, der auf der Grundlage eines Warenkorbes errechnet wird. Inflation bedeutet, dass die Geldmenge schneller wächst als die Gütermenge.

Investitionen/Investieren

Das langfristige Anlegen von Kapital in Güter, um den Bestand an Produktionsmitteln zu ersetzen, zu verbessern oder zu erweitern. Investitionen haben positive Auswirkungen auf die Volkswirtschaft, da sie den Bestand an Produktionsmitteln (Kapitalstock) erhöhen. Voraussetzung für Investitionen ist das Sparen.

Kaufvertrag

Ein schuldrechtlicher, gegenseitiger Vertrag, bei dem die Übereignung einer Sache gegen Zahlung des Kaufpreises geschuldet wird (§433 BGB).

Keynesianismus

Nach dem britischen Ökonomen John Maynard Keynes (1883–1946) benannte makroökonomische Theorie. Sie fußt auf der Annahme, dass Angebot und Nachfrage auf den Märkten nicht automatisch zu einem gesamtwirtschaftlichen Gleichgewicht führen, bei dem auch Vollbeschäftigung herrscht. Arbeitslosigkeit hat demnach ihre Hauptursache in einer unzureichenden gesamtwirtschaftlichen Nachfrage. Der Staat muss deshalb dafür sorgen, dass die gesamtwirtschaftliche Nachfrage z. B. durch Steuersenkungen oder Ausgabenerhöhungen wieder steigt. Die zusätzlichen Ausgaben können auch durch ein Haushaltsdefizit finanziert werden (deficit spending).

Konjunktur

Die wirtschaftliche Entwicklung verläuft nicht stetig, sondern in konjunkturellen Wellenbewegungen mit ab- und zunehmenden Wachstumsraten (Konjunkturzyklen). Ein Konjunkturzyklus dauert mehrere Jahre und lässt sich in unterschiedliche Phasen einteilen. Ein konjunktureller Aufschwung mit steigenden Wachstumsraten wird gefolgt von einer Boomphase (Hochkonjunktur). Anschließend folgt eine Konjunkturabschwächung mit geringeren Wachstumsraten oder sogar sinkender Wertschöpfung (Rezession).

Konjunkturindikatoren

Messgrößen zur Beschreibung und Prognose der gesamtwirtschaftlichen Lage. Man unterscheidet Früh-, Präsens- und Spätindikatoren.

Kosten

Kosten entstehen im Rahmen der Leistungserstellung. Die fixen Kosten sind dabei innerhalb eines bestimmten Zeitraums konstant und unabhängig von der Ausbringungsmenge. Die variablen Kosten nehmen mit der Ausbringungsmenge zu.

Leihe

Ein Vertrag, bei dem sich der Verleiher verpflichtet, dem Entleiher den – zeitlich begrenzten – Gebrauch eine Sache unentgeltlich zu gestatten.

Magisches Viereck

(siehe Stabilitätsziele)

Mangel

Beeinträchtigung eines Rechts oder der Beschaffenheit einer Sache oder eines Werks, die zu Ansprüchen des Gläubigers führt.

Monetarismus

Auf den amerikanischen Volkswirtschaftler Milton Friedman (1912–2006) zurückgehende Lehrauffassung wonach die Geldmenge der zentrale Faktor zur Steuerung des Wirtschaftsablaufs ist. Der Monetarismus ist Bestandteil der Angebotstheorie.

Multiplikatortheorie

Die Multiplikatortheorie zeigt, welchen Effekt zusätzliche Ausgaben des Staates, der privaten Haushalte oder des Auslands sowie vermehrte Investitionen der Unternehmen auf das Volkseinkommen haben. Sie ist vor allem bedeutsam für die Beschreibung der konjunkturellen Entwicklung. So führen steigende Investitionen der Unternehmen zu mehr Beschäftigung und damit zu mehr Einkommen der privaten Haushalte. Die dadurch steigende Nachfrage führt zu einer besseren Ertragslage der Unternehmen und ermöglicht so weitere Investitionen.

Nachfragetheorie
(siehe Keynesianismus)

Nachhaltigkeit
Leitbild einer Wirtschaftspolitik, in der das Naturkapital erhalten bleibt. Eine nachhaltige Wirtschaftspolitik berücksichtigt die Lebenssituation der heutigen Generationen und bewahrt gleichzeitig die Lebenschancen künftiger Generationen.

Nationaleinkommen
Maß für die wirtschaftliche Leistung der Inländer einer Volkswirtschaft in einem bestimmten Zeitraum.

Naturrecht
Recht, das in der menschlichen Natur und deren Vernunft begründet ist. Es ist unabhängig von Raum, Zeit und Kultur. Schriftlich fixiert ist es in den Menschenrechten.

Notwehr/Nothilfe
Die Verteidigung, die zur Abwehr eines gegenwärtigen, rechtswidrigen Angriffs gegen ein geschütztes Rechtsgut von sich (Notwehr) oder einem anderen (Nothilfe), erforderlich ist.

Öffentliches Recht
Das öffentliche Recht regelt die Rechtsbeziehungen zwischen Staat und Bürgern und die der staatlichen Organe untereinander. Hierzu zählen zum Beispiel das Verwaltungs- und Strafrecht.

Ordnungswidrigkeiten
Ordnungswidrigkeiten sind rechtswidrige und vorwerfbare Handlungen. Sie unterscheiden sich von Straftaten dadurch, dass sie einen weniger schwerwiegenden Verstoß gegen die Rechtsordnung bilden und daher kein kriminelles Unrecht enthalten. Ordnungswidrigkeiten werden nicht mit Strafe, sondern mit Geldbuße geahndet und durch die Verwaltungsbehörden verfolgt.

Privatrecht
Das Privatrecht umfasst alle Rechtsnormen, die die Beziehungen privater Personen untereinander regeln (Zivilrecht).

Recht
Im subjektiven Sinn der Anspruch, der für einen Berechtigten aus dem objektiven Recht erwächst.

Rechtsfähigkeit
Fähigkeit, Träger von Rechten und Pflichten zu sein. Rechtsfähig sind alle Menschen (ab Vollendung der Geburt) und juristische Personen.

Rechtsfolge
Rechtliche Konsequenz, die eintritt, wenn die in der Rechtsnorm definierten Tatbestandsvoraussetzungen erfüllt sind.

Strafmündigkeit
Die Möglichkeit, für strafbare Handlungen strafrechtlich verantwortlich gemacht werden zu können.

Rechtsfunktionen
Das Recht erfüllt verschiedene Funktionen (Aufgaben) für die Gesellschaft. Es sichert den Frieden, indem es verbindliche Regeln für den Konfliktaustrag bereitstellt (Friedensfunktion). Darüber hinaus schützt es die Freiheit des Einzelnen gegenüber den anderen Mitgliedern der Gesellschaft und dem Staat (Schutzfunktion). Und schließlich schafft das Recht Regeln für ein geordnetes Zusammenleben (Ordnungsfunktion).

Rechtsordnung
Im objektiven Sinn die Gesamtheit der Rechtsnormen, die zueinander in einer gestuften Ordnung stehen und die auf einem bestimmten Gebiet (zum Beispiel der Bundesrepublik Deutschland) zu einer bestimmten Zeit gelten. Die Rechtsordnung regelt verbindlich das Zusammenleben der Menschen. Ihre Durchsetzung wird von der staatlichen Autorität garantiert.

Rechtspositivismus
Auffassung, dass allein das positive, also staatlich gesetzte Recht Gültigkeit hat.

Rechtsquellen
Nach den Entstehungsursachen lassen sich unterschiedliche Rechtsquellen unterscheiden: das Naturrecht, das gesetzte Recht als schriftlich niedergelegtes Recht (Verfassungen, Gesetze, Verordnungen, Satzungen, Gerichtsurteile) und das Gewohnheitsrecht, das sich in langjähriger Übung herausgebildet hat.

Rechtsstaat
Ein Rechtsstaat zielt auf die Verwirklichung von Recht und Gerechtigkeit. Alle staatlichen Organe (Regierung, Gesetzgebung, Verwaltung) sind an die Grundrechte, an die Verfassung und die Gesetze gebunden. Vor dem Gesetz müssen alle Bürger gleich behandelt werden. Jeder hat das Recht, sich gegen eine staatliche Maßnahme mithilfe der Gerichte zu wehren, wenn er sich ungerecht behandelt fühlt. Die Richter sind unabhängig und nur dem Gesetz unterworfen.

Schadensersatz
Anspruch auf Ausgleich des Schadens, den eine Person aufgrund des rechtswidrigen Verhaltens einer anderen Person erlitten hat.

Soziale Marktwirtschaft
Wirtschaftsordnung der Bundesrepublik Deutschland. Sie verbindet den Grundsatz der Freiheit auf dem Markt mit dem sozialen Ausgleich.

Sparen
Konsumverzicht zur Bildung von Kapital. Private Haushalte sparen aus verschiedenen Gründen (Absicherung, Eigentumserwerb). Für die Gesamtwirtschaft sind Ersparnisse der Kapitalstock für die Finanzierung von Investitionen.

Stabilitätsziele/magisches Viereck

Die im „Gesetz zur Förderung der Stabilität und des Wachstums der Wirtschaft" von 1967 verankerten wirtschaftspolitischen Ziele. Die Wirtschaftspolitik des Staates soll im Rahmen der marktwirtschaftlichen Ordnung gleichzeitig zur Stabilität des Preisniveaus zu einem hohen Beschäftigungsstand, zu außenwirtschaftlichem Gleichgewicht, und einem stetigen und angemessenen Wirtschaftswachstum beitragen. Alle vier Ziele sind nur schwer gleichzeitig zu verwirklichen, weshalb sie auch als magisches Viereck bezeichnet werden. Als weitere Ziele werden häufig eine gerechte Einkommens- und Vermögensverteilung sowie der Erhalt einer lebenswerten Umwelt gefordert.

Strafe

Im Recht die Folge einer schuldhaften Verletzung von Gesetzen oder anderen Normen. Kriminalstrafen können ausschließlich vom Staat durch richterliches Urteil oder richterlichen Strafbefehl verhängt werden. Die Strafe gilt als letztes aller zur Verfügung stehenden Zwangsmittel, weil sie die schwerste staatliche Sanktion darstellt. Es gibt Haupt- (Freiheitsstrafe, Geldstrafe) und Nebenstrafen (Fahrverbot). Keine Strafen sind die Maßregeln der Besserung und Sicherung.

Strafrecht

Das Strafrecht schützt die elementaren Rechtsgüter einer Gemeinschaft (Leben, Eigentum, Ehre, …). Als Teil des öffentlichen Rechts regelt es die Voraussetzungen und Folgen der Strafbarkeit menschlichen Verhaltens sowie das Strafverfahren.

Subsumtion

Bei der Subsumtion wird geprüft, ob ein Sachverhalt die Tatbestandsvoraussetzungen einer Rechtsnorm erfüllt. Dazu müssen aus dem gegebenen Fall die rechtlich bedeutsamen Informationen genau herausgearbeitet werden.

Taschengeldparagraph

Ein von einem beschränkt geschäftsfähigen Minderjährigen ohne Zustimmung des gesetzlichen Vertreters geschlossener Vertrag ist von Anfang an wirksam, wenn das Geschäft mit Mitteln (Taschengeld) bewirkt wurde, die ihm zu diesem Zwecke oder zu freier Verfügung überlassen worden sind.

Tatbestand

Der Tatbestand beschreibt die Voraussetzungen, die bei einer Rechtsnorm erfüllt sein müssen, damit die Rechtsfolge eintritt.

Übereignung

Eigentumsübertragung. Erforderlich dazu ist bei beweglichen Sachen die Einigung über den Eigentumsübergang und in der Regel die Übergabe der Sache (§ 929 BGB).

Übergabe

Die durch Übertragung der tatsächlichen Herrschaftsgewalt erfolgende Verschaffung des unmittelbaren Besitzes (§ 854 BGB).

Vertrag

In der Regel zweiseitiges Rechtsgeschäft, das durch Übereinstimmung von Antrag (der eigenen Partei § 145 BGB) und Annahme (durch die andere Partei § 147 BGB) zustande kommt.

Volkswirtschaftliche Gesamtrechnung (VGR)

Die Volkswirtschaftliche Gesamtrechnung gibt ein möglichst umfassendes, übersichtliches und in Zahlen ausgedrücktes Gesamtbild der wirtschaftlichen Entwicklung eines Landes für eine Zeitperiode. Drei Betrachtungsweisen werden unterschieden: Die Entstehungsrechnung zeigt, welche Wirtschaftsbereiche in welcher Höhe zum BIP beigetragen haben. Die Verwendungsrechnung zeigt, wie das BIP verwendet, das heißt auf Konsum, Investitionen und Staatsausgaben aufgeteilt wurde. Die Verteilungsrechnung informiert darüber, welchen Anteil am Volkseinkommen Lohneinkommen bzw. die Unternehmens- und Vermögenseinkommen haben.

Vorsatz

Das Wissen und Wollen eines rechtswidrigen Erfolges.

Willenserklärung

Sie ist die Äußerung eines auf die Herbeiführung einer bestimmten Rechtswirkung gerichteten Willens.

Wirtschaftskreislauf

Vereinfachte Darstellung volkswirtschaftlicher Zusammenhänge in Form eines Kreislaufmodells. Im einfachen Wirtschaftskreislauf werden Geld und Güterströme zwischen Unternehmern und Haushalten erfasst. Weitere Sektoren des Kreislaufmodells sind der Staat, die Vermögensveränderungen sowie das Ausland.

Wirtschaftsordnung

Grundlegende Rechts- und Organisationsform, in der wirtschaftliche Prozesse ablaufen. Sie bildet den Rahmen für die Beziehungen der Wirtschaftssubjekte untereinander. Häufig wird zwischen den Extremen der Zentralverwaltungswirtschaft und der Marktwirtschaft unterschieden. In der Realität existieren aber nur Mischformen beider Systeme.

Zahlungsbilanz

In der Zahlungsbilanz wird die wirtschaftliche Verflechtung eines Landes mit dem Ausland statistisch erfasst. Sie setzt sich aus mehreren Teilbilanzen zusammen. Die wichtigsten Teilbilanzen sind die Leistungsbilanz und die Kapitalbilanz. Die Leistungsbilanz setzt sich zusammen aus der Handels-, Dienstleistungs-, Erwerbs- und Vermögenseinkommens- sowie der Übertragungsbilanz. In der Handelsbilanz wird – bezogen auf ein Jahr – der Wert aller Im- und Exporte Deutschlands ausgewiesen. In der Kapitalbilanz werden die Kapitalbewegungen zwischen In- und Ausländern erfasst.

Recherchieren

http://dejure.org (umfassende Datenbank mit Gesetzen und Urteilen, detaillierte Suchfunktion)

www.abc-recht.de (Rechtsratgeber mit Urteilen und Begriffserklärungen)

www.bmwi.de (Seite des Bundesministeriums für Wirtschaft und Technologie, aktuelle Informationen zur Wirtschaftspolitik)

www.bpb.de (Bundeszentrale für politische Bildung, breites Publikationsangebot der Bundeszentrale zu den Themen Recht und Wirtschaft)

www.bundesbank.de (Seite der Bundesbank, mit umfassenden Informationen zur Geldpolitik und aktuellen Statistiken, die als Excel-Tabellen abgerufen werden können)

www.bundesfinanzministerium.de (Seite des Bundesfinanzministeriums, Informationen zum Bundeshaushalt, zur Haushaltspolitik und zur allgemeinen Finanzpolitik)

www.bundesverfassungsgericht.de (Seite des Bundesverfassungsgerichtes, Informationen zu Aufbau und Funktionsweise des Gerichts und einzelnen Entscheidungen)

www.destatis.de (statistisches Bundesamt, der Link „Wirtschaft aktuell" verweist auf statistische Informationen zu zahlreichen Wirtschaftsthemen)

www.ecb.int (Seite der Europäischen Zentralbank, mit Informationen zum Aufbau und zur Funktionsweise der EZB und zur Europäischen Geld- und Währungspolitik)

www.ftd.de (Financial Times Deutschland, aktuelle Nachrichten zu sämtlichen Wirtschaftsthemen)

www.gesetze-im-internet.de (Das Bundesministerium der Justiz stellt nahezu das gesamte aktuelle Bundesrecht im Internet bereit. Die Gesetze und Rechtsverordnungen können in ihrer geltenden Fassung abgerufen werden.)

www.handelsblatt.de (Handelsblatt, aktuelle Nachrichten und die Sonderseite www.handelsblattmachtschule.de)

www.insm.de (Initiative Neue Soziale Marktwirtschaft, viele Wirtschaftsinfos mit Schwerpunkt Reform der Sozialen Marktwirtschaft, ausführliches Wirtschaftslexikon)

www.iwkoeln.de (Institut der deutschen Wirtschaft Köln, die Publikation iwd enthält wöchentliche Informationen, Analysen und Zahlen über die wichtigsten wirtschaftspolitischen Themen.)

www.jugendschutz.net (Seite der Länder zum Thema Jugendschutz im Internet)

www.ratgeberrecht.de (Rechtsportal der ARD, zahlreiche Informationen zum Thema Recht im Alltag, Rechtslexikon, Sammlung von Gerichtsurteilen)

www.schulbank.de (Bundesverband deutscher Banken, umfangreicher Informationsdienst für Lehrer und Schüler)

www.wirtschaftswiki.de (Wirtschaftslexikon der Zeitung Handelsblatt)

www.wr-unterricht.de (umfangreiche Materialsammlung zum Thema Wirtschaft und Recht)

Weiterlesen

Avenarius, Hermann: *Die Rechtsordnung der Bundesrepublik Deutschland*, 3. Aufl., Bonn 2002 (Bundeszentrale für politische Bildung)

Bofinger, Peter: *Grundzüge der Volkswirtschaftslehre,* 2. Aufl., München 2007 (Pearson)

Gräber-Seißinger, Ute u. a.: *Recht A–Z. Fachlexikon für Studium und Beruf,* Bonn 2007 (Bundeszentrale für politische Bildung)

Informationen zur politischen Bildung Nr. 293: Unternehmen und Produktion, Bonn 4/2006 (Bundeszentrale für politische Bildung)

Informationen zur politischen Bildung Nr. 294: Staat und Wirtschaft, Bonn 1/2007, (Bundeszentrale für politische Bildung)

Katko, Peter: *Bürgerliches Recht – schnell erfasst,* 6. Aufl., München 2006 (Springer)

Mankiw, N. Gregory/Taylor, Charles P.: *Grundzüge der Volkswirtschaftslehre,* 4. Aufl., Stuttgart 2008 (Schäffer-Poeschel)

Pollert, Achim u. a.: *Das Lexikon der Wirtschaft. Grundlegendes Wissen von A bis Z*, Bonn 2004 (Bundeszentrale für politische Bildung)

Seidel, Horst/Temmen, Rudolf: *Grundlagen der Betriebswirtschaftslehre,* 15. Aufl., Troisdorf 2006 (Bildungsverlag Eins)

Sperber, Herbert: *Wirtschaft verstehen,* 2. Aufl., Stuttgart 2007 (Schäffer-Poeschel)

Register

Anmerkung: Schwarze Seitenangaben verweisen auf Begriffe im Darstellungsteil. Personennamen sind kursiv gedruckt.

Verzeichnis der im Darstellungsteil verwendeten Literatur

Albers, Hans-Jürgen u. a.: *Volkswirtschaftslehre,* 8. Aufl., Haan-Gruiten 2008 (Europa-Lehrmittel)

Arndt, Hans-Wolfgang/Rudolf, Walter: *Öffentliches Recht,* 14. Aufl., München 2007 (Vahlen)

Bähr, Peter: *Grundzüge des Bürgerlichen Rechts,* 11. Aufl., München 2008 (Vahlen)

Baudendistel, Daniel u. a.: *Wirtschaftsrecht,* 3. Aufl., Haan-Gruiten 2007 (Europa-Lehrmittel)

Bofinger, Peter: *Grundzüge der Volkswirtschaftslehre,* 2. Aufl., München 2007 (Pearson)

Bundesagentur für Arbeit: *Statistik, Stichwort Arbeitslosenquote* (www.bundesagentur.de)

Bundesregierung: *3. Armuts- und Reichtumsbericht 2008,* S. 246

Buscher, Herbert u. a.: *Wirtschaft heute,* Bonn 2006 (Bundeszentrale für politische Bildung)

Creifelds, Carl: *Rechtswörterbuch,* 19. Aufl., München 2007 (C. H. Beck)

http://www.bpb.de/themen/0GNUL9,0,0, Urheberrecht.html (Bundeszentrale für politische Bildung, Dossier Urheberrecht)

http://www.kopienbrauchenoriginale.de (Sonderseite des Bundesministeriums für Justiz zum Thema Urheberrecht)

Informationen zur politischen Bildung Nr. 248:*Kriminalität und Strafe,* Bonn 2/1999 (Bundeszentrale für politische Bildung)

Informationen zur politischen Bildung Nr. 287: *Umweltpolitik,* Bonn 2/2005 (Bundeszentrale für politische Bildung)

Informationen zur politischen Bildung Nr. 294: *Staat und Wirtschaft,* Bonn 1/2007, (Bundeszentrale für politische Bildung)

Jan Krol, Gerd/Schmidt, Alfons: *Volkswirtschaftslehre. Eine problemorientierte Einführung,* 21. Aufl., Tübingen 2002 (Mohr Siebeck)

Klunzinger, Eugen: *Einführung in das Bürgerliche Recht,* 13. Auflage, München 2007 (Vahlen)

Löw, Konrad: *Die Grundrechte,* München 1977 (UTB)

Lüpertz, Viktor: *Problemorientierte Einführung in die Volkswirtschaftslehre,* 5. Aufl., Braunschweig 2007 (Winkler)

Mankiw, N. Gregory/Taylor, Charles P.: *Grundzüge der Volkswirtschaftlehre,* 4. Aufl., Stuttgart 2008 (Schäffer-Poeschel)

Peter Czada: *Wirtschaft. Aktuelle Probleme des Wachstums und der Konjunktur,* Opladen 1994 (Leske+Budrich)

Prütting, Hanns: *Sachenrecht,* 33. Aufl., München 2008 (C. H. Beck)

Schmid, Josef u. a.: *Wirtschaftspolitik für Politologen,* Paderborn u. a. 2006 (UTB)

Schulbank: *IM FOKUS: Inflation – Ursache und Wirkung,* Newsletter 07/2008 (Bundesverband deutscher Banken e.V.)

Sperber, Herbert: *Wirtschaft verstehen,* 2. Aufl., Stuttgart 2007 (Schäffer-Poeschel)

Statistisches Bundesamt: *Sachverständigenrat zur Begutachtung der gesamtwirtschaftlichen Entwicklung,* Jahresgutachten 1987/1988, Wiesbaden

Stratenschulte, Eckard D.: *Wirtschaft in Deutschland,* Bonn 2006 (Bundeszentrale für politische Bildung)

Zimmermann, Klaus F.: *Lob der Makroökonomie,* Handelsblatt, 7.4.2005